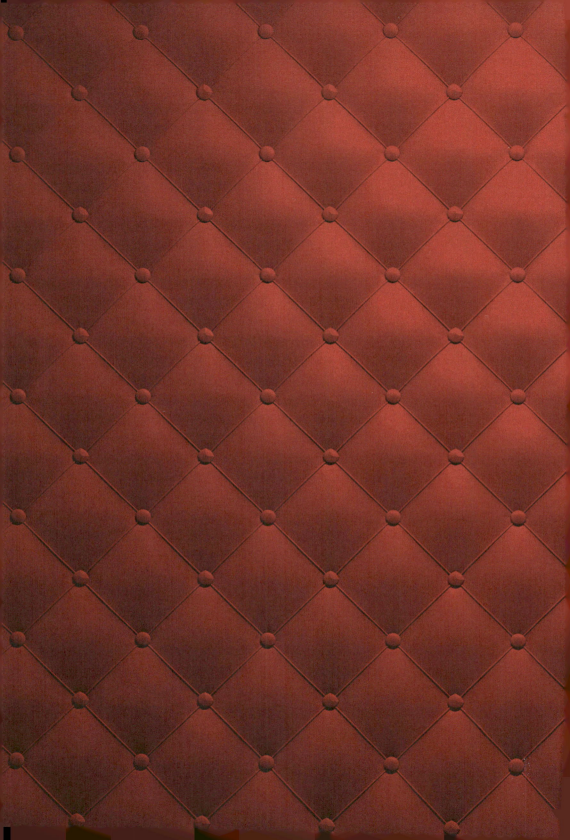

# CASULO de SEGREDOS

*Espírito*
ADAMUS

ELISA GALVÃO

# CASULO de SEGREDOS

infinda

CATANDUVA, SP, 2019

# SUM

**P**
Prefácio
14

**I**
Parte

| I | II |
|---|---|
| Capítulo | Capítulo |
| 22 | 33 |

| III | IV |
|---|---|
| Capítulo | Capítulo |
| 48 | 58 |

| V | VI |
|---|---|
| Capítulo | Capítulo |
| 72 | 81 |

ÁRIO

| | |
|---|---|
| VII<br>Capítulo<br>88 | VIII<br>Capítulo<br>101 |
| IX<br>Capítulo<br>112 | X<br>Capítulo<br>128 |
| XI<br>Capítulo<br>141 | XII<br>Capítulo<br>158 |
| XIII<br>Capítulo<br>172 | XIV<br>Capítulo<br>182 |
| XV<br>Capítulo<br>197 | XVI<br>Capítulo<br>206 |

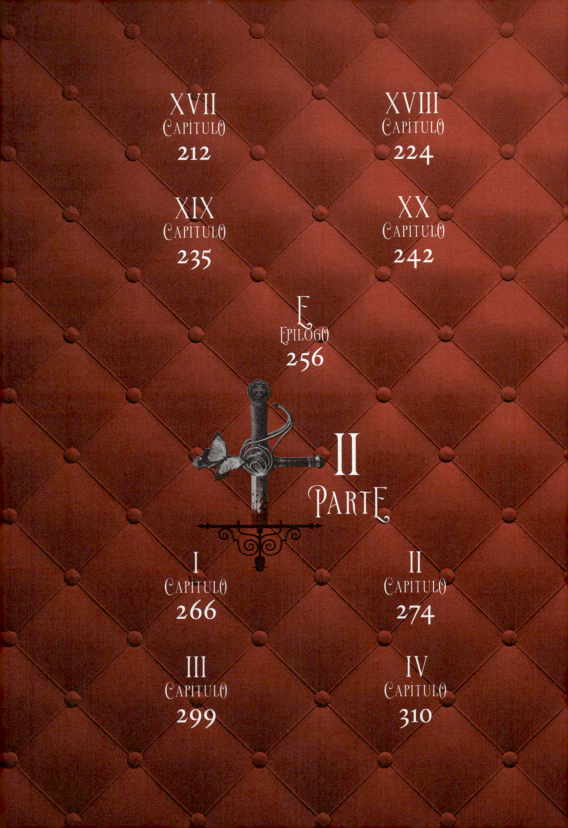

XVII
Capítulo
212

XVIII
Capítulo
224

XIX
Capítulo
235

XX
Capítulo
242

Epílogo
256

II
Parte

I
Capítulo
266

II
Capítulo
274

III
Capítulo
299

IV
Capítulo
310

| | |
|---|---|
| V<br>Capítulo<br>327 | VI<br>Capítulo<br>333 |
| VII<br>Capítulo<br>343 | VIII<br>Capítulo<br>348 |
| IX<br>Capítulo<br>361 | X<br>Capítulo<br>368 |
| XI<br>Capítulo<br>384 | XII<br>Capítulo<br>400 |

XIII
Capítulo
410

E
Epílogo
422

*Em cada passo dado no caminhar pela vida,*
*As escolhas feitas vão tecendo nossa estrada.*
*Sem retorno, sem atalho,*
*Sem desvios, sem regresso.*

*Nessa viagem não há lugar para desânimo,*
*Não há lugar para desculpas vãs,*
*Não há lugar para lamúrias.*

É necessário sempre caminhar.
Caminhar em busca de respostas,
Em busca do crescimento,
Em busca da felicidade,
Em busca da verdade,
Ao encontro com o Eterno.

ADAMUS

Quando tomamos contato com as histórias que nossos irmãos espirituais nos trazem, muitas vezes parece que relemos narrativas com fatos redundantes, repetidos, que já os lemos com outra roupagem. Mas, na verdade, são nossas próprias histórias carregadas de ciúme, orgulho, vaidade, inveja, traição, vingança e toda sorte de males que ainda trazemos em nosso coração, aprendizes iniciantes que somos do amor verdadeiro.

É como na cartilha, em que precisamos várias vezes retornar ao bê-á-bá, mudando apenas a capa, as gravuras e as palavras, retomando, quantas vezes necessárias, as velhas lições que teimamos em não aprender, as tarefas que nos recusamos a cumprir,

# Prefácio

deixando sempre para depois as obrigações que nos propusemos realizar e aprimorar.

Mas, como um professor paciente e conhecedor do aprendizado de seus pupilos, o Mestre sempre traz novas lições, novos deveres, novos desafios sobre o mesmo tema, sabendo que todos aprenderão cada qual a seu tempo, com sua capacidade de assimilação. Ele não tem pressa. O tempo não é importante.

O Mestre aguarda, pacientemente, todos seus pupilos para lhes entregar, um a um, o diploma escrito com letras douradas, atestando que esse filho é mais um que conquistou com esforço e perseverança o mais alto grau de amor e caridade.

Quantos Espíritos, livres da veste carnal, conseguem reconhecer os erros da vida terrestre, desejando retornar a esta esfera para reparar suas falhas! Tantos que não podemos sequer imaginar. Desejosos, na espera de nova oportunidade, numa fila interminável, com o coração repleto de esperança de redenção e alívio de sua alma arrependida. Aguardam, como a lagarta no casulo, tão linda oportunidade da reencarnação para se lapidar e, um dia, transformados, lançar voos na seara divina, espalhando o pólen do amor e da caridade.

Reis, princesas, bravos guerreiros, mulheres do mundo, órfãos, escravos, detentores de posses, andarilhos... Que importa quem fomos ou quem somos? Cada experiência na vida é para nosso crescimento, onde somos forjados e lapidados. É nosso reajuste, nossa colheita.

Quando estamos nessa caminhada, não podemos nem devemos desperdiçar o sublime tesouro, a reencarnação, dado por Deus como prova de Seu imenso amor e confiança em nós, em nossa mudança, em nosso crescimento.

Muita paz! Muito amor! Sempre!

— ADAMUS, UM APRENDIZ

CARTE GENERALE
DE FRANCE
divisée
par Gouvernements
Projettée et assujettie aux observations
Astronomiques
par M. Bonne, M.tre de Mathém.ques

A PARIS,
Chez Lattré, Graveur, rue S.t Jacques,
a la Ville de Bordeaux. 1771.
avec Priv. du Roy.

# I PARTE

# A LAG

Há coisas que o tempo não apaga,
Há coisas que a morte não separa.
A procura por missões inacabadas,
A procura por amores impossíveis
Superam os obstáculos mais diversos
Transpondo o tempo e a morte.

A lagarta que rasteja pelas folhas
Não conhece a força vital que carrega
Em seu corpo desajeitado e lento.

# ARTA

*A crisálida em repouso passageiro,*
*Numa morte ilusória,*
*Apenas prepara-se*
*Para sua verdadeira vida.*

*Vida transformada*
*Vida de liberdade*
*Vida de borboleta.*

ADAMUS

O SOL AQUECIA A TARDE DAQUELE VERÃO DO INÍCIO DA DÉcada de quarenta do século XVIII. Anne ficou curiosa ao ver a movimentação nada comum à entrada da mansão onde morava, num pequeno vilarejo próximo a Dijon.

Ela era uma jovem de quinze anos, cabelos loiros anelados que iam quase até o meio das costas, grandes olhos esverdeados e expressivos, e pele clara. Deixou o que estava fazendo no jardim e foi apressada para a mansão tentar descobrir o que acontecia por lá. Abriu a grande porta de madeira da frente e entrou. Era a sala principal da residência dos Lambert. Muito ampla, estava dividida em três ambientes bem distintos. Logo na entrada, dois grandes sofás e três cadeiras sobre um imenso tapete e uma mesa de centro

# CAPÍTULO I

bem baixa compunham o ambiente destinado às visitas e momentos de conversas da família.

— De quem são aquelas carruagens e cavalos lá fora? - perguntou a moça curiosa sem nem ver quem se encontrava na sala.

Mal terminara de formular a pergunta, a jovem deparou-se com seus pais e um rapaz fardado, sentados na ampla sala. Era Alain, filho mais velho dos Durand, donos da propriedade vizinha à família de Anne Lambert. Os dois e seus irmãos tinham crescido juntos e eram como de uma mesma família. Alain contava dezenove anos, tinha olhos castanhos, cabelos escuros e lisos até quase os ombros, um tanto desarrumados pelo uso do chapéu com uma grande pluma que trazia nas mãos e pela longa viagem que acabara de fazer. Parecia mais sério do que realmente era.

Alain ausentara-se do vilarejo desde que fora convidado para fazer parte do corpo de elite dos guardas do rei e ultimamente só tinham notícias dele pelas cartas que a família Durand recebia esporadicamente. Ele crescia rapidamente dentro da companhia e já participava de missões importantes junto com o capitão e outros graduados da Guarda Real.

— Alain, há quanto tempo! Que faz de volta à nossa casa? - dirigiu-se Anne, surpresa, ao rapaz.

Ele ergueu-se prontamente, ficando em posição de sentido, fez uma reverência em seguida. Anne recuou ante a sua atitude.

— Estou numa missão especial com meu capitão, senhorita. Viemos acertar alguns detalhes da cerimônia antes da viagem. Aproveitarei para rever meus pais e familiares. Mas vejo que continua impulsiva, Anne - acrescentou, quebrando a formalidade inicialmente criada por ele mesmo.

— Você ficou muito bonito com esse uniforme! - observou Anne sem prestar muita atenção ao que Alain dizia.

A farda de mosqueteiro ficava muito bem em Alain, deixando-o mais elegante e imponente. Ele não tinha mais as características do adolescente de outrora que gostava de pregar peças em suas irmãs e na vizinha, arquitetadas juntamente com Jacques, irmão mais velho de Anne. Apesar da pouca idade, o uniforme lhe impunha um ar de respeito e com certeza ele deveria ter uma grande lista de pretendentes pela França afora.

— Obrigado, senhorita – respondeu-lhe com uma reverência e um sorriso.

— Gostaria de desposar-me, jovem mosqueteiro? – Anne perguntou com seu tom brincalhão ao velho amigo.

— Infelizmente não poderei, senhorita – Alain respondeu, continuando o jogo de Anne, mas de forma tristonha.

— Por que não?

Ela se surpreendeu com sua resposta, apesar da descontração da conversa.

— Você é comprometida, esqueceu-se?

— Ah! se "meu noivo" ainda não morreu, ele já deve ter esquecido o "nosso" compromisso.

Alain olhou confuso para os pais de Anne, como se buscasse alguma resposta.

— Sentem-se, por favor – convidou dona Augustine, mãe de Anne, cortando a conversa entre os dois. – Providenciarei o chá. Com licença.

Dona Augustine levantou-se e foi em direção à cozinha quando a porta principal abriu-se novamente e dois cavalheiros entraram. Todos olharam os recém-chegados.

— Desculpem-me pela demora, senhores e senhoras. Precisei organizar meus homens – justificou-se o mais velho dos dois, parando na entrada do salão, tirando o chapéu e segurando-o junto ao peito.

Era o capitão Antonie Lefèvre, responsável pela Companhia dos Mosqueteiros, que estava na casa de Gérard Lambert. Era um homem de vinte e cinco anos, de olhos e cabelos castanhos bem claros, sobrancelhas bem marcadas, nariz afilado. Seus cabelos eram levemente cacheados e vinham até quase os ombros.

Apresentava um ar cansado e sua barba estava crescida pelos dias de viagem. Mostrava ser um homem determinado e bem-educado. Tinha uma presença marcante por conta de sua origem fidalga e sua posição militar. Ele tinha uma grande habilidade com a espada, sendo um dos principais responsáveis pelos treinos dos espadachins da guarda e pela seleção dos novos mosqueteiros. Lefèvre também era um bom estrategista, sendo sempre requisitado pelos generais nos planejamentos estratégicos das missões e batalhas.

O outro mosqueteiro que acompanhava o capitão Lefèvre era Michael Blanc, um jovem tenente de vinte e três anos, espirituoso, muitas vezes sarcástico nas suas colocações e observações. Era sempre cortês e gentil com as senhoras da corte que o cercavam nas festas e reuniões. Seus olhos eram castanhos e expressivos. Seus cabelos lisos e escuros cobriam sua nuca. A barba cerrada lhe dava um ar de mais velho. Também era muito habilidoso com a espada e o mosquete, sendo um dos melhores amigos de Lefèvre e um bom mosqueteiro, e o acompanhava em várias missões importantes e em reuniões com os altos comandantes do exército.

Alain levantou-se e os apresentou a Gérard Lambert e seus familiares.

— Estes são o capitão Antonie Lefèvre e o tenente Michael Blanc.

Antonie Lefèvre cumprimentou os donos da casa, seguido por Michael Blanc e dirigindo-se à Anne, olhando dentro de seus olhos com um leve sorriso nos lábios, disse simplesmente:

— *Mademoiselle* – e fez uma breve reverência.

Lefèvre ficara impressionado com a beleza de Anne. Algo nela o havia tocado de tal forma que o fez sentir como se a conhecesse de outros tempos, mas não deixou transparecer. Como de costume, manteve sua discrição. Pelo menos tentou.

Michael também se encantara com Anne e tivera a mesma sensação de já conhecê-la, mas não demonstrou a atração que sentira por ela. Ele, como Lefèvre, sabia quando devia manter sua postura de cavalheiro, e com certeza aquela era uma dessas ocasiões.

*mademoiselle* senhorita

Anne sentiu-se incomodada com os olhares dos mosqueteiros, por mais que fossem discretos e formais em seus modos. Ela não estava acostumada com a forma que eles a observavam.

O que os três não sabiam, ou melhor, não se lembravam, é que eram antigos afetos que se reencontravam para novos aprendizados e reajustes. As conquistas ou fracassos de cada um dependeriam das escolhas e atos que praticariam durante o tempo que permanecessem na Terra, compartilhando experiências juntos, cada qual com sua evolução individual.

Gérard Lambert convidou todos a se sentarem e dona Augustine pediu licença novamente, saindo da sala para providenciar o chá. Num impulso, Anne levantou-se, dizendo:

— Com licença, senhores, ajudarei mamãe.

Anne retirou-se da sala a passos largos atrás da mãe, segurando o vestido.

— Mamãe, mamãe! espere! O que está acontecendo?

Dona Augustine continuou seu trajeto até a cozinha.

— Você é muito afoita e curiosa, Anne! – disse a mãe, cortando o assunto.

— Estou com medo, mãe. Será que teremos algum conflito por aqui?

— Não se preocupe, não é nada disso. No tempo certo, você saberá de tudo. Venha. Ajude-me com a louça. Não pensei que teríamos tantos convidados. Preciso reorganizar o jantar e os aposentos.

"Convidados?" – pensou a moça. Todos aqueles mosqueteiros eram convidados?

Ninguém lhe dissera nada sobre *convidados*. Mas por que estariam justamente na sua casa? Por que Alain não os levara para a residência dele, já que era um mosqueteiro também? O que estaria acontecendo ou por acontecer? Lembrou-se que Alain mencionara uma *missão especial e detalhes de uma cerimônia*. Ela sentiu um arrepio subir pela espinha e suas mãos gelaram. Pressentia que algo estava para acontecer e provavelmente ela estaria envolvida. Seguiu a mãe até a cozinha, que já começava a dar ordens às serviçais e organizar os objetos para o chá e o jantar. Dona Augustine não tocou no assunto nem deu oportunidade para que Anne o fizesse naquele momento.

૭৯૭

APÓS O CHÁ, ALAIN CONVIDOU A AMIGA PARA UMA VOLTA NO JARdim, oferecendo-lhe o braço. Anne pediu licença para os demais e os dois dirigiram-se ao jardim na parte posterior da mansão.

Os velhos amigos começaram a conversar sobre amenidades enquanto caminhavam pelo jardim bem cuidado. Depois de alguns minutos, sentaram-se num banco em frente ao pequeno lago.

Alain pegou uma pedrinha do chão e a atirou no lago o mais longe que conseguiu. Sempre gostou de fazer isso.

— Que saudades de quando éramos pequenos! Como brincamos por esses jardins! Lembra-se, Anne?

Anne não ouvia o que o amigo falava. Estava perdida em seus questionamentos.

— Alain, posso fazer-lhe uma pergunta?

— Claro, Anne! o que é?

— O que está acontecendo? Estou começando a ficar com medo. Não consigo entender o que você veio fazer aqui com esses soldados todos.

— Você não sabe mesmo o que está acontecendo? – perguntou o rapaz admirado.

— Não! você poderia me explicar? – insistiu a jovem.

Depois de alguns segundos, cabisbaixo, Alain respondeu:

— Acho que não... Melhor perguntar a seus pais...

— Alain, por favor! – implorou a moça. – Você está me deixando assustada, não brinque assim comigo!

— Não estou brincando, Anne. E não precisa se assustar – disse e deu um sorriso sem graça, tentando tranquilizá-la.

Nesse momento, os dois sentiram a presença de alguém se aproximando. Anne deu um salto assustada e Alain virou-se para ver quem era.

— Desculpe-me se a assustei, *mademoiselle* – é Antonie Lefèvre com um sorriso nos lábios.

— Não se preocupe, capitão, ela já estava assustada – comentou Alain, rindo da reação da amiga.

— Assustada? Que fizeste à tão bela jovem para assustá-la, meu rapaz? – indagou Antonie, olhando para Anne.

— Desta vez nada, não é Anne?

— O que está acontecendo, Alain? Por que você não quer me contar? – perguntou Anne em tom de súplica, sem conseguir conciliar seus sentimentos e pensamentos.

— Já lhe disse, pergunte depois a seus pais – respondeu Alain.

— Desculpe-me a intromissão, mas o que você não quer contar-lhe, Alain? – quis saber Lefèvre.

— O que viemos fazer aqui – respondeu Alain.

— Ela ainda não sabe? – admirou-se Antonie.

— Acho que sou a única que não sabe de nada e parece que é algo relacionado a mim! – indignou-se Anne.

Alain levantou-se, pegou a amiga pelo braço quase que a arrastando consigo e disse ao amigo:

— Venha conosco, Antonie. Vamos mostrar-lhe o resto do jardim e onde brincávamos quando criança.

ANNE FICOU DISPERSA DURANTE TODO O FIM DA TARDE E O JANTAR. Não prestou atenção nas conversas nem conseguiu comer direito. Mal respondia quando indagada. Tinha a sensação que uma nuvem negra pairava sobre sua cabeça e um raio cairia sobre ela, dividindo-a ao meio a qualquer instante. Não conseguia acreditar nem aceitar o que sua mãe lhe contara. Para ela era algo que estava esquecido por todos, inclusive por ela.

Seus pensamentos eram desconexos, misturados com lembranças do passado e dos fatos acontecidos em tão poucas horas naquela tarde. Um zumbido em sua cabeça dava-lhe a sensação que explodiria a qualquer instante. Seu estômago começou a embrulhar e uma vontade de sair correndo tomava proporções inimagináveis em seu ser.

— Vejo que os senhores têm um cravo – observou Antonie, enquanto olhava e passava a mão sobre o instrumento musical que ficava num canto da sala.

A observação de Antonie fez Anne retomar a consciência repentinamente, saindo do seu estado de ausência momentânea. Ela estava sentada no sofá, ao lado de sua mãe e de seu irmão.

— É um belo exemplar – continuou Antonie. – Quem toca?

— Minha filha Anne toca desde pequena – respondeu Gérard. – Toque um pouco para nós, Anne – pediu o pai.

Anne sentia-se atordoada. Olhou para o pai como se não entendesse o pedido.

— Vamos, toque alguma das músicas que sabe e gosta, Anne – incentivou Alain.

— Não sei se poderia... – disse Anne quase que num sussurro.

— Não banque a tímida, Anne. Você sempre gosta de tocar quando temos alguma visita – provocou o irmão.

— Seria uma honra poder ouvi-la tocar, *mademoiselle* – acrescentou Antonie.

Aquele pedido soou de maneira tão profunda em Anne que a sensação era de ser conduzida pelas mãos do capitão até o instrumento.

Levantou-se. Sentia-se tão distante e leve que parecia flutuar. Dirigiu-se ao cravo sob o olhar de todos, mas o olhar de Antonie a envolvia de uma maneira inexplicável. Ela podia sentir sem mesmo olhá-lo. O capitão permanecia em pé ao lado do cravo.

A moça sentou-se, deu um longo suspiro, folheou as partituras até encontrar a que procurava, ajeitou-se e começou a tocar. Para ela as notas soavam como um grito de socorro que ecoava pelo ambiente todo.

Antonie virou-se, ficando a observá-la deslumbrado enquanto ela tocava. Sentiu-se envolvido pela beleza da jovem e pela forma como dedilhava as teclas do cravo, produzindo uma música magnífica.

A música tomou conta do salão de uma maneira como nunca antes Anne fizera. Tocou por vários minutos, uma música após outra, quase sem pausar entre elas. Todos a ouviam extasiados.

De repente, Anne parou de tocar. Alain começou a aplaudi-la e os demais o seguiram aplaudindo também. Meio assustada, como se retornasse de algum lugar longínquo, olhava todos, surpresa.

Ergueu-se, agradeceu e pediu licença para retirar-se e sem esperar a autorização dos seus pais, saiu da sala, sentindo vários pares de olhos que a seguiam e um murmurinho entre os presentes.

༺༻

DONA AUGUSTINE TENTAVA HÁ VÁRIOS MINUTOS CONVERSAR COM a filha e convencê-la sobre o que lhe contara à tarde, antes do jantar. Anne contestava a mãe veementemente, enquanto andava desnorteada pelo quarto:

— Ninguém pediu minha opinião ou perguntou o que penso sobre o assunto! É sobre minha vida que estão decidindo! Não concordo! Não adianta a senhora vir com suas argumentações.

Anne sentou-se na cama quase que se jogando, os braços cruzados sobre o peito, semblante cerrado. Parecia uma criança rebelde. Dona Augustine sentou ao seu lado abraçando-a carinhosamente.

— Minha filha, não fique assim. Afinal você se casará com um homem de posses e de grande influência na corte. Você está prometida a Belmont Gauthier há mais de dois anos e sabia que esse casamento aconteceria um dia – a mãe parou por um instante, buscando outros argumentos que pudessem mudar a opinião de Anne.

— Você sabe que os negócios de seu pai não andam bem e essa será uma boa oportunidade de sociedade para ele.

— E eu faço parte do pagamento? – indignou-se Anne com lágrimas escorrendo pela face.

— Não diga isso! – repreendeu dona Augustine. – Não é bem assim... e além do mais o conde é um velho amigo de seu pai.

— Exatamente, mamãe: um *velho* amigo de papai...

— Você está me saindo uma grande birrenta, Anne. Por acaso quer virar uma solteirona?

— Pois preferiria. Talvez se me mandassem para um convento, seria melhor ideia e eu ficaria mais satisfeita – respondeu com a voz embargada e as lágrimas a correrem pela face.

— Vejo que não tem acordo com você – concluiu sua mãe, levantando-se.

— Que acordo? Ninguém questionou sobre minha opinião ou vontade. Já está tudo arranjado, não é mesmo, mamãe? Mandaram até uma escolta para eu não fugir. E devem temer mesmo que eu fuja, pelo número de soldados lá fora. Até o capitão veio junto!

— Pedirei a Madeleine para lhe ajudar amanhã com a arrumação de suas malas. Ela irá com você. Será sua dama de companhia. Boa noite, minha filha.

Sua mãe saiu do quarto e Anne deitou-se na cama, tomada por um choro convulsivo. Para ela não seria uma boa noite. Seus sonhos de adolescente tinham acabado naquele dia.

Mesmo sabendo do acordo do casamento, imaginava encontrar um grande amor que pudesse salvá-la desse pacto. Chorou até adormecer de cansaço.

༄

AO AMANHECER, ANNE FOI ACORDADA POR MADELEINE, UMA MUlher de trinta e cinco anos, baixa, rechonchuda, falante e agitada. Às vezes parecia que ela era mais nova que Anne pelas atitudes espalhafatosas e por falar sem pensar. Vivia com a família Lambert desde os quinze anos, quando Jacques nascera, e fora ajudar dona Augustine com o bebê. Era a dama de companhia da família desde aquela época.

— Vamos, menina, acorde! Levante-se, vá se arrumar para tomar o café da manhã. Todos já estão à mesa. Além do mais temos muitas coisas para organizar para a viagem. Estou tão emocionada! Minha *petite* Anne se casará com um conde – Madeleine disparou a falar enquanto abria as grandes e pesadas cortinas do quarto, deixando o sol entrar.

*petite*
pequena

— Pare, Madeleine! estou com dor de cabeça.

A cabeça de Anne latejava de tanto que chorara na noite anterior e seus olhos estavam inchados.

— Feche essas cortinas, essa luz está me incomodando – Anne reclamou, encolhendo-se na cama e cobrindo a cabeça com os lençóis.

— A menina acordou azeda, é? Vamos. Todos a esperam para o café.

— Pois diga a todos para me esquecerem. Que morri. Não sairei daqui tão cedo. Vá, Madeleine. Deixe-me em paz.

— Nossa! está intragável hoje! Parece uma criança birrenta – Madeleine saiu do quarto, deixando Anne sozinha.

A moça só desceu para o almoço depois que a mãe foi buscá-la. Não falou nada com ninguém, nem quando lhe dirigiram a palavra. Quase não comeu nada, apenas ficou brincando com a comida, remexendo-a no prato.

# II
## CAPÍTULO

**A**S GRANDES MALAS DAS DUAS MULHERES FORAM COLOCAdas em uma das carruagens enquanto Anne e Madeleine seguiriam noutra mais confortável, puxada por três parelhas de cavalos. Os guardas reais acompanhariam o comboio a cavalo.

Todos da casa vieram despedir-se das duas mulheres. Alguns serviçais, emocionados, choravam, outros faziam comentários ao pé do ouvido entre si. Era um acontecimento. A família Durand também fora para despedir-se de Anne e de Alain.

Os pais de Anne, muito emocionados, abraçaram a filha, prometendo ir alguns dias antes do casamento e dando-lhe várias recomendações das quais a moça nem se deu conta. Seu irmão observava tudo a certa distância. Discretamente, Jacques se dirigiu ao grupo de soldados, aproximando-se do capitão Lefèvre, que preparava sua montaria, e lhe fez um pedido:

— Comandante, sei que não é sua função, mas peço-lhe que zele por minha irmã. Alain com certeza irá fazê-lo, mas ficaríamos mais tranquilos se soubéssemos que nossa Anne tem outras pessoas cuidando dela.

— Fique tranquilo, senhor Jacques, e tranquilize seus pais também. É minha missão zelar por ela nesta viagem e em outros momentos no futuro também. O conde confia em mim e em meus homens, por isso estou aqui. Até logo – o capitão despediu-se de Jacques, montou em seu cavalo, começando a dar ordens à tropa para o início da viagem.

Dona Augustine começou a chorar copiosamente e enxugar os olhos no seu lenço. Gérard Lambert a abraçou pela cintura, segurando o máximo que conseguia suas lágrimas enquanto pensava se estaria fazendo o melhor pela família e principalmente a Anne.

Ao lado dos pais, Eloise e Marion Durand acenavam alegres e trocavam comentários sobre os mosqueteiros.

Anne subiu na carruagem seguida por Madeleine sem olhar para ninguém. Sentou-se bem próxima da pequena janela lateral, com olhar distante e perdido.

Assim que todos se acomodaram em seus postos, seguiram viagem.

À medida que o comboio se afastava da residência dos Lambert, as lágrimas rolavam pela face de Anne e a paisagem de sua vila natal na região de Bourgogne ia passando diante de seus olhos turvos pelo pranto.

෴

JÁ VIAJAVAM POR CERCA DE DUAS HORAS QUANDO O COMBOIO PArou. Madeleine olhou curiosa pela janela para saber o que estava acontecendo. A porta da carruagem se abriu e a figura do capitão Lefèvre apareceu.

— Senhora, desça, por favor – pediu Antonie gentilmente a Madeleine, colocando a cabeça para dentro da carruagem.

Anne olhou em direção à porta sobressaltada e logo em seguida tornou a virar em direção à janela.

— Mas, senhor... – retrucou Madeleine.

— Venha, senhora, eu lhe ajudo – tornou o capitão, oferecendo ajuda para que ela descesse logo.

Madeleine, diante da imposição, desceu e dirigiu-se à outra carruagem resmungando.

Lefèvre subiu, sentando à frente de Anne, e com seu sorriso característico, perguntou:

— Posso partilhar de sua companhia, *mademoiselle*?

— Se quiser... – respondeu Anne, dando de ombros. – Mas não devo ser uma boa companhia, senhor.

— Prometo que não a incomodarei.

Anne não disse nada. Seu olhar continuava distante e de tempos em tempos, uma lágrima perdida rolava pelo seu rosto.

Antonie ficou observando-a por um longo tempo calado. Subitamente colocou a mão no bolso da camisa por baixo do manto e retirou um lenço, oferecendo-o à moça.

— Pegue, *mademoiselle*.

— Obrigada, senhor – agradeceu Anne entre soluços, e pegando o lenço enxugou as lágrimas.

Depois de alguns instantes sem dizer nada ela estendeu a mão com o lenço em direção a ele para devolvê-lo.

— Por favor, fique com ele. Creio que será mais útil à *mademoiselle* – insistiu o rapaz.

Anne ficou cabisbaixa, olhando para o lenço em suas mãos. As lágrimas voltaram a rolar por sua face. Antonie deixou que ela chorasse por alguns minutos e enquanto a observava seus pensamentos borbulhavam em sua cabeça. Tentava entender por que estava naquela carruagem, na companhia daquela mocinha que mal conhecia e não parava de chorar. Ele teve que alterar a rota

*mademoiselle*
senhorita

original de sua viagem para ir buscá-la naquele vilarejo perto de Dijon e escolta-la até Vichy, atendendo a um pedido do velho conde. Sempre viajava em seu cavalo e na companhia de seus amigos e soldados, e naquelas circunstâncias Anne não era o tipo de companhia que Antonie escolheria para viajar e mesmo assim sentia-se atraído por ela. Resolveu quebrar o silêncio entre eles arriscando iniciar uma conversa:

— *Mademoiselle* não deveria ficar assim. Imagino que uma moça que irá casar-se deveria sentir-se feliz.

Ela não respondeu e ele voltou a ficar calado, aguardando uma oportunidade para tentar iniciar uma nova conversa.

— Por que veio para esta carruagem? Não está cansado de me ver chorar? – perguntou Anne depois de um tempo calada.

— Sabe, não aguentava mais aquele cheiro de cavalo lá fora – respondeu-lhe Antonie.

Ela olhou-o interrogativamente, não entendendo sua resposta.

— Brincadeira! – disse num sorriso. – Na verdade vi como saiu de sua casa e achei que poderia ajudá-la de alguma forma. Não gosto de ver belas moças tristes.

— Estou vendo que gosta de bancar o engraçado, como Alain – ela observou.

— Alain parece ser muito especial para você. Preferiria casar-se com ele? – Antonie tentou investigar.

— Oh! não! Alain é como se fosse meu irmão. Isso nunca passaria por minha cabeça, nem na dele!

Ela começou a falar sobre o amigo, as irmãs dele, a infância juntos. Sua voz começava a mudar. Trazia um tom de nostalgia. Anne parecia mais leve e descontraída. Antonie não conseguia conter o encantamento que sentia por ela, mas não deixava transparecer.

— O senhor conhece o conde há muito tempo? – questionou Anne, mudando de assunto.

— Há uns três anos mais ou menos. Sou o capitão da corporação e temos um alojamento numa propriedade do conde, em Vichy

– conhecendo o temperamento e fama do conde Lefèvre, mudou o rumo da conversa para não entrar em detalhes desnecessários sobre ele naquele momento. – A cidade está num ponto estratégico para várias manobras das tropas, além de termos um campo de treinamento lá.

— Vocês treinam? – quis saber Anne.

— Claro! praticamente todos os dias.

— Vocês lutam com isso? – perguntou espantada, apontando para a espada que Antonie levava à cintura.

Ele riu do jeito espontâneo e quase pueril da moça e reconheceu que estar na companhia dela realmente era muito melhor que ficar sentindo o cheiro dos cavalos lá fora. Depois do longo tempo entre viagens, reuniões, planejamentos e confrontos, ele precisava um pouco daquela descontração que Anne lhe proporcionava.

— Por que está rindo? Eu disse alguma besteira?

— Não! mas como imagina que lutamos?

— Sei lá! nunca me preocupei com isso. Nós sempre imaginamos ser salvas por bravos cavaleiros, mas não de que modo. Vocês não se machucam?

— Com certeza. Não é sempre, mas acontece principalmente em confronto. Podemos até morrer em combate.

— Que horror!

Antonie riu do jeito da moça.

— Eu mesmo tenho algumas cicatrizes – acrescentou Antonie.

Anne observava melhor o rosto de Antonie e notou uma cicatriz em seu supercílio direito.

Lefèvre virou-se para trás em direção ao cocheiro, chamou-o e pediu para que parasse o carro.

— Com licença, *mademoiselle*, volto logo – disse, descendo do coche.

Anne olhou pela janela tentando ver aonde Antonie ia, sem conseguir. Tinha o lenço apertado entre os dedos ainda. Passou novamente nos olhos e sentiu nele o cheiro do rapaz. Colocou o lenço aberto no colo e observou que tinha as iniciais AL, como as suas, bordadas num dos cantos. Cuidadosamente dobrou-o e guardou no seio.

Alguns minutos depois, Antonie voltou segurando dois copos e um embrulho de pano. Sentou-se à frente de Anne oferecendo-lhe um dos copos:

— Pegue, *mademoiselle*, trouxe-lhe chá e um pouco de pão.

Desembrulhou o pão, dividiu-o ao meio e deu um pedaço a Anne.

— Sei que costuma ter refeições melhores, mas é o que temos para o momento. Prometo-lhe que o jantar será melhor.

A moça ficou horrorizada com a cena, mas aceitou devido à fome que sentia e pela preocupação que o capitão demonstrava para com ela. Comeram em silêncio. Preocupada com o que poderia vir a seguir, perguntou:

— Onde iremos dormir e comer nestes dias?

Antonie começava a acostumar-se com o jeito da moça e respondeu:

— Está preocupada, *mademoiselle*? Fique tranquila que não iremos dormir nem dentro da carruagem muito menos lá fora, mas também não será em nenhuma mansão.

Anne baixou a cabeça, não gostara do jeito que ele respondera. Ele percebeu e emendou:

— À noitinha chegaremos a um lugarejo onde fica um alojamento de treinamento. Lá poderemos nos banhar, comer e dormir. Estão nos aguardando, como também no local em que pernoitaremos amanhã.

Depois de todos comerem, alimentarem os animais e descansarem um pouco, continuaram a viagem. Lefèvre seguiu em seu cavalo acompanhando sua tropa e Madeleine voltou à carruagem falando e perguntando numa agitação que lhe era característica.

Anne pensou se não seria melhor o cheiro dos cavalos lá de fora ao falatório da sua companheira de viagem. Virou para a janela e começou a observar a paisagem, deixando a outra falando sozinha.

☙❧

POUCO DEPOIS DO ANOITECER, CHEGARAM AO ALOJAMENTO. OS mosqueteiros que se encontravam lá estavam curiosos para ver as senhoras, mas mantinham-se aparentemente indiferentes. Depois de os viajantes se acomodarem e se banharem, todos foram jantar.

Os soldados olharam sem discrição as duas ao entrarem. Anne ficou impressionada com o tamanho do refeitório, da quantidade de lugares e guardas no local. Elas se sentaram ao lado do capitão e dos mosqueteiros graduados. Terminado o jantar, todos se recolheram aos seus dormitórios.

Anne ficou um longo tempo deitada na cama estreita encolhida, olhando o breu do quarto sem conseguir conciliar o sono com as lembranças e pensamentos de tudo que estava acontecendo nos últimos dias. Seus olhos ardiam e sentia que ainda estavam inchados de tanto chorar.

A jovem acordou assustada com o barulho que os guardas faziam, preparando-se para as tarefas e treinos do dia. O dia começava a raiar, mas ainda estava escuro. Sua cabeça pesava um pouco. Madeleine já estava de pé e trocada.

— Vamos, Anne. Quero dar uma volta por aí antes de seguirmos viagem – dizia enquanto ajudava a moça a arrumar-se.

As duas tomaram o desjejum sozinhas, que fora servido pelo próprio cozinheiro no refeitório. Terminada a refeição, saíram de lá e foram andar pelo local.

Entraram no galpão ao lado do refeitório e viram que alguns homens treinavam esgrima. Um deles se aproximou com a espada em mãos e fazendo uma saudação, perguntou:

— As senhoras gostariam de ver um duelo? – e virando para os demais soldados, chamou um dos companheiros e começaram a duelar.

As duas ficaram paralisadas, olhando a cena boquiabertas e com os olhos arregalados. Madeleine grudara no braço de Anne. Os outros homens pararam para observar os companheiros que duelavam de forma ostensiva para impressionar as mulheres. Nesse momento, o capitão Lefèvre entrou com passos largos e firmes, passando rente pelas duas e para próximo aos dois homens.

— Quem começou? – indagou em voz alta.
— Estão apenas treinando, senhor – responderam.
— Quem começou? – insistiu o capitão.
Após um breve silêncio, alguém disse:
— Lafayete, senhor.

Os dois duelistas nem perceberam a presença do capitão Lefèvre, que desembainhou sua espada e entrou no duelo. Lafayete se assustou, mas iniciou o combate com o capitão sem chance de recuar.

O som metálico das espadas se tocando e o silvo delas cortando o ar ecoavam por todo o galpão. O coração de Anne acelerou ainda mais. Madeleine fechou um olho apertando ainda mais o braço da companheira. Todos observavam em silêncio.

Depois de uns dez minutos, daquele acirrado confronto, Lefèvre derrubou o adversário ao chão, desarmando-o e, com sua espada em seu peito, disse:

— Sua jaqueta está rasgada, soldado.
— Onde, senhor? – perguntou o rapaz imobilizado no chão.
— Aqui – respondeu Lefèvre, fazendo um rasgo na jaqueta na altura do peito do soldado com a espada.
— Levante-se! Vá trocar essa jaqueta e apresente-se em minha sala – ordenou, liberando-o.

Lefèvre guardou a espada, ajeitou-se jogando a capa sobre o ombro esquerdo, virou-se para as duas mulheres que continuavam paralisadas e perguntou ironicamente a Anne:

— Ainda quer ser salva por um bravo mosqueteiro, *mademoiselle*?

A moça, aliviada pelo término da apresentação, soltou-se de Madeleine, deu um grande suspiro e com ar maroto respondeu:

— Sim! mas só se for pelo senhor, capitão!

Alain, que observava tudo da entrada, colocou a mão sobre a boca e deu uma risada. "Essa é minha amiga de infância" – pensou consigo.

— Vamos, senhoras – disse Antonie sério, dirigindo-se à saída. – E os senhores continuem o treino – acrescentou para os demais soldados sem se virar.

Todos seguraram o riso, entreolhando-se e aos poucos retornaram ao treino.

— Teremos que adiar nossa saída por uma hora pelo menos. Preciso resolver esse imprevisto – disse Antonie para as duas.

— Não fique bravo com ele, por favor, capitão – suplicou Anne falando e andando rápido atrás dele. – A culpa foi minha. Se não tivéssemos aparecido no galpão, nada disso teria acontecido.

— Não se preocupe. A culpa não é sua. Ele não poderia ter essa atitude jamais. Farei o que é preciso fazer.

— Pensei que ele iria machucá-lo ou que o senhor fosse matá-lo – comentou Anne.

— Ele chegou a me ferir...

Anne percebeu que Antonie tinha a mão direita sobre seu ombro esquerdo e em sua jaqueta uma mancha de sangue.

— Meu Deus! – exclamou a jovem.

— Melhor as senhoras ficarem descansando em seus aposentos. Hoje a viagem será mais longa e árdua – aconselhou Antonie, entrando no outro prédio ao lado dos dormitórios.

CERCA DE DUAS HORAS MAIS TARDE, TODO O COMBOIO JÁ ESTAVA organizado e pronto para a partida novamente.

Quando o capitão Lefèvre chegou, Anne observou que ele mantinha sua capa sobre o ombro esquerdo e montara em seu cavalo com certa dificuldade. Não dava para ver mais nada por mais que ela se esforçasse.

Meia hora depois da partida, o comboio parou. Anne ficou preocupada com aquela parada fora de hora e olhou pela janela. A porta do coche abriu-se e Antonie, dirigindo-se à Madeleine, disse:

— Senhora...

— Já sei... Ajude-me a descer, por favor - disse Madeleine em tom adivinhatório, descendo da carruagem.

— Posso viajar em sua companhia, *mademoiselle*? - perguntou Antonie com uma expressão de dor no rosto.

— Se quiser.

Ele sentou-se deixando transparecer a dor que sentia. Fechou os olhos, dando um suspiro e recostando a cabeça para trás. Pela proximidade em que se encontrava, ela pôde ver que seu braço estava apoiado numa tipoia. Dava para perceber que o ferimento tinha sido grave. Anne ficou preocupada e curiosa, mas não sabia se dizia alguma coisa ou ficava calada.

— Como está seu ombro? - arriscou depois de um tempo.

— Doendo muito! Mas ficará bom. Hoje quem não será uma boa companhia serei eu - respondeu sem entrar em detalhes e tentando disfarçar um pouco a dor.

— Não faz mal. Só não vá chorar, pois eu não trouxe lenço - Anne disse num sorriso.

Ele deu um pequeno sorriso com um lado da boca. Aquela moça, que tinha sob sua responsabilidade, o fascinava. E só de estar em sua companhia parecia que a dor aliviava.

— Vejo que a senhorita está melhor - continuou a conversa.

— Não muito, mas ficarei bem - retornou com um sorriso.

— Essa missão será a mais difícil de todas - Antonie falou em tom profético.

— Por quê? - perguntou a moça.

— Tenho que levá-la a salvo até o conde D'Auvergne, prometi a seu irmão que iria protegê-la e se precisar ser salva por um bravo cavaleiro, terá que ser por mim - enumerou de maneira espirituosa.

— Nossa! vou dar tanto trabalho assim?

— Talvez mais do que imagine, *mademoiselle*.

Depois de um tempo em silêncio, Anne comentou:

— Sabe, o senhor me assustou no galpão com aquele mosqueteiro, mas vejo que o senhor não é tão mau assim.

— Obrigado. A senhorita tem um bom coração também – e emendou: – Posso dar-lhe um conselho de amigo, *mademoiselle*?

— Qual?

— É muito jovem ainda e está para casar-se com um homem influente e bem mais velho que a senhorita; irá conviver e morar com pessoas que não conhece. Procure ouvir tudo, mas ouvir tentando entender além das palavras ditas; evite falar de seus pensamentos e sentimentos com qualquer pessoa que seja, mas é com qualquer pessoa mesmo!

— E Madeleine? – questionou a moça.

— Concorda que se disser alguma coisa a ela, ela poderia contar para outras pessoas, mesmo sem a intenção de prejudicar a senhorita?

— E o senhor, capitão? – insistiu Anne.

Ele olhou profundamente nos olhos de Anne, pensando na pergunta que caiu como uma paulada em sua cabeça. Finalmente respondeu:

— Seu coração lhe dirá – e continuou olhando a moça, até que ela desviou o olhar.

Ela não conseguia entender por que aquele homem causava tantos sentimentos diferentes ao seu coração; ao mesmo tempo trazia-lhe segurança e confiança, desejando aconchegar-se em seus braços, e em outros momentos sentia-se incomodada e invadida, querendo sair correndo e esconder-se dele.

Até o fim da viagem daquele dia, não trocaram mais nenhuma palavra, apenas alguns olhares perdidos.

Chegaram ao outro alojamento bem tarde da noite e foram recebidos pelas sentinelas que aguardavam a chegada do grupo.

NA MANHÃ SEGUINTE BEM CEDINHO, TODOS ESTAVAM PREPARAdos para o final da viagem. A troca de quase todos os animais fora realizada novamente, principalmente das parelhas das carruagens e de alguns mosqueteiros que não haviam efetuado a troca na parada anterior. Os cavalos dos graduados permaneciam os mesmos, pois estes eram seus parceiros.

Anne estava tão ansiosa com mil pensamentos na cabeça, que nem percebera que Antonie Lefèvre não montara seu cavalo e entrara sozinho na outra carruagem. Observava calada, pela janela, a nova paisagem. Era bem diferente da vista que estava acostumada a ver desde pequena.

A cada hora que passava a angústia que Anne sentia parecia apertar-lhe mais o peito, dificultando até sua respiração.

Quando pararam para o almoço, pôde encontrar-se com Alain, Antonie e Michael. O sol estava a pino e quente para um dia de outono como aquele. Madeleine não parava de reclamar e de se abanar com um grande leque. Às vezes parecia ser muito mais velha do que realmente era.

Enquanto comiam próximo de umas árvores, uma borboleta pousou na ponta do chapéu de Lefèvre, ficando a balançar, batendo as asas para equilibrar-se. Anne ficou hipnotizada, olhando o pequeno ser e Antonie sentiu-se incomodado com a moça a olhar em sua direção.

— O que aconteceu, *mademoiselle*? – perguntou Antonie Lefèvre, quebrando o transe momentâneo de Anne.

— Como, senhor? – espantou-se a moça.

— Por que está me olhando desse jeito? – Antonie refez a pergunta.

— Desculpe-me, mas não é o senhor que estou a olhar – falou apontando para o chapéu dele. – É que tem uma borboleta em seu chapéu.

Ele riu, assim como os demais que estavam por perto. O inseto voou para longe com a movimentação que ele fizera com a cabeça.

— As borboletas trazem transformações, *mademoiselle* – filosofou Antonie, pensando em como aquela moça estava transformando sua cabeça e seu coração em tão poucos dias, mas quando esses pensamentos e sentimentos teimavam em perturbá-lo, procurava outra coisa em que pensar ou fazer. Entretanto, sua tática nem sempre surtia o efeito esperado e isso afetava aquele homem que sempre sabia como agir e tinha o controle das situações.

Anne perdeu-se, pensando no que lhe dissera Antonie, imaginando quais outras transformações poderiam acontecer em sua vida. Por mais que ela pensasse, mal sabia que muitas coisas ocorreriam em pouco tempo e tantas outras que mudariam sua vida. Muitas dessas transformações dependeriam de suas próprias escolhas e decisões.

Sua chegada ao *château* D'Auvergne incomodaria muita gente e atrapalharia muitos planos.

*château*
castelo

෴

A VIAGEM DAQUELE DIA FORA MAIS LONGA QUE O PLANEJADO DEvido ao calor excepcional que fez para aquela época do ano. Precisaram parar mais vezes durante o dia e por um tempo mais longo em cada parada, principalmente para poupar os animais que viajavam há três dias quase que sem descanso.

No meio da tarde, pequenas propriedades rurais foram surgindo uma a uma na paisagem e depois casas e mais casas no lugar dos pequenos sítios e chácaras. Por onde o comboio passava as pessoas paravam para observar, as crianças corriam ao lado por certo trecho, acenando com as mãos numa alegria própria da idade.

A temperatura estava mais amena e o sol brilhava no céu azul e límpido de Vichy como se recebesse com alegria e festa a nova moradora.

Logo depois de atravessarem uma longa ponte sobre o rio Allier, as casas foram aos poucos escasseando e dando lugar a vastos campos e altas árvores à beira da estrada. Ao término de uma longa curva, Anne pôde ver, pela janela empoeirada, um imponente castelo surgindo ao longe. Era o *château* do conde D'Auvergne.

A jovem sentiu um baque no coração e um frio na boca do estômago. Não sabia como aguentava tanta emoção naquela última semana. Seus olhos começaram a marejar de novo, mas deu um profundo suspiro e com muito esforço controlou as lágrimas que insistiam em querer brotar de seus olhos novamente.

Em poucos minutos, ultrapassaram o enorme portão e os altos muros, adentrando pelo caminho que levava até a entrada principal. O castelo tinha quase três vezes o tamanho do casarão dos Lambert.

Um belo jardim formado por um gramado muito bem cuidado, repleto de vários canteiros de flores e diversos arbustos e árvores, que começava próximo do portão, rodeando todo o prédio, servia de moldura à bela construção de pedra.

Uma escadaria de pedra que ia afunilando até o alto levava à porta principal. A porta enorme era dupla, toda de madeira entalhada e com detalhes nela e por toda a lateral do largo batente. Viam-se as amplas janelas em arco por toda a frente dos dois pavimentos. Duas torres ladeavam a construção, adornada por um telhado todo pontiagudo, dando a impressão que se elevava ao céu.

Quando a caravana parou em frente ao *château*, um serviçal os aguardava para recolher as bagagens e acompanhá-los aos aposentos. No saguão de entrada, mais dois serviçais receberam os viajantes, ajudando-os também.

Ao entrar, Anne ficou abismada com a grandiosidade do lugar, mesmo podendo prever seu tamanho pelo que se via do lado de fora.

No térreo, após a ampla entrada e sala, havia um imenso corredor para a direita e outro para a esquerda, cada um com várias portas enormes e duplas de madeira entalhada. O chão do andar térreo era todo de mármore de diferente tonalidade com recortes que formavam desenhos geométricos. Alguns tapetes de diferentes padronagens e tamanhos adornavam o chão.

Nas paredes, vários quadros que retratavam pessoas de diferentes idades e tipos. Ela imaginou serem parentes do conde. Havia também quadros com outros temas de diversos pintores.

Candelabros estavam dispostos em grandes pedestais de ferro e dois maiores suspensos no teto. Alguns aparadores com objetos de arte e pequenos candelabros estavam distribuídos em alguns pontos pelo corredor. No fundo da entrada, ao final da sala, havia uma escadaria de mármore, que se dividia no final do primeiro lance e seguia separada para o andar superior.

Madeleine seguiu um dos empregados até seu quarto, na ala direita. Anne foi acompanhada até seu novo aposento que ficava no segundo pavimento, na ala esquerda. Subiram as grandes escadarias de mármore de dois lances entre cada andar. Um lindo corrimão todo trabalhado ladeava a escada. Grandes quadros estavam dependurados por todo o contorno da escada.

Seu quarto era o último do corredor logo após o quarto do conde e ficava voltado para a frente do *château*. Via-se de lá toda a frente do *château*, seus jardins, a entrada e parte da estrada.

Sentiu-se pequena, indefesa, frágil e sozinha naquele imenso castelo. Um medo imensurável começou a tomar conta de seu ser e de seus pensamentos. Pressentimentos funestos começaram a invadir sua mente. Sentiu que seus olhos começaram a marejar novamente.

Não conhecia ninguém ali e não tinha ninguém com quem pudesse contar. Só Madeleine e Alain, e nos últimos dias Antonie e talvez Michael. Mas será que eles eram realmente confiáveis? E até que ponto poderia confiar em cada um deles? Pensou no conselho de Antonie.

Na manhã seguinte, logo cedinho, uma senhora levou uma bandeja com o desjejum para Anne em seu quarto. Ela sentou-se na cama enquanto a camareira ajeitava a bandeja sobre o leito. Estava sem fome, sua cabeça latejava um pouco e sentia os olhos ainda inchados. Dormira muito pouco e mal. Conseguiu conciliar o sono só bem altas horas da noite. Estranhara o local, a cama, a iluminação, tudo à sua volta. Sua mente não parava com tantos pensamentos. O que lhe aguardava nos próximos dias? E nos próximos anos?

O quarto era amplo. O chão era de tábuas largas de madeira. Na parede, à esquerda da entrada, ficava uma pequena lareira, e à sua esquerda uma porta que estava trancada. À frente havia uma janela com cortinas grandes e pesadas que iam do teto até o chão.

# CAPÍTULO III

A cama ficava bem no centro do cômodo, encostada à parede da porta de entrada. Era uma cama de casal com dossel. Tinha detalhes dourados em toda a volta da armação e entalhes nas quatro colunas, as cortinas do dossel eram de um tecido leve, que dava um ar aconchegante e romântico ao móvel. Lençóis brancos bordados à mão, cobertas e quatro grandes travesseiros contribuíam para a sensação de um esconderijo tranquilo e confortável.

Uma cômoda toda de madeira trabalhada com detalhes dourados iguais ao dossel, três gavetas e puxadores também dourados; um guarda-roupa com os mesmos detalhes dourados e puxadores iguais aos da cômoda, uma pequena escrivaninha com três gavetinhas na lateral direita, com tampo de mármore e um espelho oval na parede logo acima dela dava um ar mais feminino ao móvel de escritório – todos dispostos na parede à direita da entrada. Era uma parede toda revestida de madeira. Havia uma porta à direita que levava a outro pequeno cômodo para banho e higiene pessoal.

Anne não saiu do quarto durante todo o dia. As refeições foram servidas pela mesma senhora que não trocou uma palavra com a moça, somente olhares curiosos. Em vários momentos do dia a moça passou bom tempo olhando pela janela. Viu algumas carruagens chegando com os convidados. Sentia-se insegura e prisioneira. Não tinha mais forças nem lágrimas para chorar.

Bem à tardinha, Madeleine apareceu no quarto toda falante e empolgada com as novidades do dia. Anne nem prestava atenção ao que ela tagarelava. Trocou-se e arrumou-se com a ajuda da dama de companhia, que não se esqueceu de nenhum detalhe.

Quando ficou pronta, sentou-se na escrivaninha e ficou com olhar perdido em seu reflexo no espelho até a hora que bateram à porta, chamando-as para que descessem para o jantar de apresentação.

෮෨

DO ALTO DA ESCADA SURGIU ANNE COM UM LINDO VESTIDO VERDE claro. Logo abaixo do seio, uma larga faixa branca com as duas pontas descendo por uma das laterais até quase os pés marcava sua cintura. Seus cabelos estavam presos de um lado, formados por vários cachos que vinham do topo da cabeça e terminavam logo abaixo de seu ombro. Um belo camafeu adornava seu colo.

Ela parou no patamar que unia as escadas. Parecia uma gravura saída de um livro. Todos que estavam no saguão pararam para olhá-la. Ela não conhecia nenhum daqueles rostos que a admiravam.

Ao pé da escada, Alain e Antonie estavam um de cada lado para recebê-la. Os dois mosqueteiros trajavam farda azul com detalhes em prata na cruz incrustada no manto, botas engraxadas e chapéu com uma grande pluma branca. Estavam bem barbeados e penteados, realmente alinhados. Nem pareciam aqueles homens que viajaram com ela nos últimos três dias. Antonie ainda tinha seu braço esquerdo sob o manto.

Ela olhou discretamente para Antonie e pensou:

"Bem que ele poderia me levar para bem longe daqui em seu cavalo..." – mas ao ver tantos pares de olhos sobre ela, travou ali no meio da escada.

Os pensamentos deles pareciam cruzar-se, pois Antonie, ao vê-la parada no meio da escada, pensou também:

"Como ela está linda! O que aconteceria se eu a pegasse e levasse para bem longe daqui?" – e retomando a razão, afastou aqueles pensamentos: "Meu Deus! como posso ter uma ideia desta tão infantil e ridícula? Devo estar com febre e delirando novamente por causa do meu ferimento."

Alain, percebendo que a amiga estava no meio da escada paralisada, subiu alguns degraus e lhe ofereceu a mão para que ela descesse. Antonie, num gesto rápido, subiu oferecendo sua mão também. A moça desceu junto com os dois rapazes.

— Quer se casar comigo? – disse Alain baixinho para Anne.

— Já sou comprometida, senhor – ela respondeu ao amigo com um leve sorriso nos lábios.

A intenção dele para que ela relaxasse um pouco deu certo e o sorriso veio bem a calhar naquele momento que as atenções estavam todas voltadas para ela.

Quando terminaram de descer a escada, um senhor de seus quase sessenta anos surgiu do meio das pessoas.

Era o conde D'Auvergne. Tinha uma vasta entrada na testa que chegava quase ao meio da cabeça. Uns poucos fios negros perdidos entre os muitos grisalhos que sobraram no resto da cabeça deixavam adivinhar o tom de seu cabelo na juventude. Olhos bem negros de ar tristonho e sofrido pela vida, mas que transmitiam certo mistério. Seu aspecto físico dava a impressão de ser mais velho do que realmente era.

Belmont Gauthier tinha fama de ser um homem sério, mal-humorado, exigente e muitas vezes rude e injusto, mas a veste pomposa que trajava deixava-o com um aspecto mais amigável, dando uma impressão bem diferente daquele senhor.

Sua rudeza, sovinice, ganância e despreocupação em ser justo com os outros faziam parte do que trazia em seu íntimo de suas outras vidas como detentor de riquezas, poder e de uma posição privilegiada que lhe permitia toda sorte de abusos enquanto encarnado. O apego de Belmont às coisas terrenas era forte a ponto de, mesmo nascendo certa vez com menos riquezas, encontrar uma maneira de usurpar os bens de outros mais ingênuos e crentes nas suas boas intenções, pouco se importando com as consequências.

A riqueza e influência política e comercial lhe foram concedidas novamente para que tentasse reparar alguns deslizes cometidos anteriormente.

O senhor se aproximou do pé da escada. O capitão Antonie Lefèvre adiantou-se e, dirigindo-se ao conde D'Auvergne, apresentou-lhe a moça:

— *Mademoiselle* Anne Lambert, apresento-lhe o senhor Belmont Gauthier, conde D'Auvergne.

Ela fez uma reverência e o conde tomou-lhe a mão, beijando-a.

— Encantado, *ma chérie* – surpreso, Belmont pensou com seus

*mademoiselle*
senhorita

*ma chérie*
minha querida

botões: "É uma menina ainda! Deve ser bem mais nova que minhas sobrinhas."

— Vamos nos dirigir ao salão de jantar, senhores? – convidou o conde, oferecendo o braço à Anne e se encaminhando em direção ao outro salão, no que foram seguidos pelos demais convidados.

৩৩৩

DOIS SERVIÇAIS, TRAJANDO ROUPAS DE GALA, ABRIRAM AS PORTAS do salão de festas revelando a imensa mesa para os trinta convidados. Várias travessas com frutas, pratos, talheres, vasos com arranjos florais e candelabros estavam harmoniosamente dispostos à moda de Paris. Grandes cortinas pesadas que desciam do teto até o chão recobriam as janelas de enormes vidraças.

Conde D'Auvergne sentou-se ao fundo, à cabeceira da mesa, Anne ao seu lado. Alain sentou-se ao lado de Anne e Antonie à frente da moça, com Leontyne, a sobrinha mais velha do conde, ao seu lado. Os demais convidados foram acomodando-se nos lugares demarcados. O jantar foi servido por vários criados. Anne permanecia o máximo que podia calada e com o olhar em direção ao prato. A sensação que tinha era que todos os olhos estavam sobre ela o tempo todo e isso a encabulava e incomodava.

Após o lauto jantar, os convidados foram encaminhados a outro salão maior. Nele havia algumas poltronas e pequenos sofás próximos às janelas adornadas com imensas cortinas pesadas. Pequenas mesas, com lugar para quatro pessoas, estavam dispostas pelo recinto próximas das paredes e algumas serviam de apoio para as taças, copos, garrafas e pequenos pratos com petiscos.

Alguns quadros de pintores conceituados estavam expostos nas paredes; candelabros em grandes pedestais, situados em pontos estratégicos, iluminavam o ambiente, o centro estava livre. Dois grandes lustres com velas pendiam do teto no centro do salão.

Quatro músicos começaram a tocar assim que o conde entrou de braço dado com Anne. Ela ficou encantada com tudo, imaginando-se num sonho que até se esqueceu por um instante de seus sentimentos tão confusos e seus olhos começaram a brilhar diante da beleza do local.

O conde e Anne, Leontyne e sua irmã caçula Corine, os três mosqueteiros e mais um casal de amigos do conde sentaram-se numa mesa redonda maior que estava num dos cantos do salão, especialmente preparada para eles.

Conversaram durante alguns minutos sobre amenidades enquanto bebiam e riam. Anne, sempre calada, só falava o estritamente necessário e quase sempre por monossílabos, observando tudo o que podia. Alain de repente sugeriu ao anfitrião:

— Conde, por que o senhor não tira sua noiva para dançar?

Anne olhou discretamente para Alain, com vontade de matá-lo. Por que não a deixava em paz? Sempre arranjava um meio de apoquentá-la e muitas vezes ela achava que isso lhe dava prazer.

— Aceita, *ma chérie*? – convidou o conde.

— Com prazer, senhor – respondeu Anne educadamente.

O casal seguiu para o centro do salão. Logo que começaram a dançar, o conde encantou-se com o jeito gracioso da moça.

— Dança muito bem, *ma chérie* – elogiou Belmont.

— Grata. Aprendi com meu pai – mentiu Anne, pois aprendera com seu irmão e Alain nas festas em suas casas.

Belmont pensou saudoso: "Seu pai: meu velho amigo Gérard... Nossa!" – assustou-se Belmont, pensando na diferença de idade entre ele e a moça. "Ele será meu sogro e é mais novo do que eu alguns anos."

Eles dançaram uma música e o conde, cansado, pediu para voltarem à mesa.

Regressando à mesa, as senhoras começaram a fazer várias perguntas a Anne. Parecia mais um inquérito sobre a vida dela, deixando-a confusa e mais constrangida. A única pessoa que pouco se importava com a conversa era Leontyne, a sobrinha do conde, de vinte e três anos, ainda solteira, de cabelos e olhos negros, traços fortes. Ela não era feia, mas também não era uma mulher atraente.

Leontyne estava entretida com Antonie. Não parava de falar e se insinuar para o rapaz, que lhe dava atenção muito a contragosto. Michael discretamente zombava do amigo. Alain procurava contornar o constrangimento em que sua amiga se encontrava com as outras mulheres, não conseguindo bons resultados.

De repente Lefèvre virou-se para o conde D'Auvergne e perguntou:

— O senhor me permite uma dança com sua noiva?

Todos à mesa olharam para Antonie e para Anne surpresos. Leontyne transfigurou-se de ciúmes e apenas Michael percebeu a reação dela, divertindo-se consigo mesmo. Instintivamente, Anne olhou para o conde sem saber como agir. Sentiu que seu rosto começava a pegar fogo.

— Vá, *ma chérie* – disse o conde. – Não recuse o convite de nosso capitão, além do que tive muitas emoções para um dia só e não conseguiria acompanhá-la em outra dança. Por favor, capitão Lefèvre, entretenha minha noiva.

Antonie levantou-se e tirou a moça para dançar. Enquanto se dirigiam ao centro do salão, Anne agradeceu:

— Obrigada por livrar-me daquele interrogatório! Não aguentava mais. Já não sabia mais o que falar nem como agir.

— Sou eu quem deve lhe agradecer, *mademoiselle*.

— Agradecer-me? Por quê?

— Por aceitar dançar comigo – explicou. – E por livrar-me do assédio de dona Leontyne – acrescentou.

— Mas eu imaginei que o senhor e Leontyne...

— Sou um cavalheiro, *mademoiselle*, além de ela ser sobrinha do conde, não?

Anne concordou com a cabeça sem mais questionamentos. Não sabia o porquê, mas sentia-se aliviada por saber que ele não tinha interesse em Leontyne.

Mal se sentaram à mesa depois de algumas danças e as mulheres retomaram o interrogatório agora com a participação de Leontyne também. Alain rapidamente convidou Anne para dançar, livrando-a da situação embaraçosa que se formava novamente.

Depois foi a vez de Michael convidá-la também. Ela ficou agradecida, em seu íntimo, a eles por tirá-la daquela conversa e da companhia daquelas pessoas que de certa forma só a constrangiam com palavras e comentários.

Ela passou o resto da noite praticamente dançando, coisa que gostava e sabia muito bem fazer, revezando com os três novos parceiros o tempo todo.

NA MANHÃ SEGUINTE, O CONDE, SUAS TRÊS SOBRINHAS, ANNE E os mosqueteiros tomaram café juntos na sala de refeições. O clima era amigável entre eles. Falavam de assuntos que iam desde comentários sobre a reunião da noite anterior, da viagem até os planos de cada um para o dia. Anne era a única que permanecia calada. Só ouvia.

Terminado o café, cada um foi cuidar de seus afazeres. O conde convidou Anne para mostrar-lhe as demais dependências do castelo. Madeleine acompanhou-os ao passeio pelo castelo. Perguntava sobre tudo, admirando-se com cada coisa e local que visitava na residência.

Belmont apresentou por último o escritório, seu local preferido do *château*. Era amplo como todas as salas do andar térreo. Situava-se na ala esquerda da construção quase no final do corredor. O piso era todo de tábuas largas de madeira. Havia uma grande mesa que ficava de costas para a janela adornada com as mesmas grandes e pesadas cortinas do resto do castelo. Uma grande cadeira revestida de couro para seu uso pessoal e duas cadeiras à frente. Tinha uma lareira na parede toda recoberta de madeira à direita de quem entrava, um quadro acima dela e uma estante de cada lado repleta de livros. Um pequeno sofá, duas poltronas e uma mesinha de centro ficavam à frente da lareira.

*château*
castelo

No escritório, o conde passava a maior parte de seu dia trabalhando, lendo ou conversando e tomando chá ou vinho com seus amigos e convidados.

Naquele dia o conde, Anne e as sobrinhas de Belmont almoçaram juntos. Leontyne e Corine eram irmãs, filhas do irmão do conde e sempre vinham passar longos tempos em Vichy com o tio.

Corine tinha vinte anos, era bem parecida com a irmã, mas tinha os traços mais suaves e grandes olhos expressivos. Sempre acompanhava a irmã, que muitas vezes dava um jeito de escapar da presença de Corine para fazer das suas.

A outra moça era Georgette, filha caçula da irmã mais nova do conde. Sempre que os pais viajavam para fora da França, ela ficava em Vichy com o tio, o que acontecia umas três vezes ao ano. Ela era tímida, cabelos lisos e castanhos, olhos pequenos e esverdeados. Tinha vinte anos também e seus pais temiam que ela não se casasse, como sua prima Leontyne.

Na verdade, Leontyne tinha sido noiva, mas o rapaz adoecera gravemente e em poucos dias morrera sem que os médicos conseguissem descobrir o que ele tinha. Faltavam menos de dois meses para o enlace e esse ocorrido abalou muito a jovem noiva. Depois disso, Leontyne passou a ter muitas mudanças de humor e de comportamento, preocupando seus pais que faziam de tudo para que ela voltasse a ser como antes.

As primas olhavam Anne tentando analisá-la como fizeram durante o jantar de apresentação. As moças não se conformavam que o tio fosse casar-se novamente. Depois de três casamentos em que não tivera nenhum herdeiro, elas tinham esperanças que ele se conformasse com sua sina e deixasse a fortuna para elas, caso permanecessem solteiras.

Agora com uma noiva tão jovem, dificilmente o conde ficaria sem herdeiros. A não ser que alguma tragédia acontecesse como às suas esposas anteriores.

൭൭

OS DIAS PASSAVAM E ANNE IA CONHECENDO UM POUCO MAIS SObre o temperamento e personalidade de cada membro da família de Belmont Gauthier. Sempre se lembrava do conselho que o capitão Lefèvre lhe dera e mais ouvia e observava do que falava. Mesmo porque não via razão para falar com aquelas pessoas que pareciam tão superficiais e interesseiras.

Anne não gostava de estar na companhia das sobrinhas de Belmont e evitava ao máximo a presença delas. Somente permanecia por perto quando queria obter alguma informação sem que alguém percebesse suas intenções ou quando não tinha alternativa.

Sua saída para evitá-las era ficar no escritório e ele se tornara o local do castelo que Anne mais gostava de estar. Lá ela passava horas bordando, lendo e escutando as conversas do conde com seus amigos e convidados. Sem muito esforço, ela conseguira um meio de estar a par das várias situações que ocorriam no *château*, na vida de Belmont, em Vichy e até mesmo na corte em Paris e Versalhes.

Ninguém se incomodava com sua presença no escritório e até gostavam quando estava por perto. Seu jeito discreto, hospitaleiro e cordial agradava a todos. Sempre quieta perto da lareira a ler algum livro, a bordar ou entretendo com suas poucas conversas quem estivesse por lá. Servia sempre alguma coisa aos convidados com muito capricho, ou para ela e o conde, quando estavam apenas os dois no escritório. Era uma ótima anfitriã, aprendera com a mãe.

Ela passou a ter um relacionamento mais amigável com Belmont, criando um vínculo de confiança por parte dele em relação a ela. Às vezes pareciam pai e filha, para não dizer avô e neta. Anne dava um jeito de fazer perguntas, parecendo ser apenas curiosidade dela ou fazendo se passar por desentendida. Com seu jeitinho ingênuo, conseguia captar muita coisa sem que Belmont ou qualquer outra pessoa percebesse. Começou a dar palpites e até conselhos ao conde sem que ele percebesse que as sugestões dela ainda lhe salvariam de encrencas ou maus negócios. Era apenas o começo.

As três primas estavam na saleta, tomando chá e chocolate com biscoitos e discutindo detalhes da cerimônia e da festa de casamento.

— A decoração ficaria muito mais bonita se colocássemos alguns arranjos com fitas e laços nas portas de entrada e nas do salão.

— Eu acho que as mulheres da família deveriam ter a mesma cor de vestido. O que acham?

— Mas por quê? Deveria ir cada uma com uma cor diferente, bem colorido. Se não vai parecer uniforme.

— Ah! não podemos esquecer os bolinhos! De que sabor seria melhor? Poderíamos encomendá-los em Moulins. Uma amiga minha me disse que lá há um excelente confeiteiro.

Anne só observava e não se conformava.

## CAPÍTULO IV

"Eu não estou ouvindo essas coisas. Eu sou a noiva, irei casar a contragosto e nem posso dar nenhum palpite! Daqui a pouco, vão querer escolher o meu vestido também" – pensava consigo mesma, tomando seu chá para evitar ser grosseira com as futuras sobrinhas.

— Estava pensando como poderia ser o vestido – disse Corine analisando Anne. – Talvez um modelo...

Nesse momento, o conde entrou na sala, perguntando:

— Então, *ma chérie*? Como estão os preparativos para o nosso casamento?

*ma chérie*
minha querida

Anne aproveitou a pergunta do conde e soltou:

— Acho que suas sobrinhas já acertaram todos os detalhes, senhor. Não é mesmo? – desferiu com um olhar cínico para as três.

— Como assim "elas já acertaram todos os detalhes", *ma chérie* Anne? – Belmont perguntou indignado.

— É que Anne é tão novinha e não deve ter experiência com cerimônias, sendo assim, achamos melhor ajudá-la, não é mesmo, meninas? – tentou se defender Leontyne.

— Obrigado, queridas sobrinhas. Agradeço muito, mas eu e *ma fiancée* Anne iremos acertar a cerimônia e a recepção – cortou Belmont educadamente. – Venha, *ma chérie*. Vamos até meu escritório para conversarmos sobre nosso casamento.

*ma fiancée*
minha noiva

Anne se levantou e seguiu o conde radiante por dentro. Pelo menos tinha o apoio do conde e era a chance de começar a conquistar seu espaço naquela casa já que seria a condessa D'Auvergne em poucas semanas. As primas estavam se roendo de raiva. Não era um bom sinal para elas. Estavam perdendo terreno para aquela intrusa na família e isso não seria nada bom para nenhuma delas, principalmente financeiramente.

Em seu escritório, o conde sentou-se perto da lareira, convidando Anne para sentar-se com ele:

— Venha, *ma chérie*. Vejamos como gostaria que fosse a cerimônia e a festa. Precisamos fazer a lista de convidados também. Você é a noiva e será como desejar. Já pedi para vir uma costureira de

*magnifique*
magnífico

Paris para fazer seu vestido. Ela irá ajudá-la a escolher um que lhe agrade. Quero vê-la radiante, *magnifique*!

Anne, apesar de se sentir bem melhor com a postura do conde, não estava animada em planejar o casamento nem a festa. Não casaria com alguém especial para ela como acreditava que deveriam ser os casamentos. Um sonho de qualquer jovem adolescente que se perdia.

☙❧

FAZIA UMA TARDE AGRADÁVEL E TODOS DESFRUTAVAM DA PAISAgem, que se via daquela parte do jardim, conversando e tomando chá e chocolate. Era um local muito aconchegante para passar as tardes ao ar livre. A mesa não ficava muito longe do casarão. Ela estava sob árvores que proporcionavam sombra num ponto voltado para o labirinto de arbustos, na parte mais abaixo do terreno, alguns metros à frente. Dava para ver quase toda a propriedade e as outras construções e anexos que faziam parte do castelo.

Num determinado momento da conversa, Antonie Lefèvre perguntou ao conde com alguma intenção secreta:

— O conde sabia que *mademoiselle* Anne toca cravo muito bem?

*mademoiselle*
senhorita

— Não me diga! – admirou-se o conde e virando-se para Anne, perguntou: – É verdade, *ma chérie*?

— Não toco muito, não – respondeu Anne, tentando desconversar.

— *Mademoiselle* é modesta, conde – insistiu Antonie.

— Verdade, senhor – concordou Alain entrando no plano improvisado do amigo. – Senhorita Anne toca como um anjo desde pequena.

— Sou testemunha também. Tive o privilégio de ouvi-la tocar – arrematou Michael, que não perdia uma oportunidade de entrar nas tramas dos amigos, mesmo quando não sabia do que se tratava.

Anne olhou discretamente para os três, fuzilando-os com o olhar. "O que esses três têm em mente? O que pretendem com essa conversa? Se pudesse pegá-los de jeito..." – pensou. Parecia que sempre arranjavam alguma coisa para provocá-la e ela não tinha como revidar. Alain era mestre em fazer isso com Anne desde pequeno.

    Leontyne, não se aguentando de ciúmes pelos comentários sobre a noiva do tio, soltou seu veneno:

    — Pena não termos um cravo na residência para comprovarmos o que diz o capitão.

    — Realmente é uma pena – concordou Antonie em tom reticente.

    O conde ficou pensativo por uns instantes, mas logo começaram a conversar sobre outros assuntos e ele largou seus pensamentos de lado. Anne permanecia calada o tempo todo, só observando os comentários e o comportamento das pessoas à sua volta e imaginando o que os três amigos poderiam ter em mente.

AO SE APROXIMAR DA PORTA DA SALA, ANNE ESCUTOU AS SOBRINHAS do conde conversando num tom mais alto que o costumeiro. Estavam exaltadas e parecia que falavam de algum assunto polêmico. Ela resolveu ficar ali mesmo escondida para tentar ouvir o que conversavam.

    — Mas como pensa que poderá conseguir uma coisa dessas? – ouviu Corine perguntar a alguém na sala.

    — Não sei, mas pensarei em algo. Os homens são todos iguais e é só eu me insinuar um pouco mais, parecer mais interessada nas coisas que ele gosta que eu consigo o que quero.

    — Será, Leontyne? Acho que se ele tivesse interesse em você já teria demonstrado – dizia Georgette.

    — Ele parece ser muito sério, apesar de ser meio sarcástico às vezes. Nunca o vi demonstrar interesse por nenhuma moça – comentou Corine.

    — Não me importo. Vocês verão se não me caso com o capitão Lefèvre – afirmava Leontyne. – Faço o que for preciso. Ah, faço!

    Anne estava grudada na beira da porta ouvindo as três. Mal respirava para não ser percebida.

    — Você está ficando louca, Leontyne – reprovou Corine. – O

que diria ao papai para que ele consentisse nesse casamento? Você acha que papai aceitaria uma ideia dessa? – insistiu Corine.

— E aquele homem que você nos disse que está namorando secretamente? Quem é? O que fará com ele? – perguntou Georgette.

— Dele cuido depois. E se é segredo não contarei a vocês. E papai não dirá não para mim. Podem acreditar em mim. Tenho tudo bem planejado – dizia Leontyne confiante.

Anne resolveu sair dali e ir para o escritório antes que fosse pega bisbilhotando. Seu coração estava disparado com as coisas que ouvira da boca de Leontyne. Não queria acreditar que a sobrinha de Belmont estava armando para casar-se com Antonie e ela nada poderia fazer nem contar a ninguém sobre a tramoia dela. Que argumentação teria e quem acreditaria numa história contada por ela? E quem seria o namorado secreto que Leontyne não podia revelar a ninguém?

꩜

COMO SEMPRE FAZIA, AQUELE CAVALHEIRO CHEGOU SEM AVISAR. Era sua marca por toda a França. Quando menos se esperava, ele surgia com alguma desculpa para a visita inesperada e suas lisonjas. E dessa vez não fora diferente.

Era um homem de seus trinta anos. Sempre sorrindo para todos, muito cortês e comunicativo. Vestia-se elegantemente, realçando seu porte majestoso. Tinha olhos negros muito expressivos e ao mesmo tempo enigmáticos. Seus cabelos eram pretos e uma mecha acinzentada na frente lhe dava um charme todo especial.

Jean-Pierre não era um homem de origem nobre, mas tinha muitos conhecidos entre barões, condes, viscondes e toda gama de pessoas influentes na corte e até mesmo entre o clero. Sempre estava no meio da nobreza. Se havia alguma reunião ou festa de repercussão, podia contar que ele estaria por lá bajulando os homens importantes e cortejando as damas presentes.

Sua maior fama, por sinal, era de grande galanteador e colecionador de amantes por toda a corte. Pouco se importava se sua pretendente era comprometida ou não. Se lhe interessava partia para a conquista. Diziam que até as criadas não escapavam de suas garras.

Viver perigosamente parecia agradar a esse homem. Envolvia-se em negócios e transações obscuras e até em muitas brigas. Conseguia ganhar muito dinheiro e mais influência com cada transação que realizava. Nunca se dera mal, pelo menos que se soubesse.

Sua diplomacia, astúcia, poder de persuasão e perspicácia eram seus maiores aliados e trunfos. Comentavam que seu sonho era ter entrado para a Guarda Real, mas não teria sido aceito por sua indisciplina e arrogância.

Toda essa personalidade e sentimentos que lhe eram peculiares ele trazia de suas muitas encarnações anteriores. Sempre fora assim. Aproveitava-se de sua grande inteligência e astúcia de maneira negativa, enganando, influenciando e manipulando as pessoas, fazendo-as agir em seu benefício.

Quantas vezes não tramou e até traiu aqueles que o tinham como amigo ou parceiro de negócio! Quantas vezes não jogou dirigentes contra seus homens de confiança e vice-versa! Quantas vezes não maquinou golpes em companhias e governos tirando vantagens pessoais! E como se sentia bem ao ver que conseguia o que queria e se saía ileso sem que desconfiassem de seu envolvimento. Era sua grande vitória, embora ninguém soubesse.

Continuava agindo e pensando dessa forma, apesar das várias oportunidades que tivera para mudar sua conduta. Um dia teria que prestar contas de tudo que fizera em sua existência.

Agora parece que Jean-Pierre tinha um novo objetivo a alcançar: conhecera a noiva do conde D'Auvergne e não deixaria aquela jovem e bela mulher fora de sua lista de conquistas. Especialmente com os boatos que corriam sobre o velho conde. Sentira uma atração incontrolável por ela e conquistá-la passaria a ser um ponto de honra para ele.

Jean-Pierre tinha plena convicção que Anne não demoraria em cair por suas artimanhas amorosas.

ENTRANDO NA SALA ONDE ANNE BORDAVA COM AS OUTRAS MUlheres, o conde fez um convite:

— Anne, *ma chérie*, por favor, acompanhe-me até meu escritório.

Ela largou seu bordado no balaio que estava num canto perto de sua cadeira, pediu licença às outras damas e seguiu o conde pelo longo e largo corredor, atendendo ao seu pedido prontamente. Chegando à porta do escritório, Belmont abriu-a e fez sinal para que ela entrasse na frente.

Logo que entrou, Anne ficou parada surpresa ao ver um cravo a um canto do escritório. Ele era todo marchetado e no interior do tampo se via uma linda paisagem campestre.

Anne estava tão maravilhada, que perguntou com seu jeito tão peculiar:

— O que é isso?

— Um cravo. Não reconhece? – respondeu Belmont.

— Claro que sim! Não foi bem isso que quis perguntar...

— Eu sei. É seu, *ma chérie*, meu presente de noivado para você. Gostaria que sempre que possível viesse tocá-lo enquanto eu trabalho.

— Com certeza e o farei com muito gosto, senhor! Muito obrigada! – respondeu a moça indo ao seu encontro, dando-lhe um abraço agradecido bem apertado.

Belmont ficou desconcertado e pensou: "Meu Deus, ela é uma menina! O que estou fazendo com a vida dela?"

À medida que os dias passavam e a cerimônia se aproximava, Belmont pensava cada vez mais no acordo que fizera com Gérard Lambert e se estaria fazendo um bom negócio envolvendo a jovem na história. Quando Anne o largou, ela perguntou:

— Posso tocá-lo?

— Pode. Ele é seu, mas antes venha comigo até a sala da lareira. Tenho outro presente.

O conde saiu em direção ao salão da lareira, seguido por Anne que parecia uma criança em dia de festa.
— Outro presente? – perguntou surpresa.
Ao chegarem ao salão, ela se deparou com outro cravo. Seus olhos ficaram mareados de alegria. Aproximou-se do belo cravo também todo marchetado, com laterais pretas e contornos dourados, e uma cena marinha no interior do tampo. Passando a mão sobre o instrumento, perguntou:
— Também é meu?
— Sim, *ma chérie*. Toque-o para mim.
A moça rapidamente sentou-se obedecendo, e seus dedos logo começaram a dedilhar seu novo presente, enchendo o ambiente de música.

෨෬

ELOISE E MARION, IRMÃS DE ALAIN, TINHAM CHEGADO ALGUNS dias antes do casamento, como haviam combinado, para ficar com a amiga. Estavam encantadas com tudo que viam no castelo e nas redondezas da propriedade. Passaram a fazer companhia para Anne que voltou a ser um pouco como era antes de chegar a Vichy.
Naquela tarde, as pessoas que se encontravam no castelo conversavam na sala da lareira enquanto Anne tocava. Talvez fosse o dia que mais pessoas se encontravam na residência, fazendo parecer mais uma festa do que uma simples reunião da tarde.
Num determinado momento, Belmont perguntou a Michael:
— Tenente, o senhor me parece ter muitas pretendentes. Não pensa em casar-se?
— Por enquanto, não. Ainda não encontrei uma moça que conquistasse meu coração – respondeu o rapaz, olhando para as irmãs de Alain. – Quando a encontrar com certeza me renderei ao casamento.
— O senhor Jean-Pierre também parece ser bem cotado entre as damas, não? – insinuou Michael, dirigindo-se a Jean-Pierre.

— Nem tanto, meu caro, nem tanto – respondeu Jean-Pierre de maneira superficial. – Além do que já estou passando da idade de pensar em casar.

— Que é isso, senhor? – interrompeu Alain. – Veja nosso querido conde. Irá se casar novamente e garanto que a idade não lhe é um empecilho.

— Com certeza não é, meu jovem – confirmou o conde e, virando-se para Lefèvre, perguntou:

— O senhor não está na idade de casar-se também, capitão?

Antonie estranhou a pergunta repentina dirigida a ele que estava quieto apenas observando a todos, especialmente Anne, que tocava cravo. Com seu raciocínio rápido ele respondeu:

— Engana-se, senhor. Não pretendo casar-me outra vez.

Todas as atenções se voltaram para ele. Os presentes não esperavam uma resposta como a que ele dera e aguardavam uma explicação para aquela afirmação, principalmente Alain e Michael. Provavelmente o amigo viria com mais alguma de suas histórias fantásticas.

— Como assim casar-se outra vez, senhor? – perguntou Leontyne curiosa.

— Não gosto de falar desse assunto, senhorita. Traz-me tristes recordações – respondeu de maneira que pudesse ganhar tempo para pensar em algo. Parou por uns segundos antes de continuar a narrativa:

— Na verdade, já fui casado.

Anne se surpreendeu com a revelação de Antonie, parando de tocar para prestar atenção ao que ele contava. Todos estão esperando a continuação da narrativa do rapaz. Os dois amigos entreolharam-se, imaginando o que diria a seguir.

— Casei-me muito jovem. Minha esposa logo engravidou. Ela teve muitos problemas na gravidez, precisando de muitos cuidados. O parto foi prematuro e muito complicado e nosso filho não vingou – ele falava compassado, num tom quase teatral.

— Ela passou muito mal por uns dois dias e só piorava. Em seu leito lhe jurei amor eterno e lhe prometi que nunca me casaria novamente. Nesse mesmo dia ela faleceu. Logo depois, eu entrei para a Guarda Real e desde então minha vida tem sido só para a corporação, que considero como minha família – concluiu.

Alain e Michael se entreolhavam, não acreditando no que o amigo contava. "Ele está maluco? Já foi casado? Ficou viúvo? Que ele pretende com uma história dessa?" – pensavam cada um para si.

— É muito triste mesmo, senhor – comentou comovida Corine quase chorando.

— Ela foi muito importante em minha vida e não irei quebrar a minha promessa – ele completou nem mesmo acreditando na história que acabara de inventar.

Depois de um pequeno silêncio, eles mudaram para assuntos mais amenos, mas Leontyne ficou absorta, imaginando como faria para conseguir casar-se com Antonie, mesmo depois do que ele contara. Não iria desistir de seus planos tão facilmente e um desafio sempre tornava as coisas mais emocionantes para ela.

DESDE QUE TERMINARAM O CAFÉ DA MANHÃ, AS DUAS AMIGAS DE Anne insistiam para que fossem dar uma volta no alojamento dos mosqueteiros.

— Vamos, Anne! Não vá me dizer que não tem curiosidade de ir lá também – pedia Marion.

— Não é isso, Marion. Eu nunca fui lá, e não sei se deveríamos ir. Ainda mais sozinhas – retrucava Anne, que no fundo estava curiosa desde que chegara ao castelo para ir ao alojamento.

— Por isso mesmo, já que você nunca foi lá mais um motivo para irmos – Marion tentava persuadi-la.

— Podemos dizer que fomos ver nosso irmão – completou Eloise.

— É uma bela desculpa! Alain tem feito praticamente todas as refeições conosco e fica um bom tempo aqui no castelo e as irmãs ainda têm saudades dele. Vão acreditar com certeza – tentou argumentar Anne de forma irônica.

— Quer saber: acho que devemos ir e pronto. Você não será a "condessa D'Auvergne", Anne? – perguntou Marion. – Não pode circular pela propriedade livremente?

— É mesmo. Não pode? – perguntou Eloise.

— Tá bom! Vocês não têm jeito mesmo – Anne acabou por concordar. – Só que depois, quando acontecem as encrencas, sempre sobra pra mim, não é?

— O que é que pode acontecer? Você é a noiva do conde. Não pode mostrar para as amigas a sua futura propriedade? – perguntou Marion.

— Vamos logo. Quem sabe os mosqueteiros não estão treinando? Quero ver se é mesmo como você nos contou – apressou-se Eloise.

— Deve ser tão emocionante assistir a um duelo – ficou imaginando Marion.

— É. Você não imagina como! – disse Anne, lembrando-se do duelo que presenciara na viagem entre o capitão Lefèvre e o soldado Lafayete.

৩৯৯

AS TRÊS JOVENS DERAM UM JEITO DE SE LIVRAR DE MADELEINE E seguiram em direção ao alojamento, saindo pelo portão lateral do jardim. Passaram por algumas construções e galpões até chegarem a um local mais aberto que dava para o estábulo.

Seguiram para lá e os homens que cuidavam dos cavalos, estranhando a presença delas naquele local, ficaram observando as três moças.

— Nossa! aqui tem um cheiro muito forte e ruim! – comentou Eloise.

— Dá pra aguentar por pouco tempo, mas não gostaria de passar o dia aqui não, – acrescentou Marion.

— Vamos dar uma olhada naqueles cavalos ali? – apontou Anne, dirigindo-se às baias.

As moças foram passando pelas baias parando em todas para olhar e admirar os animais, conversando e brincando com alguns. Apesar de não ser comum a presença de mulheres no local, os homens as receberam cordialmente, dando algumas informações sobre os animais e como agir com eles.

Anne se encantou com um belo exemplar e perguntou para o homem que estava lá perto se poderia tocá-lo. Ele permitiu, pedindo que ela apenas evitasse fazer movimentos bruscos para não assustar o animal. Ela acariciou sua cabeça e seu focinho, conversando com ele. As duas irmãs estavam por perto brincando com outro animal. As três estavam encantadas com a docilidade dos animais e se divertiam com eles. Pareciam crianças. Nunca tinham visto tantos cavalos juntos e tão bem cuidados.

— Vejo que *mademoiselle* fez amizade com Compagnon – Anne se assustou com o homem que surgira do outro lado do cavalo que, ao reconhecer o dono, virou-se relinchando. Era Lefèvre que chegara ao estábulo para pegar seu animal.

— Desculpe-me se a assustei, *mademoiselle* – disse Antonie, fazendo uma reverência e sorrindo para ela.

— Não foi nada. É que eu estava entretida com ele e não vi o senhor chegar.

— Bom dia, senhoritas. O que fazem por aqui? Perderam-se pelo jardim do castelo? – Michael, que vinha logo atrás de Antonie, perguntou para as três moças.

— Não. Apenas viemos dar uma volta – respondeu Marion.

— Gostariam de conhecer o resto do estábulo, senhoritas? – Michael perguntou às irmãs lhes oferecendo os dois braços. As duas aceitaram felizes o convite, seguindo com ele.

Anne continuou a acariciar o cavalo, evitando olhar para Antonie que a olhava. Antonie dirigiu-se ao homem que estava na baia ao lado, pedindo para que preparasse seu cavalo e, voltando-se para Anne, convidou-a:

— Levarei Compagnon para se exercitar lá no picadeiro. Gostaria de ir conosco, *mademoiselle*?

— Não irei atrapalhar?

— Claro que não, *mademoiselle*. Acho que gostará de ver nosso treino.

Eles ficaram parados e quietos sem assunto por uns instantes enquanto esperavam que Compagnon fosse preparado, até que Anne arriscou um comentário:

— Capitão, desculpe-me a indiscrição, mas imagino que deve ter sido muito difícil para o senhor perder a esposa e o filho... – ela nem havia terminado seu pensamento e Antonie soltou uma gargalhada. Anne, admirada e chateada com a reação do rapaz, disse: – Acho que devo falar muita besteira. O senhor sempre ri de minhas observações.

— Perdoe-me, *mademoiselle* – desculpou-se Antonie com um sorriso –, mas é que não imaginei que eu tinha sido tão convincente na minha história.

— Como assim? - perguntou Anne, sem entender o que ele queria dizer.

— Vou lhe contar um segredo – Antonie se aproximou dela, ficando bem ao seu lado e falou em tom mais baixo, como se alguém pudesse ouvir o que ele iria lhe contar.

— Não sou viúvo e nunca fui casado – confessou com um sorriso nos lábios.

— O senhor mentiu inventando aquela história? – perguntou inconformada com a revelação da mentira.

— Digamos que usei um artifício para me proteger.

— Acho que não devo confiar em ninguém mesmo – disse Anne fazendo alusão ao conselho que ele lhe dera na viagem.

Ela estava quase virando as costas para ir embora quando o tratador chegou com Compagnon e Antonie segurou Anne pelo braço, impedindo que ela fosse embora sem uma explicação dele, e com a outra mão ele pegou o cabresto de seu cavalo.

— Venha, *mademoiselle*.

Anne não teve como não o seguir da forma como ele a conduziu.

No meio do trajeto ele a soltou e eles seguiram em silêncio até o picadeiro. O capitão abriu a porteira e deixou Compagnon entrar, deixando-o livre para correr. Fechou a porteira e começou a falar com Anne:

— Deixe-me contar-lhe por que inventei essa história. Se quiser acreditar ficarei feliz, caso contrário, irei entendê-la. A corporação é muito importante para mim e toma praticamente todo meu tempo e por isso mesmo não tinha a pretensão de casar-me tão cedo. Mas não mandamos no coração, não é mesmo? E há um tempo conheci uma moça e me apaixonei por ela.

— E por que não a pede em casamento? – a jovem perguntou interrompendo-o.

— Não é tão simples assim – Anne sentiu como se ele fosse lhe confessar algo e, olhando fixamente para ela, Antonie continuou: – Esse meu amor é proibido. Ela é comprometida e eu não poderia nem pensar em me declarar, mas mesmo assim meu amor por ela é muito grande. Por isso, para mim, agora sou viúvo e não quero pensar em casar-me com ninguém. O conde parece querer casar todos os mosqueteiros. Não reparou como ficou a questionar-nos no dia que contei essa história? Quem sabe com isso ele esquece um pouco de mim pelo menos por uns tempos.

— Por que está me contando isso? – perguntou Anne intrigada.

Antonie teve vontade de lhe dizer a real razão, mas apenas disse:

— Por duas razões: gostaria que confiasse em mim e soubesse a verdade. E a outra é que poderei saber se eu posso confiar na senhorita. Se alguém mais souber que essa história é uma mentira só poderá ser por mim ou pela senhorita – completou com um sorriso.

Michael se aproximou acompanhado pelas amigas de Anne, montou seu cavalo e convidou o amigo para cavalgarem juntos no picadeiro. Antonie chamou Compagnon e, montando-o, acompanhou Michael.

OS CONVIDADOS ESTAVAM TODOS NA NAVE DA PEQUENA igreja de Saint-Blaise, aguardando a chegada da noiva. Belmont Gauthier, em pé no altar, estava nervoso mesmo com toda a experiência de três casamentos anteriores.

Ele não conseguira dormir direito a noite toda pensando sobre o que estava fazendo. Pela primeira vez estava receoso com uma decisão sua e isso o deixava ansioso e tenso. Seria a coisa certa a fazer para ajudar o velho amigo em apuros financeiros e ao mesmo tempo conseguir um herdeiro para deixar sua vasta fortuna?

Enquanto se perdia em seus devaneios, as portas da igreja se abriram e os trompetes encheram o ambiente de música anunciando a chegada da noiva. Não era comum cerimônia de casamento

## CAPÍTULO V

nesses moldes, nos meados do século XVIII, mas Anne fez prevalecer seus caprichos.

A noiva apareceu na porta acompanhada pelo pai. Estava num lindo vestido creme, feito especialmente para ela por uma costureira de Paris. Ele era todo bordado à mão com fios prateados, longo véu e grinalda que saía de uma tiara toda cravejada de pequenas pedras. Ela levava um buquê com flores da estação, que apertava fortemente entre as mãos. Não dava para ver seu rosto, pois o véu o encobria. Sorte da moça, pois assim ninguém podia ver seu semblante triste, muito diferente do de uma jovem que ia ao encontro de seu futuro esposo. Os quatro pares de guardas do corpo de elite do rei estavam perfilados frente a frente no corredor da capela, e Antonie Lefèvre e Alain Durand, posicionados cada um em uma ponta do altar. A noiva nada via ou ouvia. Era como se estivesse fora de órbita, em outra dimensão, sendo conduzida pelo pai.

Sua mãe, ao lado de Jacques, deixava as lágrimas escorrerem pelo rosto. Não sabia se de alegria de ver a filha tão linda ou de tristeza por não saber o futuro da moça ainda tão jovem. Marion e Eloise, ao lado dos pais, estavam radiantes e empolgadas com toda a pompa da cerimônia e nem percebiam o jeito da amiga.

A cerimônia transcorreu dentro do esperado e ao término os noivos receberam os cumprimentos dos convidados à porta da igreja. Alguns convidados já estavam no castelo à espera do cortejo nupcial para a realização da grande festa.

Os festejos, para os quase quarenta convidados, ocorreram no castelo D'Auvergne todo enfeitado como planejado e organizado por Anne, que escolhera tudo que tinha de mais chique em Paris e encomendado nos melhores locais da França.

Muita comida de primeira, muita bebida da melhor procedência, muita música e profunda tristeza por parte da noiva que conseguia, com sua beleza e juventude, esconder seus mais profundos sentimentos até mesmo de seus pais e amigos mais próximos.

PRATICAMENTE TODOS OS CONVIDADOS JÁ HAVIAM SE RETIRADO ou se recolhido quando Belmont Gauthier chamou Anne para subirem. Seu coração gelou, mas ela obedeceu acompanhando o marido. Chegando à porta do quarto dela, pararam bem em frente. Anne travou, olhando a porta cerrada. O conde a abriu fazendo sinal com a mão para que ela entrasse na frente. Ela hesitou por uns segundos, mas acabou entrando. Ele seguiu atrás, trancando a porta à chave. Anne ficou parada, olhando para a cama toda arrumada. Belmont sentou-se no leito e a convidou para que se sentasse ao seu lado batendo com a mão sobre o colchão. Anne obedeceu. Estava imóvel, tinha o coração descompassado. Ele acariciou seus cabelos e lhe disse:

— *Ma chérie*, vê aquela porta? – apontou para a porta do lado esquerdo da lareira. – Sei que deve estar se perguntando desde que chegou aqui aonde ela vai dar, não é mesmo? Pois bem, ela interliga seu quarto ao meu. Eis a chave – completou mostrando-lhe uma chave num aro e a entregando. Anne a segurou e ficou a olhá-la.

— Pode mantê-la trancada ou não. Quem decide é você. Só entrarei aqui se assim o desejar – continuou. – E fique tranquila, não irei tocá-la hoje, nem outro dia. Não poderia, mesmo que eu quisesse – ele ficou em silêncio por um momento com o olhar perdido. E continuou quase em tom de confissão:

— Você é filha de meu melhor amigo e também tem idade para ser minha filha. Além do mais... – ele parou por uns instantes, ficando novamente pensativo. Segurou a mão dela entre as suas e acrescentou:

— Já deve ter ouvido muitas histórias a meu respeito nesse tempo que está aqui, não é *chérie*? Algumas são verdadeiras, outras são apenas lendas – voltou a ficar em silêncio por um longo tempo, brincando com os dedos da moça em suas mãos. Depois desse longo silêncio, beijou o dorso da mão dela e soltando-a, continuou:

— Não gostaria de deixar minha herança para minhas sobrinhas. Eu sei que são interesseiras e se pudessem dariam um fim

*ma chérie*
minha querida

*chérie*
querida

em minha vida quando menos eu esperasse. Mas para que elas não tenham direito às minhas posses, não basta que eu me case. Você sabe disso, não é, *ma chérie*? Preciso ter herdeiros diretos para que eles usufruam de tudo que conquistei durante minha vida. Já me casei por três vezes e não obtive sucesso. Nenhuma delas me deu um herdeiro. E pobre das minhas esposas! Eram tão jovens... – falava reticente. – Ficaria profundamente desolado se *ma chère femme* não pudesse me conceder um herdeiro e viesse a ter tão triste destino também – ele a olhou com ar quase ameaçador.

*ma chère femme*
minha querida esposa

Anne estava assustada. Mal podia respirar. Não conseguia entender as coisas que Belmont lhe dizia.

— *Ma chérie*, este é nosso segredo. Bons sonhos, *ma petite* – e dizendo isso, Belmont beijou carinhosamente a testa de Anne, levantou-se e foi para seu quarto, deixando a porta entreaberta.

*ma petite*
minha pequena

A moça continuava atônita com tudo que acabara de ouvir. Simplesmente soltou o corpo para trás na cama, ficando um longo tempo pensando nas palavras do conde e no que ele queria dizer com tudo aquilo. Não conseguia coordenar as ideias nem o que o conde pretendia que ela fizesse. Acabou por adormecer ali mesmo, vestida de noiva.

൭൬൮

ANNE ACORDOU NA MANHÃ SEGUINTE, ASSUSTADA COM O BARUlho que faziam no corredor alguns convidados que pernoitaram no castelo. Levantou-se rapidamente, trocou-se e deu uma revirada nas cobertas para não levantar suspeitas do que teria acontecido na noite anterior. Ficou imaginando se não teria sonhado tudo o que podia se lembrar, mas ao ver a chave sobre a escrivaninha e a porta ao lado da lareira entreaberta, teve a certeza que era tudo realidade. Não aguentou a curiosidade e aproximou-se da porta para dar uma espiada no quarto de Belmont.

Ao percebê-la na porta, ele a saudou com a maior naturalidade:

— *Bonjour, ma chérie*! passou bem a noite?

*bonjour, ma chérie*
bom dia, minha querida

— Desculpe-me, senhor, eu não queria... – respondeu Anne sem graça por ter sido pega xeretando pelo vão da porta.

— Não se preocupe, *ma chérie*. Entre. Agora é minha esposa, lembra-se? Você tem livre acesso ao meu quarto e a qualquer local deste castelo – disse em tom descontraído para acalmá-la. – Vamos descer juntos para o café? Quero ver a cara das pessoas quando aparecermos – emendou divertindo-se com a ideia. Parecia um adolescente a maquinar uma traquinagem.

Anne aceitou, gostando da sugestão, não saberia como aparecer em público sozinha e enfrentar os olhares curiosos de todos; além do mais, seria divertido ver a reação dos convidados que permaneciam no castelo ao vê-los descer juntos.

☙❧

TRÊS DIAS APÓS A CERIMÔNIA NUPCIAL, O CASAL SEGUIU VIAGEM para Paris. Passariam uns quinze dias na residência de Belmont Gauthier, que ficava nas proximidades da cidade.

Levariam pelo menos uns três dias para chegar a Paris e Anne estava ansiosa pela viagem. Havia pouco mais de um ano que fora a Paris com os pais e as irmãs de Alain, e como toda moça de sua idade estava louca para ver e comprar as novidades que surgiam na corte. E com certeza o conde D'Auvergne não deixaria de lhe fazer as vontades.

O capitão Lefèvre e o tenente Blanc viajariam junto com quase toda a corporação. Precisavam retornar à corte para novos planejamentos e redirecionamento das tropas. Em Vichy ficariam poucos homens sob o comando de Alain, até para facilitar o deslocamento dos homens para Dijon e depois para Strasbourg.

Em Paris, os mosqueteiros teriam algumas reuniões estratégicas com outros oficiais do exército e o rei para novas missões, inclusive na região de Strasbourg.

Provavelmente Michael regressasse a Vichy com o conde e a esposa em uma pequena caravana, caso não precisasse ser deslocado juntamente com outros oficiais diretamente para a missão que estavam organizando. De Vichy ele partiria com Alain para Dijon.

CHEGANDO A PARIS O CASAL FOI DIRETAMENTE PARA O PALACETE de Belmont Gauthier. A residência era menor que o castelo de Vichy, mas não menos confortável. Era um palacete com menor número de acomodações. As salas e quartos eram amplos, mas sem a suntuosidade da residência oficial de Vichy. Possuía algumas obras de arte na sala principal, belos móveis em todos os cômodos, um bonito jardim com fonte na entrada e um enorme terreno em volta de todo o palacete.

Os recém-casados foram recebidos pelos criados e encaminhados aos seus aposentos. Os quartos de Belmont e Anne também eram separados e tinham uma porta de ligação entre eles.

Belmont Gauthier entregou a chave da porta à Anne, como fizera em Vichy. Quando ele saiu, ela colocou a chave no fundo da última gaveta da cômoda para ser esquecida. Sentou na cama e ficou a observar a decoração do quarto.

Era um quarto sóbrio, diferente do seu em Vichy. Tinha poucos móveis, todos feitos com madeira escura, alguns objetos de decoração, um vaso com flores sobre a cômoda, um grande espelho apoiado numa espécie de cavalete num dos cantos, dois candelabros de pedestal um de cada lado da janela do quarto e quadros em duas paredes retratando pessoas, algumas delas eram as mesmas dos quadros de sua residência. Parecia que elas a olhavam e a seguiam pelo quarto.

Olhou dentro do guarda-roupa e encontrou uns três vestidos e outras peças de roupas femininas pendurados. Deveriam ser da última esposa do conde, pensou. Fechou a porta rapidamente e voltou para a cama. Não se sentia à vontade. Não estava em sua casa. Já começava a se acostumar com a residência de Vichy e até planejava algumas mudanças na decoração e em outros detalhes do castelo para quando regressasse de Paris.

À noite, o casal jantou no salão de festas da mansão. A grande mesa estava ricamente arrumada especialmente para os dois. Como sempre a refeição era farta e impecavelmente bem servida.

Durante o jantar o conde falava mais e Anne apenas escutava. Ela procurou ser simpática e até se interessou de verdade por alguns assuntos. O conde era um homem culto e muito viajado, entendia e sabia falar sobre muitos assuntos de maneira que prendia a atenção de quem o ouvia. Era uma boa companhia para uma prosa, mesmo que fosse apenas um monólogo.

Belmont contou animado alguns casos sobre sua família até que em determinado momento, sem perceber, começou a falar sobre sua primeira esposa. Anne procurou se manter indiferente para não chamar atenção em seu interesse e ver o que ele iria contar sobre ela. Mal começara a falar, o conde parou, calando-se, e ofereceu vinho a Anne para desviar o assunto. Ele mudou completamente seu comportamento e poucos minutos depois pediu licença e retirou-se da sala de refeições, indo ficar em outra sala, só, por um longo tempo. Anne terminou o jantar sozinha e recolheu-se ao seu quarto, imaginando o porquê de ele cortar o assunto sobre a esposa de forma tão abrupta e mudar de comportamento. Não deveria ser apenas para evitar uma situação constrangedora com Anne ao falar da esposa falecida.

Dois dias depois, o casal compareceu a uma recepção organizada para eles na residência de Gilbert Bertrand, amigo e sócio do conde D'Auvergne. Anne estava nervosa. Sabia que seria apresentada a várias pessoas importantes da sociedade parisiense e francesa. Seria novamente o centro das atenções como vinha sendo desde que deixara a casa dos pais e chegara a Vichy. Agora era a nova condessa D'Auvergne.

O casal fora anunciado logo que chegara ao salão de festas, sendo aplaudido pelos convidados. Todos os aguardavam com curiosidade. Queriam conhecer a jovem esposa do conde D'Auvergne.

A moça sentiu-se como no dia de sua festa de apresentação à sociedade aos quatorze anos, mas não com a mesma emoção. A sensação de ser um espécime raro ao ser observada e analisada pelos convidados a incomodava e constrangia.

Alguns rostos lhe pareceram familiares. Provavelmente aquelas pessoas estiveram no jantar de apresentação em Vichy ou na cerimônia do seu casamento.

O conde cumprimentava a todos pelo caminho e apresentava a esposa. Anne grudara no braço de Belmont e apenas acompanhava os seus passos e retribuía os cumprimentos mecanicamente, até que chegaram à mesa onde estavam Gilbert Bertrand e sua esposa.

Sentaram-se juntamente com os anfitriões e outro casal, também conhecido do conde. Anne não se sentia à vontade no meio daquelas pessoas bem mais velhas que ela e que ela não conhecia.

Alguns minutos após a chegada do casal, o capitão Lefèvre chegou acompanhado do tenente Blanc. As moças presentes entraram em alvoroço, cochichando entre si olhando para os rapazes que tomaram assento numa mesa próxima à do casal homenageado.

O jantar começou a ser servido enquanto os músicos entretinham os convidados. Alguns casais começaram a dançar.

Jean-Pierre chegou poucos minutos depois, todo majestoso, cumprimentando animadamente os senhores e as damas. Seguiu até o local onde estavam os donos da casa. Cumprimentou os anfitriões e o casal que estava à mesa, deixando propositalmente por último o conde D'Auvergne e sua esposa.

— *Madame*, quanta honra revê-la novamente! – Jean-Pierre disse a Anne, beijando demoradamente sua mão. – Bela e formosa como sempre – emendou com seu sorriso típico, olhando-a maliciosamente.

— Por favor, senhor Jean-Pierre, junte-se a nós – convidou o senhor Gilbert educadamente. – Pedirei que lhe sirvam o jantar.

— Aceitarei com todo prazer. Não poderia recusar desfrutar da companhia de tão encantadoras damas – e sentou-se na cadeira ao

*madame*
senhora

lado de Anne que, por falta de sorte da moça, estava vaga. A sua vontade era de sumir dali. Não se sentia à vontade e agora com aquele cavalheiro ao seu lado a noite prometia ser longa.

Jean-Pierre tentava conversar com Anne, puxando todo tipo de assunto possível e imaginável, mas ela respondia apenas com monossílabos ou simples acenos com a cabeça. Ele não se fazia de rendido, insistindo na conversa.

Mal terminaram a entrada e Jean-Pierre educadamente pediu licença ao conde D'Auvergne para tirar a sua esposa para dançar. O conde consentiu agradecido por alguém dançar em seu lugar e entretê-la. Sem opção e por educação, Anne aceitou o convite, levantou-se e seguiu com Jean-Pierre para o centro do salão.

Ao passarem pela mesa onde se encontravam os mosqueteiros, Michael Blanc não perdeu a oportunidade e cumprimentou os dois com uma saudação. Jean-Pierre retribuiu por mera educação. Anne sentiu que sua noite poderia ser salva pelos mosqueteiros e os cumprimentou com um sorriso de alívio.

Jean-Pierre não teria outra chance de se aproximar de Anne durante o jantar. Outros cavalheiros também se ofereceram para dançar com ela, além de Antonie e Michael, e ela não recusou nenhuma contradança.

Como o conde não se importava que dançassem com sua esposa, os senhores presentes não iriam perder a oportunidade da companhia da jovem condessa para desagrado das outras mulheres e de Jean-Pierre.

Ela pouco parou, sentando-se apenas quando a refeição foi servida. Jean-Pierre não teve alternativa a não ser procurar jogar seu charme para as outras damas que estavam desacompanhadas e mais receptivas aos seus galanteios.

**M**ADELEINE ENTROU NO ESCRITÓRIO AGITADA E TAGA-relando como sempre. Anne estava concentrada, escrevendo uma carta, e quase manchou tudo de tinta com o susto que levou.

— Que susto, Madeleine! já lhe pedi para não entrar assim nos locais. E se eu estivesse com convidados ou numa reunião? – repreendeu Anne.

— Desculpe-me, senhora. É que estou abismada com algumas coisas que fiquei sabendo – sentou-se numa das cadeiras à frente da mesa e continuou falando, apoiando os braços sobre a mesa:

— A senhora sabia que o conde já foi casado três vezes?

— Sabia, Madeleine – respondeu sem dar muita atenção à mulher e tentando continuar sua carta.

— E a menina sabia que elas morreram de forma estanha?
— Como assim? – perguntou guardando a pena e começando a se interessar pela história que a jovem senhora contava.

Madeleine aproximou a cadeira mais perto da mesa e em tom de fofoca continuou:

— Contam que o conde não pode ter filhos, é estéril. Como suas esposas não conseguiam engravidar, ele dava um sumiço nelas e depois de um tempo casava com outra mulher.

— Credo, Madeleine! que história macabra é essa? – horrorizou-se a moça, sentindo um arrepio na nuca.

— Verdade, senhora! a primeira esposa foi a que viveu mais tempo casada com o conde. Uns quinze anos mais ou menos. Um dia, ela amanheceu com uma febre muito alta que não passava de jeito nenhum e ela só piorava. Ninguém conseguiu descobrir o que ela tinha até que uns dias depois a encontraram morta na cama.

Anne escutava atenta a história de Madeleine, que continuou sua narrativa empolgada. Contou que a segunda esposa viveu com Belmont por uns cinco anos. Um dia eles saíram para andar a cavalo como sempre faziam, mas o cavalo dela assustou-se com alguma coisa no caminho e saiu em disparada, derrubando a mulher que bateu a cabeça no chão, morrendo na hora. Não tinha ninguém com eles e não se sabe o que realmente aconteceu, apenas o que o conde conta. Madeleine ajeitou-se na cadeira e continuou falando sobre a última esposa do conde.

Com a terceira o conde ficou casado pouco mais de três anos. Diziam que ela tinha um amante e parece que o conde acabou descobrindo. O rapaz morreu num suposto assalto na estrada durante uma viagem a Paris, ainda perto de Vichy. Não levaram nada dele. Nunca descobriram o assassino. Alguns dias depois, a mulher morreu subitamente. O conde dizia que ela teria sido picada por uma aranha venenosa que apareceu no seu quarto. Reviraram todo o aposento, mas ninguém nunca achou ou viu nenhuma aranha. Na época surgiram rumores que ele a teria envenenado.

— Não é tudo muito estranho? – perguntou Madeleine, encerrando seu relato.

— Como você soube de tudo isso? Quem lhe contou? – Anne perguntou curiosa e assustada.

— Sabe como é. Um conta uma história aqui. Outro conta um caso ali. A gente faz umas perguntinhas como quem não quer nada e vai juntando os pedacinhos. E aí se descobrem as coisas – explicou a mulher e Anne ficou pensando por que perguntara isso se aprendera com a própria Madeleine como obter informações.

"Interessante" – pensou Anne, e ficou meditando nas histórias que Madeleine acabara de contar e lembrou-se da conversa que tivera com o capitão Lefèvre durante a viagem para Vichy:

"— ... evite falar de seus pensamentos e sentimentos com qualquer pessoa que seja, mas é com qualquer pessoa mesmo!"

"— E Madeleine?"

"— Concorda que se disser alguma coisa a ela, ela poderia contar para outras pessoas, mesmo sem a intenção de prejudicar a senhorita?"

"Acho que vou testar a teoria do capitão" – pensou, imaginando o que poderia jogar como isca para Madeleine. Até que comentou com sua dama de companhia:

— Sabe Madeleine, esta casa é muito quieta, sem vida. Acho que a encherei com vários pares de pezinhos a correr por aí. O que acha? – perguntou para ela, olhando para o teto com ar de quem vislumbrara algo.

— Como assim? – perguntou a mulher sem entender o que Anne queria dizer.

— Estou pensando em ter vários filhos com o conde. O que acha de minha ideia? Você aguentaria trocar fraldas e preparar mamadeiras novamente? – Anne lançou a isca para ver se ela iria comentar com alguém e quando e com quem voltaria o comentário.

— Mas Anne, e essa história que contam de ele ser estéril? Alguns dizem até que ele é impotente também – acrescentou Madeleine num tom de bisbilhotice.

— E você acredita em tudo que lhe contam, Madeleine? Deixe-me terminar minha carta – e voltou a pegar a pena e recomeçou a escrever, cortando o assunto.

— Para quem está escrevendo? – quis saber a curiosa dama de companhia.

Anne olhou para Madeleine tão seriamente com os olhos semicerrados que a mulher se retirou rapidamente do escritório, resmungando como sempre.

ᎈᎈ

ENQUANTO BELMONT TRABALHAVA CONCENTRADO EM SUA MESA, Anne tocava cravo. O conde parou para observá-la, deliciando-se com a música. Quando Anne terminou de tocar a peça, ele comentou sem rodeios:

— Soube que gostaria de ver essa casa repleta de pequeninos a correr por aí, *ma chérie*.

> *ma chérie*
> minha
> querida

— Como, senhor? – Anne se surpreendeu com a observação de Belmont, apoiando as mãos sobre o teclado e olhando fixamente para ele.

— Não é seu desejo ter vários filhos comigo? – perguntou-lhe o conde.

Ela continuou a olhá-lo, tentando entender a pergunta. De repente, lembrou-se da conversa com Madeleine. *Xeque-mate!* Morderam a isca. Seu primeiro peixe estava no anzol. E justamente seu marido!

Ela não esperava que a teoria fosse confirmada e muito menos que chegasse a Belmont em pouco mais de um mês. A tese de Lefèvre estava correta. Teria que tomar o máximo de cuidado com o que falava, para quem e quando.

— O Senhor não me disse que deseja ter herdeiros? Não vejo por que eu, como sua esposa, não devesse fazer com que sua vontade fosse concretizada. Isso não lhe faria feliz? – ela perguntou, tentando sondar o que Belmont pensava sobre o assunto e como ele sairia do impasse que ele mesmo criara.

Belmont ficou desconcertado sem saber o que responder à esposa. Na noite de núpcias, ele a colocara numa situação embaraçosa e praticamente sem alternativas. Ele queria herdeiros para deixar sua fortuna, mas nem tocava nela.

Anne não conseguia entender o porquê de seu casamento com ele. Uma mera formalidade? Por que Belmont dizia querer filhos e contraía um casamento após outro se era estéril e impotente como comentavam e ele demonstrava ser? À boca miúda todos falavam dele, mas ninguém tinha certeza. Ele se levantou, aproximando-se dela e beijando-lhe a testa, respondeu-lhe:

— Certamente que me faria feliz, *ma chérie*. Já lhe disse isso uma vez. Toque um pouco mais para mim, por favor – e foi sentar-se na poltrona próxima ao cravo, pensativo.

ೞಲ

JEAN-PIERRE ENCONTRAVA-SE NO *CHÂTEAU* PARA UMA CONVERSA particular com o conde D'Auvergne, e Anne fora lhe fazer as honras da casa enquanto Belmont não descia. O cavalheiro procurava manter um diálogo com a condessa que conservava a costumeira distância dele tanto física quanto na conversa.

*château*
castelo

Não querendo deixar passar a oportunidade de estarem a sós, Jean-Pierre começou uma conversa cheia de rodeios:

— Se me permite a observação, senhora, o conde foi feliz em escolhê-la para esposa.

— Como, senhor Jean-Pierre? – Anne admirou-se com a colocação dele.

— A senhora é jovem e uma bela mulher. O conde fez uma escolha à altura da posição dele.

— Grata – ela respondeu sem saber direito o que dizer, nem o que Jean-Pierre pretendia.

— Imagino que pretenda ter filhos para alegrar um pouco esse imenso castelo tão austero e quieto e para perpetuar a família Gauthier.

*Xeque-mate*, outra vez! Ela ficou a observar para ver até onde ele iria com aquela conversa.

— Sou um antigo amigo do conde e o considero como um irmão mais velho. Gostaria de me colocar à disposição para o que eu puder ajudar.

— Perdoe-me senhor, mas não consigo imaginar como e em que o senhor poderia nos ajudar – ela se fazia de desentendida sobre o que ele estava a lhe sugerir, e controlou sua vontade de mandá-lo embora dali.

— A senhora bem sabe que o conde não é mais tão jovem. A idade faz com que as pessoas percam a vitalidade da juventude. Nem sempre um homem na fase da vida do conde consegue exercer as funções matrimoniais. Eu gostaria de me colocar ao seu dispor para ajudá-la no que for preciso.

Anne não conseguia crer no que Jean-Pierre lhe propunha nas entrelinhas de seu comentário e ficou a olhá-lo com o cenho cerrado, tentando absorver suas palavras. O seu atrevimento estava deixando-a mais irritada.

— Creio que o senhor está fazendo um julgamento errôneo da situação. Além do que, esse assunto não lhe diz respeito. Peço que o senhor aguarde meu marido em outra dependência da casa, por gentileza – pela primeira vez, Anne tomou uma atitude enérgica e até um tanto grosseira com alguém. Realmente ele tinha passando dos limites.

— Desculpe-me, senhora, se me fiz entender mal.

— Não acredito que eu tenha entendido errado o que me disse – ela o interrompeu não deixando que terminasse sua explicação e dirigiu-se à porta convidando-o a retirar-se:

— Por favor, senhor.

— Eu tenho uma reunião com o conde, caso a senhora tenha se esquecido – respondeu ele, dando a entender que não sairia dali e voltou a sentar-se. Seu orgulho estava falando mais alto e não se daria por derrotado.

Diante da posição de Jean-Pierre, Anne saiu da sala, deixando-o só. Logo ao sair do escritório, ela esbarrou com Belmont, que chegava ao local.

— Aonde vai com tanta pressa, *ma chérie*? O que aconteceu? – o conde lhe perguntou surpreso com o estranho comportamento da esposa.

Ela continuou seu caminho sem lhe responder. Estava com raiva de Jean-Pierre e ao mesmo tempo tinha a teoria do capitão Lefèvre confirmada novamente. Ele também tinha mordido a isca. Provavelmente muitas outras pessoas sabiam do comentário dela com Madeleine e talvez por esse motivo vinham cobrando dela a chegada de um herdeiro.

Fazia um clima agradável naquela tarde de início de inverno. Belmont Gauthier e sua esposa estavam no jardim, na parte de trás do castelo, tomando chá com Gilbert Bertrand, o capitão Lefèvre e outro conhecido do conde.

Belmont e seus amigos aguardavam outro cavalheiro para tratarem de negócios.

Conversavam descontraidamente quando um criado se aproximou do conde e discretamente cochichou algo em seu ouvido. Belmont ficou com ar preocupado e, olhando para seus dois amigos, os convidou:

— Cavalheiros, vamos ao meu escritório por um instante?

Belmont levantou-se e seguiu com os outros dois senhores, pedindo licença a Anne e ao capitão:

# CAPÍTULO VII

— Vocês nos dão licença por uns instantes? Precisamos resolver uns negócios e logo retornaremos. Anne, *ma chérie*, faça companhia ao capitão Lefèvre, sim?

*ma chérie*
minha querida

— Pois não, senhor. Aguardaremos os senhores para o término do chá – respondeu a esposa, tentando imaginar o que poderia ter acontecido para que Belmont saísse tão apressadamente com seus amigos, deixando-a na companhia de Lefèvre.

Ultimamente Belmont ia a vários encontros em que ela não tinha a oportunidade de estar presente. Algo de estranho e sério estava acontecendo nas empresas e isso a preocupava. O conde não fazia tantos segredos de seus negócios com ela.

— Fiquem à vontade, senhores – respondeu Lefèvre.

O capitão, sentado à frente de Anne, olhava-a calado enquanto os homens, falando e gesticulando, seguiam em direção ao castelo. Ela manteve por uns momentos as mãos na xícara, olhando para o chá.

— O senhor sabe sobre o que tratarão, capitão? – perguntou Anne, olhando para Antonie mais para quebrar o silêncio entre os dois do que para realmente saber o que acontecia.

— Não, *madame*. Não estou a par dos negócios do conde. Minhas responsabilidades são com minha corporação e a corte – Antonie lhe respondeu de uma forma um tanto seca.

*madame*
senhora

— É que pensei... – disse a jovem sem graça com o tom da resposta que recebera.

Ele sorriu com um canto da boca, mexeu-se na cadeira e inclinando-se para frente, apoiou os braços sobre a mesa e sem deixá-la terminar o pensamento, emendou olhando bem dentro de seus olhos:

— Podemos falar de outros assuntos? – ele mudara totalmente seu jeito de agir e falar. Seu olhar era penetrante e envolvente.

Gostava de estar na presença dela, de seu jeito às vezes quase pueril de agir e falar. Mas existia algo a mais nela que mexia profundamente com seu lado masculino.

Cada vez que se encontravam ela se sentia incomodada e ao mesmo tempo feliz de revê-lo novamente. Não conseguia entender o que fazia com que ela ficasse tão perturbada com sua presença e se sentia culpada por esses seus sentimentos.

— Sabe – ele continuou – tenho ficado tanto tempo com meus homens, tratando de assuntos sérios e problemas da corte, que gostaria de poder usufruir de sua companhia sem falar deles ou mesmo dos assuntos do conde.

Ela se sentia hipnotizada por aquele olhar e pelo seu jeito de falar. Não conseguia desviar o olhar dele. Por que o achava tão atraente?

— Essa parte do jardim é muito bonita, não acha? – comentou Antonie, virando-se para o lado e tentando desviar seus pensamentos por um momento.

— Eu gosto de todo o jardim. Adoro ficar aqui. Tem uma vista muito bonita. Dá para ver a propriedade e todo o terreno à sua volta.

Ele se levantou e ficou admirando o local que ficava na parte mais baixa do terreno onde estavam. Olhava o pequeno labirinto formado por arbustos bem desenhados logo abaixo, antes do lago artificial. Também dava para ver as outras construções além da muralha do castelo, inclusive os galpões onde ficavam os alojamentos cercados por altos muros, os locais de treinos dos mosqueteiros e até parte do estábulo.

— Gostaria de acompanhar-me em uma volta lá embaixo, *madame*? – ele a convidou, descendo sem esperar por sua resposta.

Ela se levantou e o acompanhou em silêncio. Antonie não seguiu pelo caminho de pedras que levava para os arbustos e o lago, resolvendo fazer um atalho pelo gramado mesmo. Andaram lado a lado devagar e em silêncio por alguns metros até chegarem a uma pequena depressão.

Antonie pulou para baixo. Anne ficou parada na beirada, olhando sem saber como faria para descer. Ele estendeu os braços em sua direção, dizendo a sorrir:

— Venha! Não tenha medo, eu a seguro.

Ela se abaixou um pouco e precipitou-se em direção ao rapaz que a segurou pela cintura, colocando-a no chão. Nesse momento, eles ficaram tão próximos que Antonie não resistiu e deu-lhe um beijo.

Surpreendido com a própria atitude ele se afastou da moça, mas sem soltar-lhe a cintura. Anne ficou atônita, olhando para Antonie, ainda com as mãos apoiadas em seus ombros, tentando entender o que estava acontecendo. Os dois jovens estavam num conflito de sentimentos e sensações tão grande que ficaram parados, olhando-se por alguns segundos até que Antonie disse:

— Perdoe-me, *madame*.

E não resistindo aos seus instintos, tomou-a em seus braços novamente e começou a beijá-la fervorosamente. Anne não se opôs à nova investida do rapaz, entregando-se àquele momento com grande paixão.

Quando percebeu que seu desejo começava a tomar proporções incontroláveis, Antonie parou de beijá-la e, soltando-a, sugeriu:

— Melhor retornarmos ao castelo, *madame*.

Anne estava extasiada. O coração acelerado, sua respiração ofegante. Não conseguia pensar em nada, apenas sentir o toque e os beijos de Antonie e todas as sensações que causaram a seu corpo. Aquilo tudo era novidade para ela. Não queria que aquele momento acabasse mais.

Voltaram ao castelo em silêncio pelo caminho de pedras, cada um com seus pensamentos no que acabara de acontecer entre eles.

Ao entrarem na sala, encontraram o conde com os três senhores numa conversa que terminou subitamente com a chegada deles.

— Vocês já voltaram? Nem esperaram por nós! – comentou o conde.

— Pela demora pensamos que tinham desistido do chá e resolvemos voltar – explicou o capitão.

Jean-Pierre, que viera conversar com o conde e seus amigos, foi em direção de Anne, tomou-lhe a mão, beijando-a, e com seu olhar de raposa velha, disse:

— Como tem passado, senhora? Se soubesse que o chá seria em sua companhia, teria deixado os negócios para outra ocasião.

Como ela se sentia mal na presença daquele senhor! Ele sempre se insinuava e não a respeitava nem quando seu marido estava presente. Anne fez um gesto com a cabeça, tirou a mão e, afastando-se, disse:

— Pedirei para que tragam chá para os senhores aqui, com licença – deu as costas e saiu em direção à cozinha.

Antonie se mantinha quieto, mas sua vontade era de meter a mão cerrada no meio da cara de Jean-Pierre.

Anne foi à cozinha para pedir que servissem o chá aos convidados do conde e recolhessem as louças que ficaram no jardim.

Ela não retornou à sala. Estava com o pensamento no que acabara de lhe acontecer no jardim e seguiu em direção ao andar superior rumo ao seu quarto.

ⳡⳡ

ANNE ENTROU NO QUARTO, TRANCOU A PORTA E DEITOU-SE DE costas na cama. Suas pernas ficam penduradas, os braços largados ao lado do corpo e os olhos brilhando perdidos na direção do teto do dossel. Deu um longo suspiro e ficou a relembrar os beijos que trocara com Antonie momentos antes.

Aos poucos, o sorriso que tinha nos lábios foi se desfazendo à medida que outros pensamentos lhe vinham à mente, trazendo-a para a razão. Ela virou de lado, abraçou forte um de seus travesseiros e encolheu-se toda como uma criança, caindo em prantos.

O que estava acontecendo entre ela e Antonie? Não poderiam agir assim. Se fossem pegos e descobertos estariam mortos! Sua vontade era sair dali com ele para bem longe de todos e de tudo, mas isso nunca iria acontecer. Ele nunca faria uma loucura dessas. Além de arriscar a própria vida, não jogaria para o alto sua carreira militar.

Ela estava casada com um conde, mesmo que fosse apenas uma formalidade. Para completar, estava sendo cobrada por todos para dar um herdeiro a ele. Era esse o objetivo maior de seu casamento. Pelo menos era o que ela imaginava ser. E para completar, Jean-Pierre, sempre que podia, assediava-a e seu marido parecia que nem se importava e às vezes dava a impressão que até aprovava as investidas dele.

Cada vez mais se sentia só e sem saber o que fazer. Ela gostaria de estar na antiga casa de seus pais com suas amigas e seus sonhos. Como tudo parecia ser mais fácil meses atrás!

Levantou-se, foi até a escrivaninha, abriu a última gaveta e tirou uma pequena caixa de madeira lá do fundo. Abriu-a e pegou o lenço que Antonie lhe dera na viagem para o castelo. Ainda podia sentir o cheiro do rapaz, impregnado no linho. Voltou à cama e deitou-se segurando o lenço bem próximo ao rosto ainda úmido das lágrimas.

Adormeceu vencida pelo cansaço e pela tristeza e com os pensamentos e sentimentos misturados em sua mente. Acordou bem mais tarde assustada com alguém batendo insistentemente à sua porta. Era Madeleine que viera chamá-la para o jantar.

BELMONT GAUTHIER ESTAVA HÁ UM BOM TEMPO CONVERSANDO com Gilbert Bertrand em meio a vários papéis e contratos das empresas e propriedades. Antonie aguardava o término da negociação, pois como retornaria em poucos dias a Paris, levaria a documentação para lá. Ao final da reunião, Belmont sugeriu comemorarem com vinho os novos contratos financeiros. Ele e Gilbert Bertrand foram à outra sala em busca de vinho e taças.

Antonie, que pouco falara, dirigiu-se à Anne logo que ficaram sozinhos na sala, perguntando-lhe sem rodeios:

— Posso encontrá-la hoje à noite, *madame*?

— Encontrar-me? À noite? – espantou-se Anne com a pergunta tão direta.

— Exatamente, *madame* – ele confirmou com seu olhar e sorriso atraentes.

— Mas onde? – a moça perguntou curiosa com a ideia arriscada.

— Em seu quarto – ele lhe respondeu com a maior naturalidade.

— Em meu quarto? – perguntou surpreendida pela proposta direta do rapaz.

— Mas como entrará lá? – quis saber a moça, imaginando como ele faria para chegar até lá sem ser visto por ninguém.

— Posso encontrá-la à noite? – insistiu Antonie com um sorriso.

A maneira como Lefèvre a olhava e sorria eram envolventes. Ela consentiu, fazendo com a cabeça um sinal. Parecia hipnotizada. Não tinha como recusar o convite daquele rapaz que a encantava e seduzia. Era algo que esperava e desejava secretamente há algum tempo.

— Então a vejo mais tarde, *madame*.

Ele tomou-lhe a mão, beijando-a. Erguendo o olhar, disse-lhe bem baixinho:

— Sinta-se beijada – ele repetiria esse gesto e palavras em todas as vezes que se encontrassem em público.

Anne sentiu seu corpo se arrepiar por inteiro, como se pressentisse os momentos que viriam.

Lefèvre pegou o envelope com os documentos e retirou-se da sala, encontrando na porta o conde e o senhor Gilbert Bertrand de retorno.

— O senhor já vai, capitão Lefèvre? Não irá tomar uma taça conosco? – perguntou Belmont com uma garrafa de vinho, seguido pelo sócio que trazia as taças nas mãos.

— Infelizmente não poderei ficar, senhor. Tenho muitas pendências ainda para resolver antes da viagem. Já estou com os documentos em mãos. Nos veremos amanhã. Senhor Gilbert, *madame* – despediu-se saindo com os passos largos e firmes.

AS HORAS PASSARAM LENTAMENTE PARA ANNE. JÁ ERA BEM TARde da noite e ninguém mais estava acordado no castelo, apenas Anne na penumbra do seu quarto, sentada à sua escrivaninha, impaciente com as duas mãos segurando o rosto a olhar seu reflexo no espelho. A razão e seus instintos conflitavam em sua mente e seu coração. Tinha um misto de sentimentos. Não sabia o que faria se ouvisse alguém bater na porta ou mexer na maçaneta. Trancara à chave as duas portas, a da frente do quarto e a que interligava seu quarto ao do marido, mas no fundo de seu ser queria deixá-las desimpedidas.

Ela brincou, por um tempo, com o jogo de porcelana de chá inglês em miniatura, presente de uma tia, que ela tinha sobre a escrivaninha.

Estava a ponto de desistir daquela espera angustiante quando de repente levou um grande susto e por pouco não deu um grito, quase derrubando o pequenino bule ao ver um vulto ao seu lado esquerdo. Era Lefèvre, com um grande sorriso, e os olhos brilhando tanto que podiam ser percebidos na penumbra do quarto iluminado pelas poucas velas acesas e o luar que adentrava pela janela.

Ele tirou o chapéu com a grande pluma branca, colocou-o sobre o peito e fazendo uma reverência disse:

— Boa noite, *madame*! perdoe-me a demora, mas precisei esperar todos se recolherem para não ser visto por ninguém. Não gostaria de deixá-la numa situação embaraçosa.

Anne levantou-se num ímpeto.

— Como entrou sem que eu o visse? – perguntou assustada.

"De onde ele surgira se está tudo trancado? E desse lado do quarto?" – pensou consigo.

— Não estava pensando em mim? Vim atender seu chamado, *madame* – respondeu com seu sorriso, colocando o chapéu em cima da cômoda.

Ela ficou parada, olhando para ele que se aproximou dela tocando-lhe o rosto.

— Estou com saudade de seus beijos – e a beijou.
— Não podemos... Não é certo – disse Anne confusa, afastando-se de Antonie.
— Se desejar, irei embora – Antonie se virou em direção à cômoda para pegar seu chapéu.
— Não! – ela se dividia entre a razão e seus mais profundos desejos.
— Então ficarei – ele desatou o manto e o deixou jogado num canto do quarto.
— Isso é loucura! O que estamos fazendo? – Anne pensou alto.
Antonie tomou-a no colo, beijando-a novamente. Ela entrelaçou as mãos à volta de seu pescoço com os dedos entre seus cabelos, correspondendo aos seus beijos. Ele a levou até a cama.

Os dois se perderam entre as cobertas e lençóis, entregando-se apaixonadamente madrugada adentro como se nada mais existisse no mundo, além deles.

A descoberta, o toque, o cheiro, o beijo, o contato da pele com pele eram a linguagem que começava a se desvendar entre eles.

Aquela seria a primeira de muitas visitas que Antonie faria a Anne toda vez que tivesse uma oportunidade.

ை

NA MANHÃ SEGUINTE, ANNE ACORDOU ASSUSTADA COM ALGUÉM batendo insistentemente na porta do quarto. Era Madeleine. Parecia que ela iria derrubar a porta aos murros.
— Senhora! senhora!
— Espere um pouco que já vou abrir, Madeleine – respondeu Anne, tateando com a mão pela cama à procura de Antonie. Estava só.

Onde ele estaria? Tudo continuava trancado. Como ele teria saído do quarto sem ter sido visto por ninguém? Será que ele teria uma cópia da chave?

Pensou por uns segundos que tudo não passara de sua imaginação, de um sonho, mas as lembranças tão vivas e as sensações em seu corpo lhe mostravam que tinha sido real. Ajeitou-se rapidamente e foi abrir a porta.

— O que aconteceu, Madeleine? Por que todo esse barulho? - perguntou abrindo a porta à dama de companhia.

— Já é tarde, senhora! O conde a espera no escritório. Ele já perguntou pela senhora duas vezes!

— Que horas são? - perguntou ainda meio sonolenta, esfregando os olhos.

— Já passa muito das nove.

— Meu Deus! perdi completamente a hora! Venha, Madeleine, ajude-me a trocar - assustou-se com o horário e se arrumou apressadamente.

— O que a menina tem? Está esquisita - indagou Madeleine. - Parece que ficou a noite toda acordada.

— Não dormi direito à noite. Só consegui pegar no sono quase de manhãzinha. Pare de conversa fiada e me ajude logo - desconversou a moça.

— Sei... - observou desconfiada a mulher, ajudando Anne a se arrumar.

෨෬

AO ENTRAR APRESSADAMENTE NO ESCRITÓRIO, ANNE SE DEPAROU com Antonie sentado perto da lareira. Não imaginava encontrá-lo tão cedo. Pelo seu jeito ele já estava acordado e no castelo há um bom tempo.

— Bom dia, *madame*.

Ele se levantou e foi cumprimentá-la beijando-lhe a mão. Ao erguer a cabeça, olhou-a fixamente com um sorriso nos lábios:

— Sinta-se beijada - repetiu o gesto do dia anterior.

Dava para ele sentir a respiração dela alterada pela descida que fizera às carreiras pelas escadas e seus olhos brilhando ao revê-lo. Anne sentiu o corpo arrepiar-se todo, lembrando-se da noite que passara com ele.

— O conde foi até a outra sala, mas logo estará de volta, *madame* – disse o rapaz e se voltou em direção à lareira.

A forma como ele agiu fez parecer que nada havia acontecido entre eles. Ela ficou confusa e decepcionada, mas logo percebeu que era a melhor maneira para agirem. Todo cuidado seria pouco.

Um dos serviçais entrou no escritório e perguntou à senhora:

— Com licença. Gostaria que lhe servisse seu café, senhora?

— Não, obrigada, mas providencie, por favor, suco, chá e alguns petiscos para daqui uma meia hora para quatro pessoas – respondeu-lhe Anne.

— Para quatro pessoas, senhora? – admirou-se o criado.

— Exatamente – ela confirmou. – Peça para servirem almoço para quatro pessoas também. Por favor.

— Pois não, senhora, com licença – respondeu o criado retirando-se.

— Quatro pessoas? – repetiu Antonie logo que o criado se retirou. – Por quê?

Ela sorriu e com seu modo brejeiro respondeu:

— Apenas um palpite.

Ele ficou admirando-a por uns momentos até que lhe disse:

— Quero lhe dar uma coisa – Antonie aproximou-se dela e colocou a mão dentro da camisa, desatarraxando do pescoço uma correntinha dourada com um camafeu. Entregou a Anne, dizendo: – Pegue.

— O que é isso? – perguntou Anne, pegando a joia.

— Abra – pediu o rapaz.

Ela abriu o pequeno camafeu de ouro e madrepérola e viu um pequeno cacho de cabelo guardado num dos lados.

— Ganhei de minha avó paterna quando ela cortou meu cabelo pela primeira vez. É uma das poucas vezes que o tirei do pescoço. É para você – Antonie explicou.

— Obrigada, mas não posso aceitar – disse estendendo a mão com a corrente e o camafeu. Ele fechou a mão dela entre as suas e olhando bem dentro dos olhos, acrescentou:

— O que aconteceu ontem à noite entre nós foi muito importante para mim. Eu a amo desde o dia que a vi pela primeira vez quando entrei na casa de seu pai. Tentei de todas as maneiras tirá-la dos meus pensamentos, mas cada vez mais você foi entrando em meu coração e se apossando dele. O meu desejo era poder casar-me com você e tê-la como minha esposa, mas isso não é possível, eu sei – ele parou por um momento e em seguida continuou:

— Você está casada com o conde D'Auvergne, mas não é mulher dele. Agora é minha, mesmo que ninguém possa saber.

Anne sentiu uma emoção inexplicável. Não conseguia nem piscar. Antonie continuou:

— Quero que use este pingente como nossa aliança. O que me diz?

Anne não conseguia acreditar nas palavras de Antonie. Tinha vontade de pular em seu pescoço de tanta felicidade e ao mesmo tempo de chorar pela loucura que aquela situação representava aos dois.

Ela estava casada com Belmont Gauthier, mas seu casamento não havia se consumado e provavelmente nunca seria. E se ela e Antonie mantivessem um relacionamento, na realidade seriam amantes, mas não para os dois. O olhar de Anne brilhava e a expectativa pela resposta dela deixava Antonie tão nervoso que ele começou a suar frio, até que ela deu um sorriso, pedindo:

— Ajude-me a colocá-la.

A moça entregou a corrente a Antonie e se virou para que ele a colocasse em seu pescoço. O desejo dele era de abraçá-la e beijá-la de tanta emoção e alegria, mas fez de tudo para se conter.

— Este será nosso segredo – disse Antonie, beijando as mãos de Anne e olhando-a, firmando um pacto entre eles naquele momento.

*château*
castelo

*bonjour,
ma chérie*
bom dia,
minha
querida

Mal os dois se afastaram, a porta abriu-se e o conde entrou em companhia de Jean-Pierre, que acabara de chegar ao *château*.

— *Bonjour, ma chérie* – saudou Belmont. – Vejo que finalmente se levantou.

— Bom dia, senhor.

Jean-Pierre se aproximou de Anne com malícia para cumprimentá-la. Pegou sua mão para beijá-la e não perdeu a chance de soltar um de seus gracejos:

— Aceitarei o convite para o almoço que acabei de receber do conde só pelo prazer de sua companhia, condessa – ela fez um pequeno gesto com a cabeça, tirando a mão apenas para ser gentil e seguiu em direção à mesinha de centro para ajeitá-la para o pequeno lanche que estava para ser servido antes do almoço.

Como ela não gostava do modo de Jean-Pierre abordá-la! Sentia uma aversão inexplicável por aquele homem e não podia reclamar com ninguém. Antonie estava impassível, mantendo sua postura militar, mas remoendo-se por dentro.

## CAPÍTULO VIII

**B**ELMONT COMPLETARIA SESSENTA ANOS NO FINAL DAQUEle mês e Anne estava organizando uma grande comemoração para alguns amigos e parentes do conde. Não era um número grande de pessoas, mas ela queria que fosse uma recepção inesquecível para todos.

Planejava o jantar com um cardápio com os pratos preferidos do conde e para isso contratara um cozinheiro da corte. Um grupo musical de Paris também tinha sido contratado, com quem ela escolhera algumas músicas preferidas do conde. Subscrevera todos os convites um a um. Todos os detalhes da recepção, decoração e arrumação do salão tinham sido verificados pessoalmente por ela.

Anne adorava organizar essas reuniões. Fazia seus dias mais agitados e sentia-se com a idade que realmente tinha, tirando-a da rotina e marasmo que o castelo lhe trazia.

Finalmente, chegara o dia da grande comemoração. Os convidados ficaram admirados com o esmero com que Anne organizara tudo, pensando em cada pormenor. O castelo estava ricamente preparado como ela idealizara.

As toalhas e guardanapos tinham o monograma do casal bordado com fios dourados. Os pratos e taças também tinham o mesmo monograma dourado pintados à mão. Muitos arranjos de flores em grandes vasos espalhados pelo salão e pequenos buquês nas mesas arremetavam a decoração. Tudo tinha sido encomendado especialmente para o evento.

Ela estava particularmente mais bonita nesse dia. Irradiava uma alegria contagiante, encantando ainda mais a todos que a conheciam.

O conde D'Auvergne demonstrava uma felicidade que há tempos deixara de sentir e expressar. A jovem conseguira transformar aquele homem ranzinza e triste com sua alegria e jovialidade. As pessoas comentavam que esse casamento fizera bem ao conde e que pareciam ser um casal feliz. Eles se davam bem, realmente, sendo cúmplices em algumas coisas. Não mais que isso.

O jantar foi servido enquanto a música tocava e os convidados comiam e dançavam. Anne dançou com seus parceiros habituais. E como sempre, eles não deram chance para que Jean-Pierre a tirasse para dançar e nem se aproximasse dela. Mesmo a contragosto, ela tivera que convidá-lo para a recepção.

Depois que todos terminaram o jantar e estavam a se divertir bebendo, conversando e dançando, Anne retirou-se discretamente do salão, ausentando-se por alguns minutos sem que ninguém sentisse sua falta.

De volta ao salão, ela trouxe uma grande caixa de presente enfeitada com duas fitas, uma rosa e outra azul, entrelaçadas, terminando em um grande laço.

Todos se voltaram para ver o que ela iria fazer. Até os músicos pararam de tocar. Ela aproximou-se de Belmont e entregando o pacote a ele, disse:

— Meu querido esposo, este é meu presente de aniversário para o senhor. Na verdade, é apenas simbólico. Feliz aniversário! – e estendeu a caixa em direção a Belmont.

— Não precisava se preocupar, *ma chérie* – Belmont pegou a caixa, sem conseguir esconder a emoção e a surpresa. – Presente simbólico? O que é? – perguntou.

*ma chérie*
minha querida

— Abra – pediu a moça com um sorriso maroto.

Meio trêmulo ele desatou o laço, abriu a caixa e tirou do meio dos papéis que estavam dentro dois sapatinhos de tricô, um rosa e outro azul. Ele fica segurando e olhando para os sapatinhos sem entender bem o que aquilo significava. Todos estavam parados em silêncio com a atenção voltada aos dois.

— O presente mesmo só poderei lhe entregar daqui a alguns meses – ela disse num sorriso.

— O que você está querendo me dizer, *ma chérie*? – Belmont perguntou confuso.

— É que daqui a alguns meses terei um bebê, seu tão esperado herdeiro – ela explicou, ainda sorrindo.

Ouviu-se um burburinho geral entre os convidados e uma agitação no salão.

Belmont ficou sem palavras, atônito, imaginando como ela teria conseguido tal proeza. Ela não tinha nenhum comportamento que alguém pudesse falar ou desconfiar de alguma traição e, com a chegada de um herdeiro ele estaria a salvo dos boatos que corriam sobre ele há um bom tempo. Realmente era uma moça esperta. Ou teria sido mera sorte dela?

Antonie, surpreso como todos os presentes, sentiu o coração disparar e também tentava entender o que estava acontecendo. Ele sentiu as pernas bambearem e tomou de um gole só o vinho de sua taça, sentando-se em seguida, com o coração ainda descompassado.

Não conseguia acreditar no que ouvia. Ela não lhe contara nada sobre a gravidez. Era por isso que ela evitara se encontrar com ele na noite anterior, quando ele regressara de Paris, com desculpas de que estava cansada e atarefada com os preparativos da festa. Como não tinha percebido? Ele passou a mão na cabeça por entre os cabelos, respirou fundo, encheu novamente sua taça com vinho e o tomou de uma golada.

Alain, que estava na mesma mesa que Lefèvre, encheu sua taça também e levantando-se ergueu-a, dizendo:

— Vamos brindar! - ele também estava surpreso como todos e nem percebeu a reação do amigo.

Todos o acompanharam no brinde ainda pasmados com a notícia.

— Realmente este é o melhor presente que ganhei nos últimos anos, *ma chérie*! - disse Belmont, tentando se recuperar do susto e beijando Anne na testa.

Após o brinde, os convidados voltaram aos seus lugares e em seguida dirigiram-se ao centro do salão para dançar. Antonie foi até a mesa do conde com sua cordialidade costumeira:

— Minhas felicitações, conde D'Auvergne, pelo seu aniversário e pela vinda do herdeiro - e fez uma reverência.

madame
senhora

— Minhas felicitações também à senhora, _madame_ – dirigindo-se a Anne.

— Obrigada, capitão - Anne respondeu com um sorriso.

Eles começavam a criar, entre si, um código de olhares e gestos.

Lefèvre virou-se para o conde e perguntou:

— O senhor permite-me que dance com sua esposa?

— Mas claro, capitão. A festa é para mim, mas minha esposa também merece se divertir.

— *Madame* - Antonie lhe estendeu a mão com o olhar que só Anne sabia interpretar. Ao caminharem em direção ao centro do salão, ele a questionou: - Por que não me contou?

— Podemos conversar sobre isso depois, em outro local? - ela queria evitar que alguém os escutasse.

— Então irei encontrá-la mais tarde no local de sempre. Vamos dançar. Preciso refrescar um pouco minha cabeça.

☙❧

AO ENTRAR NO QUARTO, ANNE SE DEPAROU COM ANTONIE PERTO da janela ainda com as vestimentas de gala que usara na festa.

— Olá, *madame* – Antonie a saudou.

— O que está fazendo aqui? – perguntou assustada com a presença dele em seu quarto.

Não o esperava naquele horário. Os convidados mal se retiraram e ele já estava a esperá-la.

— Vim te ver, conversar com você. Não combinamos? – e se aproximando dela, perguntou:

— Por que não me contou sobre a gravidez?

— Queria lhe fazer uma surpresa. Você estava longe, não tinha como lhe contar ou mandar notícias. Acho que todo mundo teve uma grande surpresa, não? – ela disse sorrindo, como se tivesse feito uma travessura.

— E que surpresa! Eu quase tive uma coisa quando contou. E que maneira para contar! Você sempre inventa algo para surpreender a todos. Acho que não posso ficar muito tempo longe que muitas coisas acontecem por aqui – Antonie a segurou pela cintura com uma mão e acariciou seu ventre com a outra, perguntando-lhe: – De quanto tempo você está grávida?

— De quatro para cinco meses, mas direi a todos que estou de três meses – ela lhe disse.

— Por quê? – admirou-se Antonie, não entendendo a razão de ela omitir a verdade sobre o tempo da gravidez.

— Há três meses você não estava por aqui. Nem ninguém de que possam desconfiar. Se alguém levantar suspeitas e quiser falar alguma coisa, como poderá provar?

— Mas a criança nascerá daqui a uns quatro meses, não é isso? Como irá justificar?

— Bebês às vezes nascem antes do tempo.

— Mas é arriscado assim mesmo.

— Estou me arriscando desde a primeira vez que consenti que você viesse aqui ao meu quarto.

— E eu também tenho me arriscado – emendou Antonie.

— Está arrependido? – ela questionou.

— Não, Anne! de forma alguma – ele respondeu e a puxou ao seu encontro, dizendo:

— Você é quem eu amo e se estamos juntos é porque eu insisti. Estou feliz pelo bebê. Deixe-me beijá-la e ficar um pouco mais com você. Estamos tanto tempo longe.

❦

BELMONT TOMAVA SEU CAFÉ DA MANHÃ PENSATIVO E CALADO. Refletia na surpresa que sua esposa lhe fizera na noite anterior durante a festa e em como aquilo poderia ter acontecido. No fundo Belmont já esperava que isso ocorresse. Talvez não esperasse que acontecesse tão rápido.

Desposara uma moça jovem com uma diferença tão grande de idade entre eles e ao casar-se deixara claro que pretendia ter herdeiros. Só não declarou abertamente que ela deveria arranjar um amante caso quisesse manter seu pescoço a salvo.

Anne conquistara a admiração e afeição do marido, diferentemente das suas outras esposas. Ela sempre lhe fazia companhia enquanto ele trabalhava e estava presente em quase todas as reuniões de negócios dele. Em várias ocasiões ela dera conselhos e mostrara situações em que ele poderia ser prejudicado financeiramente.

Ela nunca tivera qualquer atitude que colocasse sua honra em dúvida ou que o desrespeitasse, principalmente quando ele não estava em Vichy. Era uma mulher discreta e reservada até demais para a sua idade. Não comentava sua vida e muito menos sobre a vida do conde com ninguém.

Anne tomava seu café lentamente, observando discretamente o marido e imaginando o que passava por sua cabeça. Ela sabia que o conde não deixaria passar muito tempo sem conversar com ela sobre a gravidez e provavelmente aproveitaria aquele momento em que estavam a sós.

Durante aquele quase um ano e meio de convívio com Belmont, Anne aprendera ser ele um homem que resolvia as coisas quase que de imediato, da maneira que melhor lhe conviesse e que fosse mais vantajosa. Ela precisava estar preparada para essa conversa e desde que descobrira a gravidez era o que vinha fazendo. Planejara tudo há algum tempo e a festa de aniversário e o presente eram sua principal estratégia.

Realmente. O conde esperou apenas a retirada dos criados que estavam na sala para começar a conversa com ela:

— Sabe, *ma chérie*, passei a noite pensando em seu "presente" e ainda não sei se fico feliz ou se tomo outras providências sobre o assunto – começou meio reticente, olhando fixamente para ela.

Na maioria das vezes ele não ia direto ao assunto, quase sempre falando por meias-palavras e nas entrelinhas. Ela já o conhecia o suficiente para saber exatamente o que ele estava lhe dizendo naquele momento. Ela respirou fundo, ajeitou-se na cadeira e respondeu com as próprias palavras do conde ditas na época do casamento deles, pouco mais de um ano atrás:

— Senhor, lembra-se da noite de nossas núpcias quando me disse que precisava de herdeiros diretos para que eles usufruíssem de sua herança? Que ficaria profundamente desolado se eu não pudesse lhe conceder um herdeiro e eu viesse a ter um triste destino como suas outras esposas?

Na época, assustara-se com o que ele lhe dissera e ficara por muito tempo pensando no que realmente aquelas palavras significariam. E sempre lhe soaram de forma dúbia. Não era intenção dela ter um amante, mas as coisas foram se encaixando de tal forma que se tornou inevitável.

Belmont olhava para Anne, não acreditando que ela lhe respondesse daquela maneira. Era como se ele mesmo tivesse lhe dado a oportunidade e endossado toda aquela situação, o que no fundo era verdade. Ela continuou a falar séria:

— Eu não gostaria de morrer tão cedo e nem que o senhor sofresse por algum acidente que eu pudesse vir a passar. Dentro de poucos meses lhe darei um herdeiro para garantir que sua herança permaneça protegida de aventureiros e oportunistas, como tanto deseja – seu olhar era como se ela lhe dissesse que estava lá de forma compulsória. Não era uma aventureira. Não tinha escolhido nem planejado casar-se com ele.

— Quem sabe até cessem os boatos que correm soltos por toda a França sobre o senhor. Daí todos nós viveríamos felizes, não é mesmo? - ela completou.

Ele continuava a olhá-la, analisando o que ela acabara de dizer. Estava admirado com a sua postura. Via ao seu lado uma mulher diferente da que pensava conhecer. Não parecia ter medo dele, demonstrava que sabia onde pisava e o que fazia, e ao mesmo tempo o respeitava, mantendo sempre a discrição. Pelo visto ele não deveria vê-la como uma ameaça, mas como uma aliada. Afinal era o que Anne provava ser desde que chegara a Vichy, assumindo essa gravidez, ele teria muito mais a ganhar. Belmont acabou por concluir:

— Acho que deve começar a pensar sobre o enxoval e as coisas que precisará para o bebê, *ma chérie* – não tinha como negar sua admiração pela ousadia e coragem da jovem esposa. - É uma mulher inteligente e esperta. Só poderia parabenizá-la por sua perspicácia e discrição. Cada vez mais tenho certeza de que não poderia ter escolhido melhor esposa – ele pegou sua mão, beijando-a.

— Obrigada, senhor. Não se preocupe, esse será meu segredo com o senhor – Anne sentia-se aliviada com o desenrolar da conversa e com certeza não tocariam mais no assunto.

Já era madrugada e poucas pessoas se encontravam no castelo naquela noite. As poucas criadas que estavam na residência assistiam à senhora no parto. Anne estava exausta pelas várias horas que se encontrava em trabalho de parto. Quase não tinha mais forças. O suor brotava por todos os poros do corpo. Tinha as vestes ensopadas, o cabelo num coque já meio desajeitado, encharcado e grudado na cabeça e no pescoço.

Madeleine não parava de rezar num canto do quarto, perto da janela. Estava com medo que algo pudesse acontecer à sua senhora e ao bebê.

Leontyne não deixara que buscassem uma parteira, mas o que ela não sabia é que uma das criadas conhecia os segredos do parto e ninguém se dera conta de suas habilidades. A moça gostava muito da condessa e não queria que nada acontecesse a ela nem ao bebê, além de achar muito estranha a atitude de Leontyne, que nem permanecera no castelo naquela noite, indo passar a noite na residência de uma amiga.

Depois de muito esforço, finalmente a criança nasceu e seu choro alto e forte anunciou sua chegada, inundando o quarto e todo o castelo que estava em completo silêncio. É um menino! O herdeiro tão esperado por Belmont Gauthier. Mal lhe cortaram o cordão umbilical e lhe deram os primeiros cuidados, uma das criadas mais novas pegou a criança e saiu rapidamente com ela no colo sem que ninguém pudesse impedi-la, dizendo que iria cuidar dela num local mais calmo. Quando ela se aproximou da escada, deparou com Michael Blanc no topo, seguido por dois mosqueteiros. Ele resolvera entrar no castelo ao ver luz acesa até aquelas altas horas da noite em alguns cômodos. A mulher segurou forte o bebê contra o peito, tentando voltar.

— Ora, o que temos aqui? – perguntou Michael. – Uma criada com um lindo bebezinho! – continuou com ironia. – Então era este pequeno que ouvimos lá de baixo chorando.

— Deixe-me ir senhor, por favor – pediu a mulher.

— Ir para onde, senhora? – perguntou cercando-a para que não fugisse.

A criada ficou calada, aterrorizada por ter sido pega. Não soube o que responder, nem o que fazer.

— Acho que levarei este bebê de volta para sua mamãe. Ele é muito novinho para sair passeando pelo castelo a essas horas da noite, não acha? – disse estendendo a mão para que a criada passasse a criança para ele.

Ela continuava imóvel, olhos arregalados com a criança contra o peito.

— Vamos, mulher! dê-me logo essa criança! – ordenou Michael, já impaciente.

Ela entregou o bebê a Michael, tremendo toda de medo.

— Levem-na para um passeio, cavalheiros – disse o comandante aos mosqueteiros.

— Não, senhor! por favor! eu só... – implorava descontrolada a pobre criada.

— Cale-se! Levem-na ao alojamento e deixem-na isolada numa das acomodações desocupadas – e dizendo isso seguiu carregando o bebê desajeitadamente em direção ao quarto da condessa.

Michael bateu na porta e entrou sem esperar que o atendessem. As mulheres espantaram-se ao ver o homem entrando no quarto com o recém-nascido nas mãos. Ele encontrou Anne deitada ainda exausta e meio confusa. Sem se importar com ninguém nem com a situação, aproximou-se da cama e, abaixando-se ao lado dela, entregou-lhe o filho:

— Anne. Pegue seu bebê.

— Michael? O que faz aqui? – ela perguntou sem saber direito o que estava acontecendo.

— Shh! está tudo bem agora. Anne, pegue seu bebê e descanse – disse tranquilizando-a. Virou-se para Madeleine e recomendou:

— Cuide deles, Madeleine. Se precisarem de algo mande me chamar, certo? Vou deixar um dos guardas lá embaixo para qualquer eventualidade.

— Sim, senhor – respondeu a mulher assustada com tudo, sem compreender direito.

Michael retirou-se rapidamente do quarto e do castelo, surpreendendo a todos com aquela sua atitude nada habitual.

A criada nada contou sobre quem a mandara pegar o bebê por mais medo que ela demonstrasse sentir. Michael Blanc tinha um bom palpite, mas como poderia provar alguma coisa?

Acharam melhor esperar o retorno do capitão Lefèvre para tomarem qualquer atitude. Enquanto isso a mulher aguardaria trancada num cômodo do alojamento. Ela permaneceu calada todo o tempo em que ficou trancafiada. Nem com o retorno do capitão conseguiram descobrir nada sobre a tentativa de rapto da criança.

Antonie precisou fazer um grande esforço para conter seus sentimentos referentes ao ocorrido. Teve que agir de forma enérgica, mas com os devidos cuidados, já que o conde não estava no *château* e não era seu intento desagradá-lo, mas descobrir o que realmente havia acontecido e punir devidamente os culpados.

*château*
castelo

A criada, que nada falava, fora transferida para uma das propriedades mais distantes e isoladas de Belmont Gauthier. Nada, além disso, poderiam fazer para puni-la.

L EONTYNE HÁ DIAS TENTAVA FALAR COM SEU NAMORADO secreto e ele sempre dava alguma desculpa ou não aparecia aos encontros marcados. Finalmente naquela manhã, ela conseguira fazer com que ele fosse vê-la.

Assim que ele chegou, foi falando sem rodeios:

— Precisamos ter uma conversa séria.

— Pode falar. Ninguém aparecerá por aqui tão cedo.

Era um local no castelo onde estavam acostumados a se encontrar nos últimos meses e sabiam que dificilmente alguém passaria por lá, principalmente naquele horário.

— Estou grávida.

— Parabéns, senhora.

— Parabéns? É isso que você me diz?

— O que esperava ouvir? – sua resposta era tão fria assim como suas atitudes ultimamente para com ela.
— Eu estou grávida e é seu filho.
— Meu? – o homem riu-se. – A senhora está sonhando. É impossível ser meu.
— Como ousa falar assim comigo? É seu filho, nosso filho!
— Esta criança não é minha. A senhora não tem como provar. Não teve outros namorados e até já não foi noiva?
— Não acredito no que está me dizendo. Todo esse tempo que estivemos juntos, todas as coisas que me falou não significam nada para você?
— Foram apenas momentos de paixão, arroubos de emoções. Passam com o tempo. Preciso cuidar de novos negócios fora da França. Estou de partida para a América. Ficarei por lá um bom tempo.
— Você vai me deixar? Como farei? O que direi à minha família? – ela se desesperou agoniada.
— Sinto muito. Não posso ajudá-la em nada. É uma mulher inteligente e encontrará uma saída. Desejo-lhe boa sorte e felicidades – virou as costas para Leontyne, saindo.
— Você não pode fazer isso comigo. Não me deixe! Volte aqui, por favor!

Ele não se importou com as súplicas de Leontyne. Pegou seu casaco e retirou-se do castelo como se nada tivesse acontecido.

☙❧

AQUELA SERIA UMA REUNIÃO FECHADA. APENAS O CONDE D'AUvergne, sua esposa, o capitão Lefèvre, Leontyne e o tenente Blanc. Antonie fizera questão que Michael estivesse presente como sua testemunha. Um clima tenso se fazia presente entre todos. Leontyne, sentada numa poltrona, tinha um esboço de um sorriso enigmático e para disfarçá-lo mantinha a cabeça abaixada e coberta com as mãos. Lefèvre estava em pé ao lado da janela que dava para a parte posterior da mansão, seu olhar se perdia no infinito, as mãos entrelaçadas nas costas. Parecia estar a léguas dali.

Michael, recostado numa cadeira de braços, com a mão no queixo, observava a todos, desconfiado. Não podia acreditar no que ouvia e depois daquela história de viuvez que Antonie inventara, parecia mais estranho tudo aquilo. E por que seu amigo não se defendia? Conhecia-o e com certeza ele assumiria qualquer atitude que realmente se fizesse necessária.

Anne, sentada quase de frente para Leontyne, estava impassível, mas por dentro também tentava digerir e entender aquela história. Sentia-se traída e seu estômago parecia que ia virar do avesso a qualquer instante. Belmont Gauthier estava em pé ao lado da esposa e quebrando o longo silêncio que se fizera após a revelação da gravidez de Leontyne e das colocações de Lefèvre para se defender, questionou:

— E então? Como vamos resolver isso?

Ninguém se moveu nem disse nada. Depois de uns instantes de silêncio, o conde, pressionando, insistiu:

— Vamos! Estou esperando alguma solução.

Michael se virou na cadeira, tentando achar uma posição para observar melhor o amigo que se mantinha imóvel.

— Minha sobrinha não pode ficar nessa situação – continuou insistindo Belmont.

Uma raiva crescia por dentro de Antonie Lefèvre. Sentia o sangue ferver por dentro. Queria entender por que Leontyne o acusava de ser o pai da criança. Nunca demonstrara nenhum interesse por ela. Muito pelo contrário, sempre se afastava da sua presença, fugindo de suas investidas e insinuações. Por que não revelava quem era o verdadeiro pai da criança que esperava?

As únicas coisas que tinha na cabeça eram sua carreira militar, sua reputação na corporação e o nome de sua família e isso fazia com que ele mantivesse a boca fechada e a mão cerrada, dando pequenos socos no beiral da janela.

— Tio Belmont, - disse Leontyne com a voz bem baixa, como

se fosse uma pobre vítima, quebrando o longo silêncio que se fazia na sala – acho que a única saída seria casarmos.

Antonie virou-se em direção a Leontyne, mordendo os lábios para evitar falar o que lhe vinha à cabeça e ao coração. Tinha o cenho cerrado e seu rosto crispava de raiva. Se pudesse pularia no pescoço dela. Seu olhar encontrou o olhar de Anne, que trazia uma grande indignação e inconformismo.

— O que me diz, capitão Lefèvre? – perguntou o conde.

Tentando engolir o ódio que vinha de dentro de sua alma, Lefèvre respondeu entre os dentes, depois de alguns instantes quieto:

— Como achar melhor, senhor – e voltou-se para a janela, remoendo a raiva e o ódio.

— Pois então, está acertado. Marquem a data do casamento para o mais breve possível – finalizou o conde D'Auvergne.

Leontyne sorriu discretamente. Sentia-se vitoriosa e não via a hora de ir contar para a irmã e a prima a novidade e planejar a cerimônia e a festa.

Anne sentiu como se uma foice a dividisse em duas partes. Levantou-se e suas pernas bambearam. Ela se apoiou na cadeira mais próxima e antes que tivesse qualquer outra reação que denunciasse seus sentimentos foi se desculpando:

— Os senhores me dão licença, mas estou com dor de cabeça a tarde toda. Irei me recolher um pouco e descerei mais tarde para o jantar – e retirou-se da sala antes de deixar transparecer seu estado emocional ou que alguém dissesse algo mais sobre o assunto. Apenas Michael continuava a observar tudo sem entender o que é que não se encaixava naquela história toda. Tudo lhe soava muito estranho.

Antonie arrumou uma desculpa para poder sair e falar com Anne:

— Senhor Belmont, preciso me retirar, pois tenho assuntos importantes a resolver no alojamento. Com licença.

Antonie saiu da sala indo atrás de Anne sem esperar por uma resposta. Apesar da atitude dos dois, ninguém percebeu nada. Só

Michael continuava a observar inquieto na cadeira, achando tudo muito estranho.

Depois de uns momentos, tentando coordenar as ideias, Michael se levantou, despedindo-se do conde e de sua sobrinha. Ao sair pelo corredor, não encontrou mais Antonie e seguiu para o alojamento, tentando alcançar o amigo, em vão.

⁂

ANNE ENTROU NO ESCRITÓRIO, EMPURRANDO A PORTA PARA FEchá-la quase acertando Antonie que a seguira até lá. Ele segurou a porta, entrando logo atrás dela e fechando-a em seguida.

— Anne, vamos conversar – pediu Antonie.

— Não posso acreditar nisso! Saia da minha frente! Esqueça-me! – a moça diz descontrolada e inconformada.

— Escute-me, Anne. Não é nada disso. É tudo invenção daquela mulher. Acredite em mim, por favor! – suplicava Antonie, segurando Anne pelos braços, tentando fazer com que ela ouvisse sua versão da história.

— Solte-me! – disse Anne se desvencilhando das mãos de Antonie.

— Calma! Fale mais baixo. Alguém pode nos ouvir falando nesse tom – pediu o rapaz.

— Está preocupado que nos ouçam? Pois vá atrás de sua noiva e me deixe em paz.

— Escute-me. Eu não tenho nada com Leontyne. Você sabe disso.

— Não? E como ela diz que está esperando um filho seu? Acho que eu é que não sei de nada.

— É mentira dela!

— Aquela barriga é mentira?

— Não! mas não é meu filho! Eu nunca encostei um dedo nela. Essa criança é de outro homem. Acredite em mim.

— Você quer que eu acredite? – ela estava transtornada. Anne até podia acreditar numa invenção de Leontyne, que até já tinha dito que faria qualquer coisa para casar-se com Antonie. Ela poderia tê-lo seduzido e ele caído nas graças dela. Sentia-se traída com essa possibilidade.

— Não faça assim comigo, Anne. Eu amo você – Antonie estava desnorteado.

Era como se várias bombas caíssem sobre sua cabeça ao mesmo tempo por todos os lados. Sentia-se arruinado. Suas argumentações não convenciam Anne e ela não queria acreditar em sua inocência. Ele estava sem defesa.

— Essa mulher está mentindo para que eu me case com ela, não percebe?

— Pois então não case!

— Você sabe que não é assim tão simples – ele a encarou com olhar de tristeza e seus olhos começaram a marejar. Anne sabia que ele se referia ao seu próprio casamento com o conde. Ela nunca tinha visto Antonie tão desesperado e sem ação, tentando convencê-la de algo e sem nada poder fazer. No fundo, ela sabia que ele lhe dizia a verdade. Mas havia outra coisa que a estava deixando desnorteada e isso era um segredo seu que não poderia revelar a ninguém por enquanto.

— Eu sei... – disse Anne, desviando o olhar e deixando o escritório para não chorar ali mesmo na frente dele. Subiu a escadaria o mais rápido que pode, trancando-se em seu quarto.

෩෨

A CERIMÔNIA DE CASAMENTO ENTRE ANTONIE LEFÈVRE E LEONTY-ne Gauthier realizou-se na capela de Saint-Blaise para pouquíssimos convidados um mês depois da reunião.

O capitão não esboçava nenhuma emoção, tinha o olhar perdido, não se movia. Anne estava na primeira fileira, bem próxima à parede da igreja entre o conde e Madeleine. Aquela situação estava lhe fazendo mal. Não conseguira dormir à noite e tinha o estômago revirado, sentindo náuseas desde cedo. Logo que a chegada da noiva fora anunciada, um enorme mal-estar tomou conta de todo seu corpo. Sentiu que o sangue lhe fugia e que poderia desmaiar a qualquer momento ali mesmo. Assim que Leontyne chegou ao altar, Anne disse a Madeleine, levantando-se discretamente:

— Madeleine, venha comigo, por favor. Não estou me sentindo bem – e saíram pela lateral dos bancos, aproveitando que todas as atenções estavam voltadas para o altar.

Lá fora ela pediu ao cocheiro para que trouxesse a carruagem.

— O que aconteceu, senhora? – perguntou preocupada a dama de companhia.

— Não sei. Comecei a me sentir mal. Acho que está muito abafado lá dentro, só preciso de um pouco de ar puro.

Ela sentou-se na carruagem e uma vontade de chorar tomou conta dela, mas respirou fundo e fez um tremendo esforço para controlar-se. Pediu ao cocheiro que avisasse ao conde que ela não se sentia bem e regressaria ao castelo com Madeleine antes do término da cerimônia.

Chegando ao *château*, tomou um pouco de água e depois de alguns minutos, já um pouco melhor do mal-estar, começou a verificar alguns detalhes da recepção para desviar os pensamentos e controlar suas emoções.

Quando o cortejo nupcial chegou ao *château*, a condessa foi recebê-los, evitando ao máximo aproximar-se ou olhar para Antonie. Leontyne estava radiante de alegria, conversando com todos os convidados e parentes. Antonie passou o tempo todo sentado num canto do salão com os amigos, bebendo calado.

*château*
castelo

෬෭

AO ENTRAREM NO QUARTO, LEFÈVRE MAL FECHOU A PORTA, DIRIgiu-se à Leontyne alterado e em tom agressivo, perguntou-lhe:

— Queria casar-se comigo, dona Leontyne Gauthier? Pois conseguiu.

E voltando em direção à porta, Lefèvre completou:

— Contente-se com isso, pois não passaremos disso. Boa noite – saiu batendo a porta atrás de si, deixando a noiva sozinha sentada na cama.

Os soldados, no alojamento, já se preparavam para se recolher. Eles se surpreenderam com a chegada abrupta do capitão. Era a última pessoa que imaginariam ver naquela noite por ali.

— Preparem-se todos. Arrumem os cavalos e todo o necessário para partirmos amanhã para a corte antes do almoço – entrou ordenando sem olhar para os lados nem para ninguém, indo em direção ao seu aposento, no final do corredor, com passos firmes e rápidos.

Os homens ficaram atônitos, entreolhando-se sem entender a reação do capitão.

— Mas senhor, não teremos tempo hábil para preparar tudo a tempo – retrucou um dos homens.

— Não sairíamos em três dias, senhor? – arriscou outro.

— Preparem tudo para amanhã bem cedo – repetiu, seguindo em direção ao seu quarto.

Michael, que se encontrava por ali, seguiu o amigo para saber o que estava ocorrendo.

— Antonie, o que aconteceu? Não deveria estar com sua esposa?

— Deixe-me em paz, Michael.

— O que está acontecendo, meu amigo? Posso ajudá-lo? – Michael tentava entender o que se passava com Antonie.

— Obrigado, Michael, mas ninguém pode me ajudar. Vá descansar. Amanhã teremos uma longa viagem – o capitão agradeceu, olhando para o amigo, e entrou no quarto, fechou a porta e deixou Michael sozinho do lado de fora.

NA MANHÃ SEGUINTE, O CAPITÃO LEFÈVRE LEVANTOU BEM CEDO e fez com que todos os soldados, que viajariam com ele, terminassem de se organizar rapidamente para partirem o quanto antes.

Mal dormira à noite. Seus pensamentos estavam confusos e sua decisão fora precipitada. Corria um grande risco de se arrepender de uma decisão pela primeira vez na vida, mas sua vontade era sair daquele local o mais rápido possível.

Todos estavam meio perdidos com a resolução repentina do capitão. Não era de seu feitio esse tipo de atitude, nunca agira assim. Ele estava transtornado. Era um homem meticuloso, ponderado, que planejava todas as suas ações friamente.

A raiva e o ódio, que nutria por Leontyne, eram tão grandes que perdera a razão e não pensou nas consequências que sua atitude poderia acarretar não só para ele ou Leontyne, mas para Anne e até mesmo para o seu filho Jean-Luc.

Naquele momento, não tinha nenhuma pretensão de retornar a Vichy tão cedo. Estava deixando tudo para trás. Tudo mesmo.

༺༻

LEONTYNE PASSOU A VIVER NUM MUNDO DE ILUSÃO DEPOIS DA noite de núpcias em que fora abandonada por Antonie. Seu desequilíbrio emocional, na verdade, vinha se agravando desde a morte do noivo às vésperas de seu primeiro casamento.

Devido a seus sentimentos e vibrações difíceis, pela perda do noivo, ela abrira uma brecha para que antigos desafetos, agora desencarnados, se aproximassem dela com maior facilidade.

Esses Espíritos cercavam-na há algum tempo, intuindo-a com sensações e pensamentos negativos. Aproveitaram-se de seu luto e da tristeza profunda que tomara conta de seu coração para assediá-la ainda mais. Finalmente, poderiam dar início ao plano de vingança que programavam há muitos anos.

A esses dois Espíritos, que desejavam seu mal, se uniu outro, desafeto de seu futuro bebê, desejoso que ele não reencarnasse, perdendo, assim, a oportunidade de novas experiências e aprendizados, não conseguindo progredir. Iriam perturbá-la até levá-la à loucura e, quiçá, ao suicídio.

Leontyne falava coisas desconexas e contava histórias fantásticas. Dizia a todos que o marido sempre lhe escrevia longas cartas amorosas, que sentia saudade, mas não podia estar com ela por conta das missões, que logo se mudariam para uma casa deles e tantas outras histórias que lhe surgiam à cabeça.

No início as pessoas até acreditaram nas coisas que dizia, mas com o tempo começaram a perceber seu estado de descontrole em muitas situações e deixaram de levar em consideração as "bobagens" que dizia.

Leontyne, algumas vezes, ficava distante, olhar perdido, catatônica, não conversava com ninguém, passando vários dias sem sair do quarto e sem ver ninguém. Outros dias, ficava tão eufórica que necessitava que algum criado ficasse sempre por perto para que ela não viesse a fazer alguma loucura contra si mesma.

Quase sempre saía pelo castelo afora sem rumo, andando horas a fio. Às vezes se sentava à beira do lago por longos períodos. Uma vez entrou de roupa e tudo no lago, precisando ser retirada por três criados a muito custo. Dançava e cantava, ria e falava sozinha frequentemente, como se estivesse em alguma festa ou com outras pessoas.

Anne passou a sentir pena da moça e a temer pela saúde do bebê que Leontyne gerava, tamanho o descontrole emocional que ela apresentava a cada dia que se passava. Praticamente a ocupação das pessoas no castelo era cuidar de Leontyne o tempo todo para que nada lhe acontecesse nem ao bebê.

A família Gauthier esperava apenas o nascimento da criança para poder internar Leontyne num hospício. Não sabiam e não tinham o que fazer por ela. Seus obsessores se deleitavam com a situação.

Quase nenhuma notícia sobre Antonie Lefèvre chegava a Vichy. O pouco que ficavam sabendo era por outras pessoas que estiveram em contato com ele.

Muitas vezes Anne ficava na janela de seu quarto, por longo tempo com o olhar perdido na estrada, na esperança de ver Antonie de regresso ao *château*. Quase o mesmo tanto de vezes chorou escondida pela ausência dele, pela falta de notícias e pela incerteza de seu regresso.

Foram os meses mais longos e solitários que passara. Sua tristeza era amenizada apenas pela presença de seu filho, Jean-Luc, que com sua alegria pelas descobertas que fazia do mundo em sua primeira infância, encantavam-na e preenchiam seus intermináveis dias.

֎

ANTONIE CHEGARA A VICHY BEM ANTES DO HORÁRIO PREVISTO. Só não correra mais para poupar Compagnon do cansaço. Queria chegar o quanto antes para regressar o mais rápido possível a Paris. Retornara por causa do nascimento do bebê de Leontyne, e como seu marido deveria tomar decisões sobre o futuro deles. Em suas mãos, como em outras ocasiões e vidas, mais uma vez estava o destino de pessoas. Repetia-se, novamente, a necessidade de ele decidir sobre a sina de alguém. Ele sabia da responsabilidade que tinha e evitara pensar sobre isso durante todos esses meses. Com o desequilíbrio emocional de Leontyne era ele quem teria de decidir onde e com quem ficaria o recém-nascido.

Ao término da longa curva antes do *château*, diminuiu instintivamente o galope quase parando. Tudo que vinha remoendo durante a viagem veio à sua cabeça como um *flash* ao ver o castelo ao longe. Há quanto tempo não vinha a Vichy! Havia passado cinco meses de seu casamento com Leontyne e nunca mais ele dera notícias, depois que regressara às pressas a Paris na manhã seguinte da cerimônia.

Quantas lembranças surgiam em sua mente ao rever o castelo de D'Auvergne! Parou seu cavalo de repente e cogitou por um instante em regressar ao pensar em Anne. Não se sentia preparado para enfrentá-la. Seus acompanhantes estranharam aquela parada e um deles perguntou, voltando alguns metros:

— Senhor, algum problema? Aconteceu alguma coisa?

— Não. Vamos! – respondeu voltando à marcha.

Ficou imaginando o que diria à Anne, caso tivessem chance de conversar. Como a encararia? Como ela reagiria à sua presença? Ela o perdoaria? E como estaria Jean-Luc? Teria oportunidade de vê-lo? Calculou que ele deveria estar começando a andar e talvez falando suas primeiras palavras. E o que faria em relação ao bebê de Leontyne? Tantas questões lhe surgiam à cabeça que teve vontade de estar em algum combate bem distante dali. Lá poderia desembainhar sua espada e resolver a situação da melhor maneira que sabia fazer. Não poderia ir ao quarto de Anne sem ter certeza que sua presença seria aceita, depois da forma que saiu de Vichy.

LEFÈVRE ENTROU EM SILÊNCIO NO QUARTO ONDE ESTAVA O RE-cém-nascido de Leontyne. Dirigiu-se até o berço e ficou a olhá-lo enquanto dormia. O capitão tinha um ar triste e cansado. Estava tão absorto em seus pensamentos que não percebeu Anne sentada num canto do quarto a ler. Ela colocou o livro sobre a mesinha ao lado e ficou a observar Antonie feliz por ele estar de volta, depois de tanto tempo longe. A saudade e a falta que sentia dele eram maiores que qualquer outro sentimento que pudesse carregar em seu coração. De repente, o capitão percebeu a presença de alguém no quarto e virou-se.

— *Madame*? Não vi que estava aí – ele ficou sem ação por um instante. Não esperava encontrá-la ali nem naquele momento.

*madame*
senhora

— Como tem passado, capitão Lefèvre? – perguntou Anne levantando-se, com um sorriso.

Antonie se surpreendeu ao ver o ventre dela a denunciar uma nova gravidez.

— Você está grávida? De quantos meses? – Antonie perguntou surpreso.

— Você quer saber oficialmente ou a verdade? – perguntou num grande sorriso, segurando a barriga.

Ele se aproximou dela, tocando seu ventre emocionado sem acreditar no que lhe era revelado. Todas as suas preocupações e inseguranças caíram por terra, transformando-o totalmente.

— Para todos estou de pouco mais de cinco meses, mas já completei sete meses – contou Anne.

— Por que não me contou? Por que escondeu por todo esse tempo?

— Não lhe contei porque não tinha certeza e por toda a situação de seu casamento na época. Não queria lhe trazer mais uma preocupação desnecessária, nem mais problemas. E não quero que saibam o tempo real de minha gravidez, você sabe por quê – completou com seu sorriso maroto.

— Você sempre tem algo para me surpreender e mudar minha vida – ele abraçou Anne e beijou-lhe a testa:

— Senti muito sua falta e do Jean-Luc. Perdoe-me, meu amor – confessou e desabafou, dando um suspiro, sentindo seu coração saudoso e aliviado.

— Nós também sentimos a sua falta, Antonie.

— Como está Jean-Luc? – perguntou Antonie, mais à vontade, soltando-a do abraço.

— Crescendo – respondeu simplesmente.

Nesse momento, o menino entrou ligeiro ainda com os passos inseguros em direção à mãe com os bracinhos abertos para ser pego no colo. Tinha os cabelos claros e cacheados que balançavam quando corria. Parecia um anjinho barroco. Logo atrás dele, apareceu Madeleine esbaforida.

— Jean-Luc, não corra! Espere por mim, menino – a mulher pedia ao pequeno para esperá-la, sem resposta.

— Ah! o senhor está aqui, capitão? Como foi de viagem? Veio conhecer seu filho? – foi logo perguntando Madeleine sem esperar pelas respostas, como sempre.

— Como vai, senhora? – perguntou educadamente o capitão.

— Deixe-me pegar o menino e levá-lo para baixo – disse Madeleine indo em direção à Anne.

— Pode deixá-lo, Madeleine. Ficarei um pouco com ele. Peça para colocar mais um lugar à mesa, por favor – e virando-se para Antonie, convidou: – O senhor almoça conosco?

— Sim, agradeço o convite – Lefèvre não iria perder a oportunidade de ficar mais tempo perto de sua amada, depois de tão longa separação. E uma refeição, no castelo D'Auvergne depois daquela viagem, era irrecusável.

— Como queira, senhora. Com licença – e Madeleine se retirou.

Antonie ficou um tempo a olhar Anne com o menino no colo. Como aquela cena lhe fazia bem! Era como se retornasse ao seu lar.

De repente, o menino abriu os braços, lançando-se em sua direção. Emocionado, ele pegou o filho no colo. Anne teve vontade de chorar e sentiu seu bebê mexer em seu ventre. Sentou-se para apreciar emocionada a cena. Eles permaneceram em silêncio por algum tempo. Nenhuma palavra precisava ser trocada entre os quatro. Era o segredo deles.

Depois de alguns minutos, Antonie colocou o pequeno Jean-Luc no chão, que começou a brincar com seu chapéu. Anne perguntou:

— O que pensa fazer em relação ao bebê de Leontyne?

— Não sei ao certo ainda. Provavelmente o levarei aos pais dela em Lyon – cogitou. – Não é para lá que ela irá assim que sair do hospital e puder viajar?

— Tem certeza de que é isso que quer fazer?

— Não irei criá-lo, Anne. Ele não tem culpa de tudo que sua mãe fez e o que aconteceu a ela, mas ele não é meu filho – afirmou determinado. – Vou deixá-lo com os avós. É o melhor para todos, principalmente para ele.

Antonie carregava mágoa e rejeição em suas palavras. Ele não conseguia se imaginar criando o filho de outro homem, que nem sabia quem era, sem poder criar os seus por pura loucura de Leontyne. Não passava por sua cabeça, naquele momento de revolta e mágoa, que ele não podia criar seus filhos, mas outro homem assumira seu papel, mesmo que por conveniência pessoal e social.

A forma como as pessoas sentem e reagem às situações é única, individual. Dependem de seu estado emocional, seu desenvolvimento moral e tantos outros fatores. Além do que cada circunstância é única. Não cabe a ninguém julgar os atos de outrem, mas cada um é responsável por suas decisões e as consequências que elas trazem.

— Desculpe-me se eu a decepciono, mas não tenho alternativa. Não consigo lidar com essa situação. Não sei por que ela fez isso, mas ela acabou com minha vida. Perdoe-me.

— Você deve saber o que é melhor para você. Não tenho direito de dar palpite nesse assunto, mas posso só lhe pedir uma coisa?

— O que Anne?

— Espere ele crescer um pouco mais para fazer essa viagem. Eu poderei cuidar dele enquanto isso – pediu Anne.

— Faça como achar melhor. Até mais tarde, *madame* – Antonie pegou o chapéu das mãozinhas de Jean-Luc, mexeu nos cabelos do menino, desarrumando-o e retirou-se do quarto.

ANNE COLOCOU JEAN-LUC NO BERÇO PARA DORMIR E FOI DEITAR-se pensando no dia que tivera e na alegria de rever Antonie depois de tanto tempo, desde o dia do casamento dele com Leontyne. Quando estava quase adormecendo, percebeu que alguém se aproximava de sua cama e deitava-se ao seu lado. Era Antonie. Como ele entrara sem ser percebido? Ela pouco se importava. Ele tinha voltado e estava com ela. Eles se abraçaram e se beijaram. Como era ótima a sensação de tê-lo ao seu lado novamente! Sentir seu toque, suas mãos percorrerem seu corpo e seus beijos cheios de desejos, depois de tanto tempo sem notícias dele e a sensação de nunca mais revê-lo. Nesse clima de volúpia mataram a saudade de tantos meses.

De madrugada, perceberam o menino subindo pelos pés da cama, por debaixo das cobertas e aninhando-se entre os dois. Antonie adormeceu abraçando Jean-Luc e Anne. Sentir os que mais amava sob sua proteção e ao mesmo tempo protegido pelos carinhos e o amor de Anne era tudo o que ele necessitava naquele momento. Essa sensação aliviava seu coração e sua alma tão magoados e sofridos.

Aquele homem, exigente com seus soldados, com tantas obrigações e confrontos enfrentados nos últimos meses, estava em busca desse recanto de paz e tranquilidade há muito tempo. E por mais que quisesse que fosse diferente, era ao lado de Anne que ele sempre encontrava o que precisava.

Ao acordar de manhã, Anne não encontrou mais Antonie em seu quarto. Como sempre, ele desaparecera misteriosamente do mesmo modo que surgira.

❦

QUASE DOIS MESES DEPOIS, ANNE GANHAVA UMA MENINA. CLAIRE nascera pequena, mas com saúde. Ninguém desconfiara que ela fosse um bebê nascido a termo. Era uma criança calma e muito parecida com a mãe.

Madeleine e as criadas mais chegadas à Anne cercavam a menina de mil cuidados, julgando que ela nascera prematura.

Belmont demonstrava preocupação com Anne e a pequena Claire. A atitude do conde deixou Anne aliviada e satisfeita por saber que de alguma forma ele se preocupava com o bem-estar dela e de seus filhos.

Os amigos e conhecidos mais próximos de Belmont estavam cada vez mais convencidos sobre o bom relacionamento do casal e admiravam o comportamento deles. Os comentários sobre eles giravam em torno da harmonia da família Gauthier, apesar da grande diferença de idade entre os cônjuges.

Uma harmonia e felicidade apenas na aparência, para as pessoas verem, admirarem e comentarem. Um jogo de interesses e acordos velados entre os dois em que ambos ganhavam e perdiam cada um a seu modo.

Antonie havia regressado a Paris três dias após sua chegada a Vichy por ocasião do nascimento do filho de Leontyne, e não pôde estar com Anne quando Claire nasceu. Nem poderia. Era o preço que pagavam pelo seu segredo.

JEAN-PIERRE INSISTIA EM ASSEDIAR ANNE SEMPRE QUE PODIA e muitas vezes armava alguma situação só para se aproximar dela. Tornara-se quase uma sombra da moça. Aparecia de repente em vários locais onde ela se encontrava, principalmente quando estava só.

Nesse dia, ele a aguardava no escritório propositalmente. Estava sentado num canto e quando ela entrou e sentou-se à mesa, ele sorrateiramente encostou a porta e começou suas investidas, quase subindo na mesa ao se debruçar para ficar bem próximo dela.

— Bom dia, senhora! veio cedo ao escritório hoje – parecia uma serpente ao se colocar bem ao seu lado.

Ela levou tamanho susto com sua aparição que se segurou nos

braços da cadeira, temendo cair, quase soltando um grito. Um arrepio de medo subiu-lhe pela espinha.

— Que susto, senhor Jean-Pierre! o que o senhor faz tão cedo aqui? – tentou disfarçar seu medo.

— Vim conversar com seu marido, mas parece que perdi a viagem – foi dizendo e tentando aproximar-se mais. – O conde D'Auvergne não se encontra em casa, não é mesmo?

— É – Anne confirmou secamente, sentindo-se cada vez mais desconfortável.

— Não faz mal. Poderíamos aproveitar e conversar mais à vontade. O que acha? – insinuou-se, aproximando-se dela ainda mais.

— Acho que hoje não será possível. Tenho muitas coisas para resolver antes da volta de meu marido. Se me dá licença, senhor Jean-Pierre – respondeu tentando dispensá-lo, mexendo nervosamente nos papéis sobre a mesa, mas em vão.

— Ora, vamos senhora! Alguns minutos de sua atenção para comigo não irá atrasar tanto assim o que tem a fazer – insistiu Jean-Pierre, segurando sua mão.

Anne não conseguiu soltar a mão, e sentiu-se acuada, não sabendo o que fazer. Temeu até chamar por ajuda.

Quando Jean-Pierre se aproximou ainda mais, tentando beijá-la, sentiu um objeto pontiagudo pressionando suas costas. Ele ficou imóvel bem à frente de Anne, que olhava por cima do ombro dele com uma expressão de terror no rosto. Ele soltou a mão de Anne lentamente, mexendo-se o mínimo possível. Então ele ouviu às suas costas:

— O cavalheiro não entendeu?

Era o capitão Lefèvre com sua espada encostada nas costas de Jean-Pierre. A vontade dele era transpassar a espada naquele mesmo instante.

— A senhora não quer ser incomodada pelo senhor – continuou o capitão.

— O senhor está exagerando, capitão. Estamos apenas conversando. Não é mesmo, senhora? – argumentou Jean-Pierre, reconhecendo a voz do mosqueteiro e encarando Anne, que continuava bem perto.

Ele ainda não se movera um centímetro, com medo de alguma reação inesperada do capitão.

— Pois então acho que a conversa termina por aqui – disse Michael aproximando-se pelo outro lado da mesa, empunhando sua espada também em direção a Jean-Pierre.

Alain estava perto da porta a postos, embora Jean-Pierre estivesse desarmado. A intenção era amedrontá-lo e não feri-lo. Anne continuou paralisada, com medo das espadas tão próximas dela e do que poderia vir a acontecer a qualquer momento.

Antonie afastou sua espada, dando uns passos para trás, mantendo a empunhadura. Jean-Pierre se ergueu ajeitando-se. Estava furioso com a presença dos mosqueteiros. Sentiu-se derrotado, mas tentou não perder a pose, mesmo em desvantagem.

— Não creio que o conde gostará de saber o tratamento dos senhores para com a minha pessoa – disse o homem em tom de ameaça, encarando Lefèvre de perto e ajeitando seu casaco.

— Não creio que o conde gostará de saber o tratamento do senhor para com a sua esposa – revidou Lefèvre com o olhar crispando de ódio.

— Pois então seria melhor que essa conversa morresse por aqui. Não concordam, senhores? – perguntou Alain tentando amainar os ânimos e pôr um fim naquele episódio.

— Que pena! parece que o senhor Jean-Pierre terá que retornar noutra ocasião para falar com o conde – disse Michael com seu ar sarcástico, praticamente expulsando o galanteador da sala.

— Por favor, cavalheiro – Alain abriu totalmente a porta e, com um gesto com a espada, convidou Jean-Pierre a retirar-se. – Eu o acompanho até a saída.

Sem alternativa, Jean-Pierre saiu da sala inconformado, seguido por Alain. Parecia que o sangue dele subira todo para o rosto. Estava vermelho, quase roxo de raiva. Ainda se vingaria desses mosqueteiros, pensava com raiva. E não desistiria de Anne.

Anne levantou-se num impulso e caiu em prantos, sendo acolhida por Michael, que estava ao seu lado:

— Calma! já passou. Fique tranquila – Michael dizia a ela, abraçando-a ternamente.

Antonie se afastou indo para perto da lareira com uma ponta de ciúmes.

— Venha, sente-se aqui – Michael a acompanhou até o sofá e lhe ofereceu um pouco de água: – Tome, isso lhe fará bem.

Antonie continuava observando e pensando no ocorrido. Precisariam maquinar alguma coisa que fosse de interesse de Jean-Pierre para que ele se distanciasse da região de Clermont-Ferrand por uns tempos, sem que desconfiasse da real intenção de afastá-lo de lá.

❦

QUANDO ANNE PARECEU ACALMAR-SE UM POUCO, MICHAEL SAIU do escritório:

— Verei como Alain está se saindo com o nosso velho conhecido.

Anne levantou-se e foi em direção a Antonie, caindo num choro convulsivo em seus braços. Toda aquela situação trouxera à tona uma gama de sentimentos e inseguranças que afligiam seu coração há muito tempo. Ele a abraçou e tentou acalmá-la, falando com ela e acariciando seus cabelos.

— Acalme-se Anne. Está tudo bem agora. Não deixarei que nada lhe aconteça – ele falava sem mesmo acreditar no que dizia.

Um grande medo se apoderou dele. Um receio de não ter como protegê-la, de não poder ficar sempre por perto e não poder cumprir com o que prometera a Jacques, a ela, e especialmente a ele mesmo.

Ela continuou em seu choro convulsivo, seu corpo todo estremecendo em movimentos incontidos. Depois de um tempo, ela disse entre soluços:

— Eu preciso tanto de você Antonie... Sinto muito sua falta...

Antonie continua abraçado a Anne, ouvindo o que ela lhe dizia e sentindo seu coração apertar ainda mais por não poder fazer nem lhe dizer nada, apenas aconchegá-la em seus braços.

— É tão difícil para mim... passar tanto tempo longe de você... – ela continuou dizendo – sem ter notícias suas... e sem poder dar notícias minhas.

Ele sabia bem o que ela sentia, tinha os mesmos sentimentos em relação a ela e aos filhos e estava fazendo um enorme esforço para se manter firme e segurar as lágrimas que enchiam seus olhos. Continuaram naquele abraço enquanto ela desabafava, entre lágrimas e soluços que tinha guardado em seu coração.

— Por que tem que ser assim?... Por que temos que viver no meio dessa mentira toda, dessa farsa?... Queria tanto que fosse diferente... Queria tanto que todos soubessem o que sinto por você... O quanto te amo.

— Não fique assim, meu amor – para ele era complicado pedir algo que também levava em seu coração. – Eu não sei por que tem que ser dessa forma. Mas se não for assim, não poderemos ficar juntos em momento nenhum da nossa vida. É difícil para mim também. Queria muito ficar com você, com nossos filhos, sermos uma família de verdade. Você sabia desde o início que não seria fácil para nós.

Ela sabia, desde que fizera sua opção, que seria uma escolha sem volta e nada fácil. Mas a pressão que a própria situação deles lhes impunha a estava sufocando e atormentando cada vez mais. Ela sentia-se isolada naquela mansão, como uma prisioneira, apesar de todas as mordomias e regalias que possuía. Não tinha com quem conversar, para onde ir. As pessoas que frequentavam o *château* eram, na maioria, falsas e superficiais e Anne não gostava delas. Isso tudo estava vindo à tona e ela precisava falar sobre esses sentimentos.

Anne se acalmou um pouco depois de desabafar e se sentou na ponta do sofá, enxugando o rosto e tentando recompor-se. Antonie sentou-se à sua frente e ficou a olhá-la e a pensar na vida deles.

*château*
castelo

Quantas decisões e atitudes tiveram que tomar para manterem o segredo deles.

— O que teria acontecido se você não estivesse hoje por aqui? – ela perguntou ainda assustada.

— Não pense mais nisso. Eu estou aqui, não estou? – ele respondeu com um sorriso, procurando demonstrar segurança, mas no fundo ele temia pelo que poderia ter ocorrido a ela. Dificilmente ele se encontrava perto dela.

— Mas logo terá que ir embora de novo – ela completou com a voz triste e o olhar baixo.

— Infelizmente é verdade – ele concordou. – Ainda tenho sorte de poder escapar às vezes e vir para Vichy ou Clermont-Ferrand. Daqui a uns dias, iremos para lá e de lá não sei ainda quais serão nossos planos. Mas em qualquer outra situação entre nós seria assim também. É o que eu faço. Por isso muitos mosqueteiros não se casam.

Michael e Alain retornaram ao escritório.

— Como você está? – perguntou Alain, sentando-se ao lado de Anne e pegando a mão dela entre as suas.

— Estou melhor – ela respondeu, recostando a cabeça em seu ombro. – Obrigada a vocês três por tudo.

— A senhora não tem do que agradecer. Fizemos o que devíamos fazer – respondeu Michael. – Na verdade, deveríamos ter cortado o pescoço dele.

— Que horror! isso também não! – Anne comentou.

Antonie era o único que continuava calado e pensativo. Michael percebeu o jeito diferente do amigo e perguntou:

— Algum problema, Antonie? Parece tão distante.

— Nada. Estou apenas pensando. Não gosto do senhor Jean-Pierre. Aliás, nunca fui com a cara dele – por trás do comentário de Antonie havia outros sentimentos.

— Gostaria que vocês ficassem para o almoço, por favor – o convite de Anne era mais uma súplica pela companhia dos amigos do que por uma simples formalidade.

— Obrigado pelo convite. Iremos ao alojamento resolver algumas pendências, pois praticamente acabamos de chegar de viagem, e voltaremos para o almoço, com prazer, *madame* – Lefèvre não deixaria que ela ficasse só, depois do episódio daquela manhã. Seria uma maneira de ela se sentir mais segura e reconfortada.

*madame*
senhora

☙❧

TRÊS DIAS MAIS TARDE, O PRIMEIRO GRUPO DE MOSQUETEIROS iniciou viagem logo ao amanhecer em direção a Clermont-Ferrand. Iam num galope acelerado para que pudessem chegar ainda com a claridade do final da tarde, ao local onde pernoitariam. Era um grupo pequeno de uns doze homens comandados por Lefèvre e Durand.

Mal terminaram de passar pela primeira longa curva da estrada que saía do castelo e um homem, a cavalo e encapuzado, surgiu detrás de uma das imensas árvores da beira da estrada, atacando o grupo, pegando todos de surpresa e assustando os animais.

O homem acertou com sua espada o mosqueteiro que ia um pouco à frente por aquele lado da estrada. O soldado atingido, sem chance de reação, caiu de sua montaria gravemente ferido. O grupo de soldados parou e outros homens também encapuzados surgiram dos dois lados da estrada uns a pé e outros montados, atacando-os. Alguns mosqueteiros desmontaram para lutar, outros foram derrubados. O grupo de Lefèvre estava em desvantagem numérica de homens, além do elemento surpresa.

Michael Blanc chegou poucos minutos depois com outro grupo de uns quinze homens, que saíra pouco tempo depois do primeiro. Quase foram pegos de surpresa também, pois a visão da estrada naquele ponto era muito ruim devido à curva muito fechada e ao grande número de enormes árvores contornando o caminho.

Depois de alguns minutos de acirrado confronto, os agressores, que conseguiram escapar das espadas dos soldados do rei, fugiram a cavalo ou a pé mesmo.

Muitos mosqueteiros ficaram feridos, inclusive Lefèvre e Blanc, uns em estado mais grave, outros com ferimentos leves.

Se o grupo de Blanc não tivesse chegado praticamente logo em seguida, certamente os homens do capitão estariam em grande dificuldade e teriam muito mais baixas.

Alain, mesmo ferido, voltou ao alojamento com três homens em busca de ajuda para socorrer e recolher os feridos. Após alguns minutos, um grupo de soldados chegou ao local do confronto com carroças para o transporte dos homens machucados.

No castelo, a notícia do ataque ao grupo de mosqueteiros já havia se espalhado com a chegada de Alain e os três homens. Todos saíram para ver a chegada deles. Algumas pessoas estavam realmente preocupadas com a situação dos mosqueteiros, outras apenas curiosas pela situação nova.

Anne e Madeleine foram para o portão lateral, que dá acesso ao alojamento dos mosqueteiros, para observar a vinda dos grupos. As duas ficaram impressionadas com a situação deles ao chegarem. Não imaginavam que um confronto poderia terminar daquela maneira. Madeleine virava o rosto horrorizada cada vez que um grupo chegava. As duas mal sabiam que aquele episódio fora dos menos dramáticos que os soldados já haviam enfrentado.

A preocupação de Anne aumentou ao ver Antonie chegar num dos grupos. Ele estava desacordado e muito machucado, e num impulso ela saiu em direção à carroça, mas sentiu que uma mão a segurou firmemente pelo braço, puxando-a de volta, impedindo que prosseguisse em sua intenção. Ela virou-se assustada e deparou-se com um velho criado que disse:

— Senhora, não vá, é melhor. Amanhã terá como saber as notícias que procura – o criado estava bem próximo dela e continuou a segurá-la firme pelo braço. – Não precisa se preocupar, tudo dará certo. Acredite – ele a soltou dando um leve sorriso.

Anne o olha, perguntando-se por que aquele senhor agira daquela forma, impedindo que ela tomasse uma atitude precipitada.

Resolveu ficar ali mesmo, só olhando, com o coração apertado e angustiado por notícias de Antonie. Teria que aguardar pacientemente até o dia seguinte.

⁂

APÓS O CAFÉ DA MANHÃ, ANNE E MADELEINE FORAM ATÉ O ALOjamento para visitarem os feridos. Logo na entrada do prédio dos dormitórios, elas encontraram Alain, que vinha em direção a elas mancando, apoiando-se numa espécie de bengala improvisada.

— Alain, você está bem? - Anne perguntou preocupada ao ver o amigo.

— Perto de muitos de meus companheiros, estou ótimo! - respondeu o rapaz. - O mais grave foi a torção no pé que dei ao descer do cavalo. Na verdade, praticamente fui derrubado de cima dele.

— Que bom que não teve nada mais grave - Anne comentou aliviada.

— Tive alguns cortes e arranhões com a queda e no confronto também, mas nada que em alguns dias não melhore. O tornozelo ainda está bem inchado e dói muito - Alain falou passando a mão sobre a coxa.

— Verei o que poderei fazer por você. E seus amigos Michael e Antonie? Como estão?

— Michael teve alguns cortes e ficou com alguns hematomas, mas o pior foi o murro que levou no olho direito. Está bem feio. Ficou bem roxo e inchado. Ele nem consegue abrir o olho. Você verá. Antonie teve ferimentos mais sérios. Levou vários pontos. Parece que quebrou uma ou duas costelas também. Precisaram ficar com ele a noite toda. Ele teve febre muito alta e até delirou.

Anne só ouvia, com o coração apertado, imaginando em que estado iria encontrá-lo. Nesse momento, surgiu um soldado que vinha em direção das senhoras. Suas vestes eram diferentes dos demais da corporação.

— Anne, este é o responsável pelos doentes, Ivon Faure, nosso médico - apresentou Alain.

— Senhora, é uma honra sua visita em nosso alojamento. Perdoe se não estamos adequadamente preparados para recebê-la.

— Muito prazer, senhor – Anne o cumprimentou. – Não se preocupe com isso. Minha visita não é social, tem outra razão de ser. Vejo que tem muitos soldados feridos.

— Realmente. Nós tivemos sete baixas e três soldados estão em estado mais grave. Não sabemos como eles vão reagir ainda. Só o tempo nos dirá.

— Gostaria de ajudar nos cuidados com os feridos. Se o senhor não se importar e permitir – candidatou-se a moça.

— Mas a senhora, condessa? – Ivon se admirou com o pedido dela.

— Por que não? Pedirei permissão ao meu marido para que eu e Madeleine possamos vir ajudá-lo no que for preciso com os feridos. Sei que não tem pessoal suficiente para essa tarefa no momento e para algumas coisas nós mulheres temos mais paciência para lidar.

— Se o conde não se opuser, sua ajuda será muito bem-vinda, senhora. Fico muito agradecido.

— Então ficamos assim. Assim que tiver uma resposta, mando lhe avisar, senhor Ivon.

— Está bem, senhora.

— Anne, se quiser pode ir ver o capitão. Com certeza o ânimo dele deverá melhorar ao vê-la no meio desse bando de soldados capengas – sugeriu Alain. – Irei com Madeleine procurar Michael. Ele deve estar em algum canto por aí. Encontraremos você lá.

— Não incomodarei o capitão? – ela perguntou, dirigindo-se ao médico.

— Certamente que não, senhora. Fique tranquila. O quarto dele é o último do corredor do lado direito.

୨୨୧୧

ANNE ABRIU A PORTA DO QUARTO DO CAPITÃO LEFÈVRE LENTA-mente e entrou procurando não fazer muito barulho. Era um cômodo de mais ou menos dezesseis metros quadrados, do mesmo tamanho que os demais quartos do alojamento. Parecia ser maior por ser de uso exclusivo do capitão. Tinha uma janela não muito grande e poucos móveis, apenas o necessário.

    Antonie estava adormecido em sua cama. Não dava para perceber seus ferimentos sob as cobertas. Anne puxou uma cadeira e sentou-se bem ao seu lado, e, acariciando-lhe o rosto, disse:

    — Que bom poder vê-lo. Estava tão preocupada com você – ela falava mesmo sabendo que ele provavelmente não a escutasse.

    — Anne? É você, Anne? – ele tentou abrir os olhos com dificuldade, voltando a cabeça lentamente em direção à voz dela.

    — Eu mesma – respondeu-lhe com um sorriso nos lábios e uma lágrima nos olhos.

    — O que está fazendo aqui? Como chegou?

    — Vim vê-lo. Saber como você está.

    Ele tentou levantar-se, mas não conseguiu, devido aos ferimentos e à fratura da costela.

    — Fique quieto, Antonie. Não está nada bem. Precisa descansar e evitar ficar se mexendo muito.

    — Mesmo que eu queira, não consigo me mexer. Dói tudo! Acho que estou com febre. Minha cabeça dói muito, parece que levei uma paulada e todo resto dói também – ele falava pausadamente por causa das dores. Sua expressão era de dor ao tentar se virar na cama.

    — Não duvido. Quer que eu o ajude a virar-se?

    — Quero sim, por favor, mas devagar, sim?

    Alain chegou ao quarto acompanhado de Michael e Madeleine.

    — Boa tarde, Antonie. Vejo que já arranjou quem cuide de você! – Alain comentou e Anne o olhou de forma repreensiva.

    — Perdão, Anne, não foi minha intenção...

    Ela olhou para Michael e se assustou com o estado de seu rosto, e interrompendo o pensamento de Alain, disse:

    — Nossa! Michael, o que aconteceu com seu olho?

    — Levei um pequeno murro e deu nisso. Mas acho que estou melhor que nosso capitão.

Antonie nem se moveu e nem prestou atenção na conversa.

— Para mim vocês todos estão péssimos! – Anne emendou. – Deviam estar quietos, deitados em repouso na cama. Darei um jeito para voltar para cuidar de vocês. Madeleine virá comigo, não é? – dirigiu-se à senhora.

— Eu? Nem gosto de sangue, senhora – Madeleine respondeu.

— Mas não veremos sangue, Madeleine. Cuidaremos deles. Imagino que outros guardas precisem de cuidados também.

— Com certeza sim, mas a senhora virá nos ajudar? – perguntou Michael admirado.

— Por que não? Veja o estado em que estão! E imagino que não dispõem de pessoas suficientes para os cuidados que necessitam. Já conversei com o doutor Ivon.

— Isso é verdade. Têm mais feridos que soldados bons – concordou Alain.

— Pois bem, cada um para seu canto que depois de amanhã estarei aqui para ver como vão indo – ordenou Anne.

— Nossa recuperação não será nada fácil com ela no comando – comenta Michael com seu tom irônico.

Anne saiu do quarto, fingindo não escutar o comentário dele.

OBTER A PERMISSÃO DO CONDE NÃO FOI TAREFA NADA DIFÍCIL para Anne realizar. Belmont sempre acatava as ideias da esposa e ela sabia argumentar com o marido.

As duas mulheres regressaram ao alojamento nos outros dias para ajudar em diversas tarefas. Acompanhavam os doentes, conversavam, auxiliavam em alguns curativos e até alimentavam os que ainda não conseguiam fazê-lo sozinhos.

Para Anne era uma tarefa gratificante por vários motivos diferentes. Ela não ficaria sem fazer nada por longo tempo durante o dia no *château* e estaria colaborando na recuperação dos doentes, sendo também uma presença agradável a eles. Mas principalmente era uma maneira de estar próxima de Antonie e acompanhar sua recuperação, além de cuidar dele sem levantar suspeitas.

Madeleine não gostara muito da ideia a princípio, mas com o passar dos dias foi se acostumando com a rotina de cuidar daqueles homens e com a recepção deles.

Alguns soldados relutaram em aceitar os cuidados das mulheres nos primeiros dias, mas acabaram por ceder ao verem os companheiros, que eram atendidos, melhorarem rapidamente. Além do que começaram a perceber que as senhoras tinham uma atenção e dedicação para com eles maior e diferente que a de seus companheiros.

Antonie era sempre o último a ser visitado e Anne passava mais tempo com ele.

Nas últimas sete semanas, Lefèvre ficou sob cuidados médicos juntamente com os outros soldados, que ainda se recuperavam do ataque. Pouco a pouco os homens que sofreram a emboscada melhoravam, recebendo alta e voltando aos treinos. Muitos tinham retornado a Paris e estavam envolvidos em novas missões.

Os oficiais que participariam da reunião em Clermont-Ferrand com os mosqueteiros se deslocaram até Vichy após três semanas do incidente.

Antonie, apesar das dificuldades para se locomover, participara desses novos encontros, que seriam fundamentais para futuros acontecimentos na França e em parte dos países circunvizinhos.

Mudanças nos planos dos oficiais e mosqueteiros, adiamento de algumas manobras e cancelamento de missões foram feitas devido às baixas e ao grande número de feridos.

Desde que Anne e Antonie se conheceram nunca tinham passado tanto tempo juntos e vendo-se com tanta frequência. Provavelmente nunca mais teriam uma oportunidade como essa de novo, mesmo numa situação tão trágica como aquele ataque.

Nesses quase dois meses, Anne ficava todos os dias por cerca de uma hora com Antonie, conversando e cuidando dele. Sua recuperação era lenta pela gravidade dos ferimentos e ele se mostrava por diversas vezes inquieto por ter que ficar de repouso. Não era de seu temperamento ficar sem fazer nada nem parado por muito tempo. Sentia falta dos treinos e das viagens a cavalo com sua tropa.

Aquele dia ele estava particularmente inquieto e reclamando de dores. Depois de quase meia hora, virou-se para Anne e pediu com seu jeito peculiar:

— Tranque a porta.

— O que, Antonie? – perguntou Anne, surpresa com o pedido.

— Tranque a porta e sente-se ao meu lado aqui na cama.

— Você enlouqueceu? – Anne tornou a perguntar ainda surpresa.

— Venha, por favor. Sente-se ao meu lado – ele estendeu a mão, chamando-a. – Não consigo mais vê-la cuidando de mim por todos esses dias sem poder tê-la em meus braços.

Seu pedido era quase uma súplica. O que ele desejava era ficar bem próximo dela. Um sentimento de perda e insegurança insistia em persegui-lo nessas últimas semanas.

— Alguém pode tentar entrar...

— Por favor, venha – ele não deixou que ela terminasse de argumentar. – Preciso de você bem juntinho ao meu lado.

Ela sentou-se junto dele com cuidado, pois às vezes ele sentia muitas dores.

— Não me importa que descubram sobre nós!

— Não diga isso! – ela o repreendeu.

Ele aconchegou-se a ela devagar e disse:

— Tive medo durante o ataque, Anne. Pela primeira vez em minha vida, tive medo.

— Por que, meu amor?

— Eu vi a morte de perto.

— Mas não é a primeira vez que você passa por uma situação parecida.

Antonie continuou num tom de voz que a deixou emocionada:

— Mas dessa vez foi muito diferente. A morte se apresentou de outra maneira. É como se ela estivesse vindo me buscar, querendo roubar-me das pessoas e das coisas que agora eu tenho e que amo. Meu inimigo naquele momento era outro. Não eram os homens que nos atacavam. Eu precisava defender mais que minha vida naquela hora. Precisava defender o direito de existir para estar presente junto de você e de nossos filhos.

Esses sentimentos de Antonie eram cada vez mais presentes e fortes. Seu desejo de estar com Anne e as crianças e, ter que esconder de qualquer pessoa a real situação deles, o sufocavam e o deprimiam cada vez mais à medida que os anos passavam. Esse antagonismo o torturava.

Em muitos momentos, os dois ainda sentiriam a angústia de viver nessa vida dupla, ocultando, perante toda a sociedade a que pertenciam, o amor que sentiam um pelo outro e a família que constituíram juntos, comportando-se como meros conhecidos.

Sem perceber, lágrimas começaram a sair dos olhos de Anne e a escorrer por seu rosto. Estavam interligados naquela mesma emoção. Ela sentira o mesmo medo ao vê-lo chegar desacordado ao alojamento naquela manhã da emboscada. Medo de perdê-lo e ficar realmente sozinha. Medo de não poder estar com ele naquele momento e nem poder demonstrar qualquer sentimento em relação a ele.

— No momento que percebi que iria desfalecer, uma sensação horrível se apoderou de mim. Tive medo de morrer e deixar você. Não imaginava, até aquele instante, o quanto você é importante para mim. O quanto eu te amo – ele continuou emocionado ao falar de seus sentimentos:

— Por você seria capaz de qualquer loucura. Faria qualquer coisa. Acho que sobrevivi porque você me veio na mente e tirei forças de onde não tinha mais nenhuma.

Essas últimas semanas, desde o último assédio de Jean-Pierre, tinham sido muito difíceis para os dois lidarem com os sentimentos, angústias e incertezas. Tudo acontecia tão rápido e com tanta intensidade que parecia uma avalanche sobre suas cabeças, deixando-os confusos e fragilizados.

Ela o abraçou e ficaram assim por alguns instantes. Depois de algum tempo, Anne disse para Antonie:

— É melhor eu ir antes que despertemos a curiosidade de alguém pela minha demora.

Ela o beijou demoradamente, despertando nele, mesmo sem intenção, desejos adormecidos pelas dores e emoções das últimas semanas. Ela saiu em seguida, pensando em tudo que vinha ocorrendo nesses últimos dias.

Ele ficou imaginando como seria quando os dois estivessem mais velhos. Queria estar com Anne numa casa com os filhos crescidos, talvez com netos. Uma família! Mas uma tristeza se apoderou dele. Esse sonho ele não tinha o direito de ter. Jamais poderia vê-lo realizado.

QUANDO ANNE CHEGOU NO DIA SEGUINTE, ANTONIE ESTAVA MAIS animado e sentindo menos dores. A conversa entre eles foi sobre assuntos mais amenos e sem grande importância. Ele pediu para darem uma volta pelo alojamento. Anne o acompanhou de braço dado com ele em passos lentos, mais para evitar movimentos bruscos e rápidos do que pela dor que já era menor.

Do lado de fora, num local onde ninguém poderia ouvi-los, Antonie resolveu fazer-lhe um convite:

— Anne, gostaria de convidá-la para um passeio. O que me diz?

— Passeio? Não estamos passeando?

— Não é desse tipo de passeio. É sair para passear noutro lugar. Nós dois.

— Você ainda não está em condições de passear, Antonie. Veja como está com dificuldade e com dores. E ir passear onde?

— Daqui uns quinze dias eu estarei bem melhor com certeza e gostaria de levá-la a um lugar especial aqui perto.

— E como acha que poderíamos nos encontrar?

— O que acha de madrugada? – ele respondeu, retomando seu antigo humor.

— Deixe de graça! Como poderíamos ir a um passeio de madrugada?

Ele riu imaginando a situação nada comum.

— Falando sério – ele retomou. – Prepare um lanche para um passeio ao ar livre. Vamos à tarde daqui duas semanas. Sei que achará uma forma de irmos.

— Madeleine certamente terá que ir junto.

— Pois a leve. Você saberá arrumar um jeito de ela não nos atrapalhar. E até será bom que ela vá também.

— Você só inventa complicação para mim.

— E você sempre concorda comigo e dá um jeitinho. Vamos até o estábulo? Estou com saudades do Compagnon. Nunca mais o vi depois do incidente – pediu Antonie.

Eles seguiram lentamente e ao chegarem próximos à baia de Compagnon o animal começou a agitar-se. Reconhecera a voz de seu velho companheiro e ficou inquieto, querendo sair de lá. Seu tratador teve de tirá-lo com cuidado, pois Compagnon não queria esperar a aproximação de Antonie, dando trabalho para ser contido.

Antonie ficou um bom tempo com seu cavalo, conversando, alimentando, escovando e trocando carinhos. Era uma bonita cena de ser apreciada. Velhos amigos e companheiros num reencontro depois de tanto tempo longe. Uma amizade sincera entre homem e cavalo.

OS TRÊS AMIGOS ESTAVAM, HÁ QUASE UMA HORA, EM REUNIÃO NA sala da lareira no castelo. Antonie e Michael ainda apresentavam alguns resquícios dos ferimentos da emboscada de dois meses atrás.

Anne, sentada perto da lareira, tentava ler um livro. Não tinha chegado nem ao final da primeira página. Não conseguia se concentrar, ouvindo o que os homens discutiam sem chegar a nenhuma conclusão. Tinha uma ideia formada sobre o que eles falavam e queria participar da reunião, opinando também. Até que não aguentou mais, fechou o livro, colocando-o de lado e se levantou, aproximando-se do grupo e começou a falar:

— Senhores, me desculpem, mas não tenho como não ouvir o que falavam e gostaria de pedir licença para dar minha opinião, se me permitem – os três pararam e a olharam espantados. O que aquela senhora teria a dizer de importante sobre o assunto que discutiam?

— O que a senhora gostaria de nos dizer? – perguntou Michael.

— Bem, vejo que estão levantando hipóteses e suposições e não conseguem chegar a uma conclusão. Parece que desconfiam que muitas informações importantes estão saindo das reuniões de alguma forma, mas não sabem como nem quem as transmite.

— Exatamente. Mas isso nós já sabemos – confirmou Alain.

— Não tem nenhuma novidade nisso – completou Antonie.

— Sim. Mas já pensaram na possibilidade que essas informações podem estar vazando por acaso?

— Por acaso? Como assim? – perguntou Alain.

— Normalmente, onde vocês se reúnem, quem participa delas ou quem está presente a elas?

— Que diferença isso pode fazer? Apenas pessoas de nossa confiança participam das reuniões – questionou Antonie.

— Um amigo uma vez me aconselhou a tomar cuidado ao falar de meus pensamentos, ideias e sentimentos. Disse para eu não comentar com qualquer pessoa, mesmo sendo aparentemente de confiança, pois mesmo sem querer poderia vir a comentar com outras pessoas com más intenções – Anne disse isso olhando para Antonie.

— Não estou entendendo em que esse conselho nos serviria ou se encaixaria neste caso – retrucou Alain. Os mosqueteiros não conseguiam mais raciocinar.

Antonie se levantou e foi sentar-se perto de Anne para ouvi-la melhor:

— Continue, _madame_. Estou começando a me interessar por sua teoria – começava a entender o raciocínio da moça. Como não pensaram em algo tão simples e óbvio?

_madame_
senhora

— Comecem a analisar onde vocês se reúnem e quem participa das reuniões. E quais informações vazam. Procurem fazer uma interligação com esses fatos. Alguém pode estar levando essas informações para outras pessoas sem perceber. Pode estar comentando com alguém astuto que sabe como induzi-la a contar o que lhe interessa. Ou mesmo alguém que possa estar passando as informações despercebidas em conversas informais.

Michael e Alain se entreolharam perguntando-se como ela teria chegado a essa conclusão que eles deixaram passar. Os três rapazes ficaram a olhá-la tão admirados que ela se sentiu mal.

— Não me olhem assim. Com certeza não sou eu. E acredito que nenhum de vocês também não – defendeu-se Anne mesmo não sendo acusada.

— Não achamos que fosse a senhora. É interessante sua colocação, tem lógica, mas teria alguma ideia de quem poderia ser essa pessoa? – perguntou Michael.

— Até tenho, mas não gostaria de incriminar ninguém sem ter certeza. Mas eu tenho outra informação que poderia interessá-los – ela respondeu.

Os três se aproximaram para ouvir o que ela teria de importante a lhes contar. Logicamente, ela diria apenas o que seria de relevância para os mosqueteiros saberem naquele momento. Afinal, sabia de muitas coisas sobre várias pessoas e não iria revelá-las sem mais nem menos.

ANNE ORGANIZARA TUDO PARA O PASSEIO COM A AJUDA DE MAdeleine. Belmont estava novamente ausente de Vichy, viajando a negócios. Mesmo assim ela conversara com o marido sobre o evento. O conde não se importava muito com as coisas que ela fazia, podia confiar nela já que mantinha a discrição e nunca dava motivos para comentários. Ainda assim, ela não faria algo sem que o marido soubesse. As más línguas e pessoas maldosas sempre estavam em alerta, esperando que ela cometesse qualquer deslize.

Conseguira a boa desculpa que gostaria de estar colhendo flores diferentes que nasciam à beira do rio Allier para enfeitar o castelo, e como o capitão Lefèvre passara muitas semanas acamado e sem poder sair, pedira para que ele a acompanhasse nesse passeio.

Madeleine iria com eles e estava radiante. Anne descobrira que sua dama de companhia estava flertando com Vicent, o cocheiro, e com certeza estariam entretidos entre si e não os incomodariam por um bom tempo.

As duas arrumaram todas as coisas que precisariam em uma grande cesta e seguiram de carruagem com o capitão Lefèvre para um local que ele conhecia à margem do rio Allier, não muito distante do castelo, mas bonito e sossegado.

Fazia uma tarde agradável e de céu aberto. Depois de organizarem as iguarias e bebidas sobre a toalha, os três se deliciaram saboreando os petiscos e conversando informalmente. Cerca de meia hora depois Anne pediu a Madeleine:

— Madeleine, vá com Vicent colher algumas flores. Ficarei com o capitão por aqui. Não é conveniente que ele fique andando muito por aí. É bom não abusar.

— Como queira, senhora – em hipótese alguma Madeleine contestaria a ordem de sua senhora. Seria a chance de ficar a sós com Vicent.

— Tragam flores suficientes para que possamos fazer arranjos para o maior número de cômodos possível. Provavelmente não voltaremos tão cedo para cá e seria uma pena desperdiçar essa oportunidade.

Quanto mais tempo os dois se demorassem na tarefa melhor para Anne e Antonie, e com certeza Madeleine e Vicent iriam se empenhar em colher os melhores exemplares de flores e a maior quantidade que conseguissem carregar nos cestos. Não perderiam a rara ocasião de ficarem juntos sem serem perturbados.

AQUELA SENSAÇÃO DA RELVA MACIA E ÚMIDA, O CHEIRO DO MATO e das flores, o céu azul acima deles, o cantar dos pássaros, o som das águas do Allier correndo mais adiante, tudo ali trazia novas percepções e emoções ao casal. Antonie esquecera momentaneamente suas dores. Estar junto de Anne superava qualquer coisa para ele, que não perdia nenhuma chance de ter esses instantes de paz, tranquilidade e prazer, por menores que fossem.

Era a primeira vez que estavam juntos, longe da penumbra do quarto de Anne às altas horas da noite. E estar expostos ao ar livre, correndo o risco de serem surpreendidos a qualquer minuto por alguém, tornava o evento mais excitante e perigoso. Uma verdadeira aventura. Como sempre o tempo parava e nada mais importava para eles.

Depois desses momentos tão desejados, Antonie se recostara no colo de Anne. Ela começou a acariciar seus cabelos.

— Preciso lhe contar uma coisa, Antonie – Anne quebrou o silêncio.

— Não gosto quando você vem com essas conversas: "Tenho uma coisa pra lhe contar...", "Preciso conversar com você..." – o tom que ele usava não era de repreensão, mas de quem já sabia o que ela diria.

— Ai, por que você diz isso? Nunca vim com essas conversas.

Realmente ela nunca tinha iniciado uma conversa com ele nesses termos, muito menos sobre o assunto em questão.

— Eu a conheço muito bem, Anne. Pra quando é? – ele perguntou, antecipando o que ela tinha a contar.

— Pra quando é o quê? – ela perguntou de volta, começando a ficar confusa.

— Quando vai nascer o bebê?

— Nossa! virou adivinho agora?

— Sabia! Pra quando é? Não dá para perceber nada ainda.

— Estou de onze semanas.

— Quando ficou grávida? – Lefèvre perguntou confuso, tentando fazer as contas de cabeça. Nunca fora bom nestes cálculos. Não entendia o mecanismo de contagem que as mulheres faziam, ora em meses, ora em semanas.

— Uns dias antes de você sair para Clermont-Ferrand. Quando mais poderia ter sido?

— Não poderá usar sua estratégia de mudar o tempo da gravidez. Eu estive por aqui nesses últimos dois meses.

— Sem poder sair do alojamento – ela completou. – Não se preocupe, ainda é cedo para eu contar aos outros. Esperarei mais um mês pelo menos.

Os dois estavam tão entretidos na conversa sobre a chegada do terceiro filho que não perceberam a aproximação de um senhor.

— Boa tarde! Quem eu encontro! Condessa D'Auvergne e o capitão Lefèvre num passeio romântico.

Era Gastón, conhecido na província por seu mau caráter, sempre envolvido em negócios escusos e em péssimas companhias. Não poderiam ter sido vistos juntos por elemento pior que ele.

— Imagino que o conde D'Auvergne e o rei não irão gostar nada de saber desse encontro. Já pensaram o que poderia acontecer? O que não falariam na corte? – continuou Gastón.

— E com certeza não acontecerá nada nem falarão nada, pois não saberão de nada, senhor Gastón – respondeu Lefèvre, levantando-se sem perder a calma e dando a entender que ele deveria ficar calado.

— Poderíamos conversar sobre a possibilidade de eu esquecer o que estou vendo e não falar nada com ninguém.

— Será que o senhor esqueceria mesmo? – perguntou Antonie.

— Como eu disse, capitão, podemos conversar sobre o assunto. E creio que a condessa gostaria de participar também dessa conversa.

— Pode deixar a senhora fora dessa conversa. Teremos uma conversa entre cavalheiros.

Gastón já maquinava como poderia lucrar com aquele encontro. Lefèvre sabia que ele não era nada confiável e iria querer ganhar de todos os lados sem se importar com o que poderia acontecer com os envolvidos. Acordo com ele era o mesmo que não fazer nenhum, mas preferiu entrar no jogo, mesmo tendo outros planos para Gastón.

— Seria melhor marcarmos num outro local, em outro dia para conversarmos, senhor Gastón – propôs Antonie, enquanto conversava consigo mesmo em pensamento.

— Amanhã, logo após o almoço, lá no centro. Está bem para o senhor, capitão? – perguntou Gastón.

— Pode ser, está bem para mim – Antonie estava pouco se importando com o local e horário do encontro.

— Lembre-se de levar algo para que eu possa começar a esquecer que os vi hoje por aqui. Até amanhã, capitão. Prazer em vê-la, condessa. Dê lembranças minhas ao conde – falou sarcasticamente Gastón.

Ele foi embora rindo sozinho, imaginando quanto poderia ganhar para ficar quieto pelo menos por um tempo. Que sorte tivera ao desviar de seu trajeto original, pensava com seus botões.

Antonie não pensou duas vezes. Assim que Gastón se afastou alguns metros, retirou seu punhal da bainha e o lançou em direção ao homem. O punhal saiu girando rápido pelo ar até encontrar seu alvo, acertando-o numa precisão incrível. Gastón caiu morto na relva próximo das árvores. Anne levantou-se e olhou aterrorizada a cena. Não imaginava que Antonie pudesse ter uma atitude tão fria quanto aquela.

— O que você fez? Leve-me embora daqui! Por favor, vamos embora! – ela entrou em desespero.

Lefèvre tentou acalmá-la, segurando-a pelos braços e olhando em seus olhos.

— Calma, Anne. Olhe para mim. Pare de falar e escute o que vou dizer.

— Vamos embora, por favor, Antonie! Vamos embora!

— Nós vamos embora, mas agora me escute. Olhe para mim.

Ele falava de forma firme e com segurança com ela. Anne parou de falar e ficou olhando para ele.

— Ninguém pode saber disso. Ninguém! Certo? Acalme-se agora. Vai dar tudo certo. Confia em mim?

Ela balançou a cabeça afirmativamente, olhando-o assustada.

— Vou colocá-lo num canto escondido e depois volto para dar um jeito em tudo – ele ainda a encarava dentro dos olhos.

— Eu não acredito no que estou vendo. Isso não está acontecendo – ela começou a chorar e Antonie a abraçou.

— Calma. Respire fundo. Fiz o que era preciso ser feito. Confie em mim. Sente-se. Fique aqui, eu volto já.

Antonie tinha os pensamentos acelerados e confusos. Nem ele acreditava no que acabara de fazer. Sua atitude fora quase que automática e impensada. Era como se planejasse tudo e agisse em segundos.

Lefèvre foi até o corpo, pegou seu punhal de volta, limpou-o nas próprias vestes de Gastón guardando-o em seguida. Arrastou o corpo para o meio de uns arbustos próximos, cobrindo-o com algumas folhagens.

Anne estava abalada com tudo, mas sabia que precisava se acalmar. Madeleine e Vicent regressariam a qualquer instante e ela não poderia demonstrar o nervosismo que sentia. Ninguém poderia saber sobre o ocorrido. Aos poucos foi se acalmando e tentando se controlar.

Alguns minutos depois, Madeleine e Vicent voltaram com um grande volume de flores e Madeleine tagarelando como de hábito.

Rapidamente Anne pediu para arrumarem as coisas que ela já havia começado a organizar, guardando-as para retornarem ao castelo.

— Mas já vamos embora? – Madeleine perguntou desapontada.

— Melhor irmos. O capitão já está há bastante tempo fora do alojamento e aqui não é muito confortável para ele ficar.

— Realmente. Minha costela está começando a incomodar.

Logo após terem arrumado tudo, regressaram ao castelo com Madeleine falando sem parar enquanto Antonie e Anne permaneciam quietos e pensativos sobre os acontecimentos do passeio.

⁂

LEFÈVRE NÃO SE SENTIA BEM COM O QUE FIZERA NO DIA ANTErior. Nunca havia matado um homem que não fosse em luta ou em combate, e Gastón estava desarmado e fora pego desprevenido, pelas costas. A sensação que tinha era estranha, um mal-estar fazia seu estômago revirar e um vazio esquisito o acompanhava desde o dia anterior. Sua própria consciência o acusava do ato covarde que praticara, e ao mesmo tempo sabia que Gastón sairia de lá para contar o que presenciara, na primeira oportunidade, para o conde D'Auvergne e ao rei, mesmo que Antonie e Anne pagassem para ele ficar calado. E ainda ganharia mais algum dinheiro para dizer o que sabia. Não perderia a chance de negociar com todos. Ele e Anne estariam perdidos e mortos. Isso Lefèvre não deixaria acontecer nunca. A vida deles e o futuro dos filhos eram muito mais importantes que a vida daquele homem mau-caráter jurado de morte por várias pessoas por toda a região de Auvergne.

Antonie chegou no dia seguinte bem cedo ao local onde deixara o corpo de Gastón. Queria evitar encontrar alguém pelo caminho. Seu corpo estava doendo pelo movimento dos passos de Compagnon e por todos os abusos que fizera no dia anterior. Ainda sentia as costelas doerem, dependendo dos movimentos que fazia ou da posição que ficava.

O capitão desmontou de Compagnon, amarrou o corpo ao cavalo e o arrastou até a margem do rio. Soltou-o do cavalo e o lançou nas águas do Allier. Ficou observando Gastón ser levado pela correnteza até desaparecer entre as águas, troncos e pedras. Seu pensamento estava longe.

Quando dessem pela falta de Gastón, seu corpo não seria mais achado e com os inimigos que colecionava provavelmente não iriam se empenhar em descobrir o que tinha realmente lhe acontecido. E se o corpo aparecesse também não iriam perder tempo investigando sua morte. Somente ele e Anne sabiam como Gastón realmente morrera.

෨෬

NAQUELA TARDE EM QUE OS QUATRO AMIGOS ESTAVAM REUNIDOS no jardim, Anne aproveitou para questionar Alain com o intuito de sondar como Antonie se sentia em relação ao que havia acontecido com Gastón, dias antes:

— Alain, posso fazer-lhe uma pergunta?

— Claro, Anne. O que é?

— Quando estão em combate, vocês precisam matar muitos homens?

— Depende. Por quê?

— Estava pensando qual deve ser a sensação de matar alguém.

— Por que esses pensamentos? – Alain assustou-se com a pergunta.

— É só por curiosidade.

Antonie a observava quieto. Sabia que não era apenas curiosidade o motivo daquela pergunta.

— Posso falar por mim – Alain começou a discorrer de uma maneira que dava para perceber em sua voz e seu jeito que falava sobre o que realmente gostava de fazer. – Eu gosto da sensação da luta, a ação ser mais rápida que o pensamento, de sentir o coração acelerado, o corpo todo em alerta. É como num jogo. O mais ágil, o que tem a melhor estratégia, o que sabe aproveitar a oportunidade ou o descuido do adversário é quem vence. Às vezes é preciso eliminar o inimigo para vencer.

Michael e Antonie apenas ouviam a conversa e cada qual pensava no que significava ser um mosqueteiro. Antonie sabia a razão do questionamento de Anne e a observava para ver aonde ela chegaria com aquela indagação a Alain.

— Mas no que você pensa na hora? - insistiu Anne.

— Não penso. É como eu disse. É tudo tão rápido que a ação acontece antes de pensarmos. É por isso que precisamos treinar sempre, quase que diariamente. O treino e o preparo nos fazem agir sem pensar e cada vez sermos mais rápidos e melhores.

A resposta dele não respondia o que ela queria saber, mas fazia os três externarem a paixão pela espada e o que sentiam em serem mosqueteiros do rei.

— É como se cada movimento nosso fluísse naturalmente; como se a espada fizesse parte de nós. Espada, corpo e pensamento tornam-se uma coisa única. Não tem como explicar. É preciso fazer, é preciso sentir, viver a situação, senhora - enquanto Michael falava seus olhos brilhavam.

— Matar ou morrer faz parte do jogo - continuou Michael. - Se pouparmos o adversário, ele não terá piedade de nós, eliminando-nos. A regra principal é simplesmente manter-se vivo.

— O que o senhor me diz, capitão? - Anne dirigiu-se a Antonie, questionando-o.

— Não tenho o que acrescentar, *madame*. É exatamente o que disseram. A sensação da espada cortando o ar, tocando a espada do adversário, o som metálico desse encontro é inexplicável. A espada faz parte da gente. Nossa vida é sermos mosqueteiros.

— E se o adversário estiver desarmado? - insistiu a senhora.

"Ela chegou ao ponto que queria" - pensou Lefèvre.

— A arma que o adversário porta é relativa, *madame*. Ele pode estar com as mãos limpas, mas a munição que carrega na boca pode ser muito mais letal que qualquer arma que possamos imaginar - Antonie respondeu, olhando dentro dos olhos de Anne.

— Às vezes um homem com a língua ferina é pior que um homem armado. Não sabemos o que guarda, nem quando ou para quem irá contar o que sabe - acrescentou Alain.

— É o pior adversário. Ele está em desvantagem física, não porta nenhuma arma, mas pode saber segredos que derrubariam impérios. Não gostamos desse tipo de adversário, mas infelizmente temos que enfrentá-lo assim mesmo – Michael completou.

— Aí não tem jeito, Anne – antecipou-se Alain. – A decisão é uma só e mesmo assim não pensamos, simplesmente fazemos.

Anne olhou novamente para Antonie, que apenas lhe respondeu com o olhar. Ele fizera o que precisava fazer.

☙❧

QUANDO PATRICK NASCEU, ANTONIE ESTAVA EM VICHY. AO SABER que Anne entrara em trabalho de parto, ele sentira uma emoção inexplicável. Não parecia que estava para chegar seu terceiro filho, tal o nervosismo que sentia. Era a primeira vez que estaria por perto no momento do nascimento de um filho e não sabia como agir sem chamar atenção.

Lefèvre passara a manhã toda no galpão, treinando esgrima. Era a forma que encontrara para descarregar sua tensão e suportar a angústia da espera.

O menino nascera de um parto tranquilo e a notícia chegara ao alojamento no horário do almoço, junto com algumas garrafas de vinho que o conde mandara aos mosqueteiros como forma de comemorar a chegada de mais um herdeiro.

À tarde, Antonie pegou Compagnon para dar uma longa volta sem destino pelos campos de Vichy. Parou às margens do Allier, sentando-se para observar as águas correrem e pensar em sua vida enquanto o tempo passava.

Jean-Luc e Claire passaram a tarde com a mãe e o irmãozinho. Claire, na inocência dos seus pouco mais de três anos, queria brincar o tempo todo com o bebê recém-nascido.

Belmont passara alguns poucos momentos com eles apenas para ver se tudo estava bem com a mãe e a criança. Sempre distante, saiu logo, dizendo estar cheio de afazeres inadiáveis a resolver.

Ao entardecer, Anne pedira a Madeleine que a deixasse sozinha com o bebê à noite, alegando que tivera um dia agitado e que desejava descansar sossegada. Na verdade, ela sabia que Antonie apareceria por lá para ver o filho recém-chegado.

Depois que todos foram dormir, Antonie dirigiu-se ao quarto de Anne. Ao entrar, encontrou-a dormindo. Silenciosamente, tomou Patrick no colo e ficou andando lentamente pelo quarto, conversando bem baixinho com o filho. A emoção que ele sentia era imensa e seus olhos se encheram de água. Aquele momento era como se pegasse cada um dos filhos recém-nascidos e lhes dissesse o quanto os amava e eram importantes para ele. Antonie não perdia uma chance de pegá-los ao colo, brincar e lhes dizer o que sentia por eles enquanto eram pequeninos e não tinham compreensão da vida.

Anne acordou sobressaltada, mas ao reconhecer quem estava lá ficou em silêncio, observando a cena, emocionada. Era a segunda vez que via Antonie com lágrimas nos olhos. Mas dessa vez era de pura felicidade e emoção.

Ao perceber que ela acordara, Antonie foi sentar-se ao seu lado com o pequeno no colo. Beijou-lhe a testa, dizendo:

— Obrigado, meu amor, por mais este lindo presente!

Os dois ficaram um longo tempo naquele abraço com Patrick aconchegado a eles. Todos os momentos de solidão e sofrimento que eles passavam eram compensados por esses instantes, quando podiam sentir e demonstrar seus verdadeiros sentimentos um para o outro.

Fazia um pouco de frio, mas o sol da tarde aquecia levemente Vichy, trazendo calma e aconchego ao lugar.
Enquanto tomava seu chá e lia um livro, Anne observava seus filhos brincando entre os arbustos do labirinto. Os meninos riam e corriam se divertindo com a brincadeira de esconder e pegar. Sua filha estava num canto, entretida a brincar com pedrinhas com Madeleine.

Anne colocou o livro aberto na mesa e sentou-se na ponta da cadeira para ver melhor as crianças. Como amava seus filhos! E nesses momentos, não podia deixar de se lembrar de Antonie e da saudade que sentia pelo longo tempo que ficavam sem se verem. Em algumas épocas eram meses intermináveis sem nenhuma notícia.

## CAPÍTULO XII

Sem perceber começou a pensar em sua vida. Tinha três filhos maravilhosos com o homem que verdadeiramente amava em sua existência. O grande amor e maior segredo de sua vida.

Casara-se com um homem velho, rico e influente na França, tornando-se condessa muito jovem e indo morar num castelo com todo o luxo que se pode imaginar e querer, num lugar onde as poucas pessoas que por lá apareciam iam ou a negócio ou a passeio para desfrutarem das águas medicinais e termais.

Seus caprichos eram todos atendidos pelo esposo que, embora a tratasse bem, parecia pouco se importar com o que ela sentia ou lhe acontecia. Belmont a respeitava e a admirava, mas não demonstrava ter amor por ela.

Indiretamente ela exercia certo controle e influência sobre o marido que sempre a ouvia e acatava a maioria de seus conselhos. Para o conde, suas propriedades e negócios eram bem mais importantes que sua família. Não poderia ser diferente.

Parecia que a vida dela fora sendo construída pelos segredos que guardava de cada pessoa que passava por ela, tornando sua existência um misto de falsidades e mistérios que ela poderia manipular a qualquer instante, se o desejasse ou precisasse. Tinha um grande poder em suas mãos, talvez a destruição de todos, inclusive dela própria.

Todos esses anos sentia-se só. Em todos os momentos importantes de sua vida não tivera com quem realmente contar ou se apoiar, nem mesmo Antonie, que não tinha como estar presente nem se fazer presente.

Enquanto ela se perdia em seus pensamentos Alain se aproximou e puxou uma cadeira para sentar-se ao seu lado. Anne não percebeu a chegada do amigo e se assustou ao vê-lo.

— Desculpe-me se a assustei, Anne – disse Alain, ajeitando-se na cadeira ao perceber a reação da velha amiga.

— Não se preocupe. Estava observando as crianças e não vi você chegar.

— Permita-me acompanhá-la? – indagou Alain, já ao lado de Anne.

— Adiantaria dizer que não? Já está acomodado – ela respondeu num sorriso. Ter a companhia de Alain com certeza lhe faria bem naquele momento. E quando estavam a sós, sentia-se à vontade para tratá-lo informalmente.

— Por favor, sirva-se, Alain – ela sempre pedia um ou dois jogos de louça e talheres a mais. Alguém sempre resolvia aparecer sem avisar.

— Obrigado. Estou precisando de um pouco de chocolate quente.

Alain se serviu e Anne o ajudou com os bules, talheres e as guloseimas. Depois de alguns bocados, ele lhe perguntou:

— Desculpe-me a indiscrição e intromissão, mas está tudo bem com você, Anne?

— Por que me pergunta isso? – ela se espantou, pois sempre procurava não demonstrar o que lhe vinha realmente ao coração, mas Alain parecia conhecê-la muito bem.

— Tenho achado que anda triste e calada ultimamente. Alguma coisa a está preocupando?

— Não se incomode. Não é nada de importante, apenas preocupações de dona de casa e de mãe.

As coisas não andavam muito bem para os negócios de Belmont Gauthier ultimamente. Belmont andava adoentado e cada hora aparecia com alguma queixa diferente. Mesmo antes de melhorar do que já vinha sentindo, começava a se queixar de outra dor. Não estava mais acompanhando tão de perto os negócios devido à sua saúde debilitada. Suas viagens cessaram e muitas coisas tentava resolver por carta.

Gilbert Bertrand, seu principal sócio, não conseguia gerir tudo sozinho e estava ficando sobrecarregado nos últimos meses. Bertrand tinha contratado um homem para ajudá-lo a administrar as propriedades e os vinhedos, mas Anne não confiava nesse novo administrador e não tinha como estar a par do que acontecia longe do *château*.

— Tem certeza? Se precisar, sabe que pode contar comigo, não?

— Sei sim, Alain.

Isso era verdade. Ela sabia que poderia contar com Alain, mas ele não teria como ajudá-la com os problemas que vinham surgindo um atrás do outro nesses últimos tempos. E de nada adiantaria Alain estar a par dos acontecimentos, pelo menos naquele momento.

Eles continuam a comer e a conversar sobre os acontecimentos da corte e em Vichy, além de outras futilidades.

*château*
castelo

ଓଓ

A ROTINA DO CASTELO, NAQUELA SEMANA, PASSOU A GIRAR EM torno da enfermidade do conde D'Auvergne. O médico vinha visitá-lo quase que diariamente e Anne passava a maior parte do tempo ao lado do marido, fazendo-lhe companhia e cuidando dele.

Mesmo com todas as atenções, ele piorava e a cada dia que passava necessitava de cuidados cada vez maiores e mais constantes.

O desânimo e a depressão, aliados à doença, iam pouco a pouco apagando a vontade de viver de Belmont. Ele não saía mais do quarto, não por impossibilidade física, mas pelo seu estado de espírito. Parecia uma candeia que ia perdendo a força e a luminosidade pouco a pouco.

Anne deixava a porta de ligação entre os dois quartos aberta para o caso de precisar socorrer o marido a qualquer momento. Mal conseguia dormir. Um movimento ou um barulho pouco diferente no quarto de Belmont já a acordava sobressaltada.

Naquela manhã, Belmont fizera um pedido estranho à esposa:

— *Ma chérie*, o capitão Lefèvre está em Vichy?

— Não sei, senhor – ela respondeu, imaginando o que ele poderia querer com Antonie no estado em que se encontrava. – Posso verificar, se o desejar. Por quê?

*ma chérie*
minha querida

— Preciso falar urgente com ele. Caso esteja na propriedade, peça que venha o quanto antes, por favor.

Anne saiu do quarto e foi à procura de algum serviçal que pudesse encontrar o capitão e lhe dar o recado do conde.

Após alguns minutos, ela voltou ao quarto, sentando-se na cama ao lado de Belmont, e ele, com dificuldade, começou a falar com ela, pegando em sua mão:

— Sei que morrerei em breve, *ma chérie*. Não tenho muito tempo de vida.

— Não diga isso! O senhor precisa reagir, levantar-se, andar, sair um pouco daqui do quarto, tomar um pouco de ar puro – ela lhe respondeu.

— Não precisa tentar me animar. Eu sinto minhas energias se esvaindo dia a dia – sua voz era fraca e triste.

Depois de alguns minutos em silêncio, ele retomou a conversa:

— Quero que fique no comando dos negócios, *ma chérie*. Sei que é capaz e eles lhe pertencem também. Seu pai foi um de meus sócios por muito tempo.

As palavras de Belmont fizeram Anne lembrar-se de seu casamento. Ela nunca soube realmente o que o casamento tinha a ver com o conde e a sociedade de seu pai, e não seria nessas circunstâncias que ela perguntaria. Ele continuou como quem orienta seu sucessor:

— Durante esses vários anos, você presenciou muitas reuniões e o que tratávamos. Saberá o que fazer e com quem poderá contar. Não preciso lhe dizer para ter cuidado com as pessoas, que muitos vão querer lhe enganar e até fazer de tudo para que venha à falência, como já vêm tentando. Lembre-se, *ma chérie*, tudo que deixarei é para seus filhos – ele ia dizendo muito pausadamente, demonstrando grande cansaço.

Belmont beijou a mão de Anne e continuou:

— *Ma chérie*, quando ficar viúva, sabe que poderá casar-se novamente? – Anne abaixou o olhar, permanecendo quieta. Com certeza haveria algo por trás das palavras do marido. – Gostaria que pensasse bem antes de tomar qualquer decisão. Já exigi muito de você todos esses anos. Sei que não teve escolha em muitas coisas e deixou seus sonhos da juventude quando se casou comigo. Não fui o marido que merecia ter, mas mesmo assim você soube usar do respeito e da discrição para comigo e lhe sou muito grato por isso. Sei que tomará as decisões adequadas na ocasião certa, como tem feito até hoje.

    Anne nada respondeu. Pensava nas palavras do conde e até que ponto ele saberia realmente sobre o que dizia. Sempre falava nas entrelinhas, muitas vezes ela precisava de certo tempo para digerir e entender o que ele dizia. Provavelmente a conversa com Antonie teria algo a ver com isso.

ANTONIE LEFÈVRE CHEGOU QUASE NO FINAL DA TARDE AO QUARto do conde, acompanhado por um criado que o anunciou.

    — Conde D'Auvergne, boa tarde. Como está? *Madame* – ele cumprimentou o casal com a formalidade costumeira. – O senhor pediu para chamar-me? Em que lhe poderei ser útil?

    — Meu bom amigo capitão, por favor, sente-se perto de mim.

    Antonie pegou uma cadeira e sentou-se próximo à cama.

    — Como pode ver não estou nada bem. Meu tempo por aqui nesta terra está se findando.

    — Senhor Belmont, não fale assim! Ainda tem muito que fazer por aqui – o capitão procurava ser agradável com o conde.

    — Não sejamos tolos, capitão! Deixe-me falar por que o chamei até aqui. Será mais produtivo e imagino que deva estar curioso, assim como minha esposa também.

    Anne permanecia sentada ao lado de Belmont, quieta e com o olhar baixo, e o conde, como sempre, estava certo.

    — Farei um pedido e sei que não seria necessário fazê-lo. Sei também que não recusaria em atender-me. Não precisa sentir-se pressionado. Não é uma intimação, mas um pedido realmente

*Madame*
senhora

– seria provavelmente mais uma ordem camuflada de pedido como tantas outras.

Ele continuou:

— Sei que é um mosqueteiro real, portanto suas obrigações são para com o rei. Nesses últimos anos, sempre que pôde nos ajudou e esteve presente. Conheço sua família de longa data. Confio no senhor há muito tempo.

Antonie olhava para o enfermo, esperando que ele falasse logo e não fizesse tantos rodeios, mas não tinha jeito, pois mesmo doente o conde mantinha seus hábitos. Teria que ser paciente e conter a curiosidade.

— Confiei no senhor quando pedi que escoltasse Anne até aqui, na época de nosso casamento, e em tantas outras ocasiões desde então. E sempre se mostrou digno de minha confiança. Creio que posso confiar agora também. Sei que atualmente tem outras funções junto aos mosqueteiros e pode passar mais tempo no alojamento de Vichy. Gostaria que cuidasse de Anne e das crianças depois de minha morte.

Realmente não era necessário que o conde lhe fizesse tal pedido, pois ele o faria independentemente de qualquer coisa, mas mesmo assim Lefèvre surpreendeu-se com o pedido. Belmont continuou:

— Sua presença em minha casa será de grande ajuda e muita bem-vinda. As crianças ainda são pequenas e será difícil para Anne criá-las sozinha. Sei que sou um pai presente apenas de corpo. Não tenho grande participação na educação deles, mas as crianças precisarão de uma presença masculina por perto no futuro. Especialmente os meninos, quando começarem a ficar mais moços, e Anne certamente terá dificuldade em lidar com algumas situações. Não sei se ela se casará novamente. Os meninos gostam muito do senhor, principalmente Jean-Luc. Com certeza eles o escutarão e acatarão seus conselhos. Gostaria muito que a ajudasse. O que me diz, capitão? Poderá me atender?

Anne sentiu que seu corpo todo gelara. Por que Belmont fazia um pedido dessa natureza justamente a Antonie? Seria apenas pela confiança no mosqueteiro? Será que ele estaria esperando alguma revelação deles antes de sua morte?

— Fico feliz por saber que confia tanto em minha pessoa a ponto de me pedir que olhe por sua família. Não sei se serei capaz de atender as suas expectativas, senhor, mas se é de seu desejo e se *madame* não se opuser, farei o que estiver ao meu alcance, com toda a honra – Antonie olhou para Anne, que estava surpresa, pensando na possibilidade de Belmont saber sobre o relacionamento deles e talvez ser essa a razão de seu pedido. Seria mais um dos tantos mistérios de sua vida que ela ficaria sem desvendar.

— Com certeza, ficarei muito agradecida se o senhor puder colaborar comigo, mas não gostaria que isso atrapalhasse sua vida nem mesmo sua rotina, capitão – Anne respondeu a Antonie com a formalidade que tinham em público.

— De maneira alguma será um incômodo, *madame*.

Ele levantou e se despediu de Belmont e de Anne.

— Senhor, preciso ir. Se necessitar de algo mais estarei à disposição. Com licença, *madame*.

Anne levantou-se também.

— Acompanharei o senhor até lá embaixo, capitão. – E dirigindo-se a Belmont, lhe disse: – Voltarei logo.

— Não se apresse, *ma chérie*. Tentarei dormir um pouco. Estou cansado. Esta conversa me esgotou um pouco – Belmont tentou com dificuldade ajeitar-se na cama e Anne foi à sua ajuda para acomodá-lo.

— Está bem assim?

Ele lhe respondeu com um aceno de cabeça.

— Então eu voltarei mais tarde com seu jantar.

Os dois saíram em silêncio do quarto, dirigindo-se ao andar térreo.

— Vamos até o escritório? – convidou Anne. – Lá poderemos conversar melhor. Preciso falar com alguém e ninguém melhor que você para me entender.

— Como queira, *madame* – ele respondeu num sorriso e com um gesto, dando-lhe passagem.

✿✿

ELES ENTRARAM NO ESCRITÓRIO, ONDE SEMPRE PODIAM CONVERsar com sossego e à vontade, sem receio de serem surpreendidos.

— Minha vida, desde que vim para cá, vira e mexe dá uma reviravolta. Uma atrás da outra. Às vezes acho isso aqui tudo um tédio, mas sempre acontece algo para mudar tudo! Aí eu fico sem saber o que fazer, como agir.

Antonie apenas ouvia enquanto Anne falava.

— A qualquer momento Belmont pode morrer e mais uma vez minha vida irá mudar. Tenho passado os dias e as noites pensando em como enfrentarei o que virá, e me preocupo só em imaginar.

— Tenha calma, Anne. Pense em uma coisa de cada vez.

— Tenho tentado, Antonie, mas uma coisa sempre puxa outra.

— Calma! preocupe-se com a saúde do conde por enquanto. Verá que tudo fica mais fácil de resolver.

— É quase impossível. Fico imaginando o que virá a seguir.

— E quase sempre as coisas não acontecem como imaginava, não é? – ele completou.

— Isso é verdade.

— Por isso deve resolver uma coisa por vez. Além do mais eu estarei por aqui.

— Mas existem situações em que você não pode me ajudar e nem sempre você pode estar por perto – ela respondeu automaticamente.

Anne percebeu, pela reação de Antonie, que ele se sentia culpado. Não era intenção dela recriminá-lo ou acusá-lo. Fizera apenas uma observação.

— Por favor, não quero que se culpe. Eu sei que não é opção sua, que se pudesse tudo seria bem diferente. Muitas vezes é como se estivéssemos amarrados, não é?

— Não, Anne. São todas às vezes. Sempre me sinto amarrado e amordaçado, sem poder falar nem fazer nada quando é algo em relação a nós. E isso me faz muito mal.

Os dois ficaram um tempo em silêncio, cada qual com seus pensamentos. Anne quebrou o silêncio:

— Antonie, não consigo parar de pensar na conversa com Belmont. Fiquei ao mesmo tempo surpresa e com medo. Será que ele sabe ou desconfia de algo entre nós?

— Só há uma maneira de sabermos.

— Qual?

— Perguntando a Belmont. Quer que eu vá?

— Pare com isso! Não sei como consegue ter bom humor numa hora dessas!

— Se não fizer assim eu enlouqueço! Não dá para levar tudo a sério o tempo todo. Além do mais, estamos imaginando que ele possa saber ou desconfiar. Não temos nenhuma certeza. A essa altura da vida dele, saber de quem as crianças são filhos deve ser o que menos importa. Não devemos nos preocupar com isso.

— Mas se pararmos para pensar, o pedido dele é meio estranho, não acha? Pedir para você cuidar de mim e me ajudar a criar as crianças...

— Só faltou ele pedir para eu me casar com você!

— Isso Belmont não faria nunca!

— Por que não? Deu a impressão que era o que ele queria.

— Você se esqueceu que eu não poderei casar-me com você mesmo quando eu enviuvar?

Antonie a olhou interrogativamente.

— Você ainda é casado com Leontyne. Lembra-se?

Antonie havia se esquecido por completo desse detalhe. Não lembrava mais nem de Leontyne nem do filho dela. Nunca mais tivera notícias deles nem se interessara em saber nada sobre eles.

— Poderei casar com qualquer outro homem, Antonie, menos com você. Parece ser essa a vingança dele, se ele souber sobre nós.

— Acho que nosso destino é vivermos desse modo para sempre. Nunca poderemos ficar realmente juntos. Eu gostaria apenas de saber o porquê – Antonie pensava alto.

— Também queria saber. – Anne continuou: – Belmont é um homem inteligente e perspicaz e dificilmente diz o que realmente tem em mente. Nunca saberemos a real razão de ele fazer esse pedido justamente a você.

Nesse instante, Madeleine entrou no escritório.

— Até que enfim encontrei a senhora! Como vai capitão? Senhora, as crianças querem ver o pai. Posso deixá-las ir? – Madeleine foi falando sem esperar as respostas como sempre.

— Agora não. Belmont está repousando, Madeleine. Diga-lhes que poderão jantar no quarto mais tarde com ele e avise na cozinha para que sirvam o jantar das crianças lá em cima, por favor.

— Pois não, senhora.

Antonie mexia nos objetos e papéis sobre a mesa como se não prestasse atenção, mas no fundo aquela conversa entre Anne e Madeleine lhe doía na alma.

Anne percebeu a tristeza de Antonie e assim que Madeleine se retirou lhe pediu:

— Me dê um abraço. Nem dá mais para ficarmos juntos. Daqui a alguns dias partirá novamente e nem tivemos um tempo só para nós.

Ele a abraçou e a beijou demoradamente.

Anne tentou quebrar um pouco o clima tenso entre eles.

— Você poderia arrumar um jeito de nos encontrarmos. O que acha?

Antonie olhou para ela. Como era apaixonado por aquela mulher! Também queria ficar com ela a sós. Uma ideia lhe veio à cabeça:

— Se eu lhe revelar um segredo, será capaz de guardar?

— Mais um? Acho que sim. Em que está pensando?

— Espere-me em seu quarto à noite. Saberá quando eu lá chegar.

— Mas a porta entre os quartos tem ficado aberta direto, como irá lá sem que o vejam?

— Deixe-a apenas encostada para que não me vejam entrar. Vamos a outro lugar.

— Aonde? Como vamos sair do castelo?

— É surpresa. Não quer que eu arranje um lugar? É o meu segredo.

— Você e seus mistérios. Vai me deixar curiosa até a noite?

— Claro! será mais emocionante. Verá! – ele beijou sua mão despedindo-se:

— *Au revoir, madame*.

— Não jantará comigo?

— Hoje não poderei. Ou então escolha: jantar ou encontro.

— Até mais tarde, capitão – ela se despediu com um sorriso. Esperaria pelo encontro mais tarde.

Ele aguçara sua curiosidade em querer saber onde e como iriam se encontrar. Estavam precisando de um pouco de aventura e perigo, de ficarem um pouco juntos, longe dos problemas. Os últimos tempos tinham sido muito tensos para eles.

*au revoir, madame*
adeus, senhora

༄༅

ANNE PASSOU O RESTO DA TARDE E O INÍCIO DA NOITE COM O PENsamento longe e o olhar perdido. Quem a visse imaginaria que estava preocupada com o marido adoentado. Mas na realidade, seus pensamentos estavam no encontro que teria com Antonie.

Ela organizara tudo no castelo rapidamente e mais cedo. Dispensara alguns serviçais. Levara os filhos para dormir antes do horário habitual e se recolhera em seu quarto.

As horas foram passando e ela estava cada vez mais agitada e inquieta. Num determinado momento, ela ouviu um som de chave, vindo da parede ao lado da cômoda. Levantou-se assustada da escrivaninha e ficou olhando atônita para o local.

Sem que esperasse ou imaginasse uma porta camuflada abriu-se na parede de madeira e Antonie surgiu por ela sorridente.

— Boa noite, *madame*! pensou que eu não viesse? Espero que guarde esse meu segredo.

Boquiaberta e de olhos arregalados, Anne quase não conseguiu falar:

— É assim que você aparece e desaparece daqui?

— Exatamente. É uma passagem secreta – ele respondeu com um sorriso maroto. - Venha. Pegue um candelabro. Aqui é muito escuro.

— Você é maluco!

Ela pegou o candelabro e o seguiu parede adentro. Antonie trancou a porta novamente.

— Onde isso vai dar? - perguntou observando a escadaria de pedra.

— É uma passagem secreta. Não é usada há décadas. Poucos sabem da existência dela. Era usada para eventuais fugas do castelo. Existe uma porta no escritório, que fica logo abaixo do seu quarto. Há uma saída para o corredor de baixo e uma aqui no corredor de cima também. Na lateral do castelo fica a porta de entrada, também camuflada. Quase ninguém passa por lá. Eu tenho as chaves – mostrou sacudindo um chaveiro com cinco grandes chaves.

— Nunca poderia imaginar uma coisa assim.

— Confesso que foi difícil esconder de você todos esses anos. Várias vezes eu adormeci e quase não consegui acordar para sair sem que você me visse, ou antes que amanhecesse e as pessoas no castelo acordassem.

— Você sempre me surpreende.

— Venha cá. Chega dessa conversa. Vamos ficar aqui. O que achou da minha ideia? - Ele a puxou, segurando-a pela cintura.

— Não sei se poderia dizer que é romântica, mas com certeza é diferente – ela se pendurou no pescoço dele. – Acho que gostarei. Estar com você é um bom começo.

— Calma! tenha cuidado com o candelabro. Desse jeito vai botar fogo no castelo todo!

— Acho que vou começar pondo fogo em você!

— Não precisa. Já estou bem aceso.

Ele começou a beijá-la. Iriam transportar-se para um universo único, só deles. Sem tempo, sem espaço, sem ninguém. Apenas aqueles momentos que ficariam juntos sem se preocuparem com nada é que importavam para eles. Eram momentos onde o tempo parava e tudo se transformava para os dois. Sensações e sentimentos indescritíveis invadiam-lhes o coração e tomavam-lhes todo o corpo.

Sentir-se tocada, desejada, amada por Antonie, fazia Anne perceber-se viva e ter seus sentidos aguçados. O que lhe importava nessas horas era estar nos braços dele numa sintonia que só os verdadeiros amantes possuem. Não precisavam de palavras, nem de regras, apenas a presença um do outro.

A descoberta em cada novo encontro, o toque, o cheiro, os beijos, o contato da pele com pele são a linguagem que os grandes amores conhecem e entendem muito bem. E é nessa conversa que se tornam cada vez mais únicos e cúmplices de um amor que transcende mundos e gerações inimagináveis e incontáveis. Não há como mudar isso. Não dá para reverter um amor verdadeiro. Paixão, desejo, entrega e êxtase. Cada encontro era intenso e único. Era como se fosse o primeiro e o último. Não sabiam quando estariam juntos novamente ou se teriam uma nova oportunidade. Foi assim na primeira vez que Antonie e Anne estiveram juntos e seria assim em todas as outras vezes.

UMA SEMANA DEPOIS BELMONT MORREU. O MÉDICO PASsara a tarde no castelo enquanto pouco a pouco o velho conde partia. Uma agitação incomum acontecia na residência. Os serviçais mal falavam e quando o faziam era em tom de cochicho. Algumas senhoras estavam na sala principal, rezando o tempo todo e um clima de velório já se fazia presente por todo o ambiente durante o dia inteiro.

Esse clima de passagem também ocorria no lado espiritual, onde companheiros de Belmont o preparavam para o desligamento de seu invólucro carnal já há alguns dias. A percepção e até a certa aceitação do conde pela aproximação de sua morte eram efeitos do trabalho desses irmãos que o intuíam sobre sua desencarnação

# CAPÍTULO XIII

para amenizar seu desenlace carregado de tantos apegos e amarguras cultivados em suas muitas existências.

Anne passou a tarde ao lado do marido segurando a sua mão fria e inerte, velando-o e rezando em silêncio. Era uma despedida estranha, sem palavras, sem gestos, com uma emoção contida. Apenas o toque das mãos de ambos mantinha a tênue ligação entre eles, que ia se rompendo aos poucos até o último suspiro de Belmont no início da noite.

A sensação da primeira vez que pisara em Vichy lhe viera à mente. Novamente se via só naquele imenso castelo. Sentia-se pequena, indefesa, frágil e abandonada. Um medo imensurável começou a tomar conta de seu ser e de seus pensamentos. Lágrimas rolavam pelo seu rosto num misto de tristeza pela perda e pela solidão que se fazia presente. Uma imensa vontade de ter Antonie por perto para levá-la dali, apertava seu coração.

Estava só com os filhos ainda pequenos, mas agora seria ela quem comandaria tudo no *château* e novos desafios a esperavam. Teria que buscar forças para continuar sobrevivendo naquele mundo que não considerava seu, mesmo depois de tantos anos vivendo ali.

*château*
castelo

༺❀༻

O ENTERRO DO CONDE D'AUVERGNE ACONTECEU NA TARDE SEguinte e poucas pessoas estavam presentes. Não que o conde não tivesse amigos ou as pessoas não o estimassem. O deslocamento das pessoas para Vichy, naquela época do ano, era mais complicado e as distâncias inviabilizavam as viagens. Não havia como serem avisadas e nem chegarem a tempo para o cerimonial.

Era uma tarde de início de inverno e fazia um frio considerável para aquela época do ano. Havia geado muito forte de madrugada e a temperatura durante o dia desabara consideravelmente.

A cerimônia não teve a pompa que poderia se imaginar para um conde com a influência que ele tinha na França. As pessoas que se encontravam lá eram de seu círculo de amizade e parentes mais próximos.

Gilbert Bertrand encontrava-se em Vichy, devido aos acertos que vinha fazendo com seus fornecedores e clientes. Anne temia que ele estivesse cogitando deixar a sociedade. Andava estranho ultimamente, fugindo de assuntos referentes às empresas. Ele e a esposa passaram o dia com Anne, acompanhando-a nas refeições e tentando distraí-la.

Jean-Pierre estava na região desde que soubera da piora de Belmont e como uma ave de rapina aparecia no *château* sempre para espreitar, à espera de uma oportunidade para dar o bote. E ele não perdeu a oportunidade do enterro para levar suas condolências à viúva.

Ficou o máximo que pôde durante aquele dia e voltaria na semana seguinte. A ausência dos mosqueteiros vinha bem a calhar nos seus planos. Não poderia querer nada melhor do que casar-se com Anne Gauthier, uma bela mulher, condessa D'Auvergne, herdeira de uma considerável fortuna e de prósperos investimentos na França. Aproveitaria a oportunidade para pôr seus planos em ação.

NA SEMANA SEGUINTE AO ENTERRO DE BELMONT, JEAN-PIERRE voltava ao castelo. Suas intenções estavam devidamente planejadas e apostava, finalmente, em seu sucesso.

Contava com a fragilidade emocional de Anne pela viuvez recente. O que ele não sabia era que a fragilidade que ela estava passando não era simplesmente pela perda do marido, mas pelos negócios que assumiria e a que deveria dar seguimento, além da preocupação por onde recomeçar sua nova vida.

Nenhum mosqueteiro se encontrava na propriedade. Estavam todos em missão a léguas dali e não iriam atrapalhá-lo e nem aparecer de surpresa. Para ele o campo estava propício para seu ataque.

Anne sempre estava acompanhada de algum dos filhos depois da morte do marido. Tinha certeza que quando menos esperasse Jean-Pierre apareceria. Já conhecia as suas artimanhas e não daria brecha para nenhuma investida. Os pequenos eram seu escudo de proteção. Sabia que ele não ousaria assediá-la na presença das crianças. Pelo menos não abertamente.

Ela o recebeu no escritório. Jean-Luc lhe fazia companhia. Era com ele que Anne mais ficava nos últimos dias. Com seus treze anos era um menino esperto e centrado. Sempre conversavam sobre vários assuntos. Ele tinha uma personalidade marcante. Ao mesmo tempo em que era obediente e educado, era questionador e já tinha opinião própria. Não aceitava nenhuma ordem ou imposição sem uma explicação plausível.

Após um tempo gasto com conversas formais e clichês sociais, Jean-Pierre começou:

— Gostaria de conversar com a senhora.

— Pode falar, senhor Jean-Pierre – ela sempre mantinha o tom formal e distante com ele.

— E o menino? - perguntou referindo-se à presença de Jean-Luc na sala.

— O que tem meu filho, senhor? - Anne se fez de desentendida.

— Gostaria que conversássemos a sós. Não seria um assunto adequado à presença dele.

— Desculpe-me, senhor Jean-Pierre, mas se meu filho não pode ficar para ouvir o que tem a me dizer então não temos o que conversar – ela o olhou de forma bem séria, demonstrando não ter nenhum tipo de assunto a tratar com ele.

O homem não desistiria nem perderia a oportunidade da conversa. Precisava procurar as palavras certas, já que Jean-Luc se encontrava no recinto e teria que ser discreto o bastante para não despertar a curiosidade do menino.

Jean-Luc estava lendo no sofá, ou melhor, fingia que lia. Na realidade, estava prestando atenção na conversa da mãe com Jean-Pierre.

— Senhora, sei que não é o momento adequado para esse tipo de conversa, mas em breve retornarei a Paris e não sei se teria uma outra oportunidade tão cedo.

— Então diga, senhor.

— Já deve ter percebido que tenho um apreço especial pela senhora.

— Perdoe-me, mas não percebi – ela às vezes era um tanto quanto rude ao tratar com ele e talvez por isso mesmo ele não desistisse. Ele não se conformava com tal desprezo por parte dela.

— Pois há muito tempo a estimo muito e como agora está viúva, sei que será difícil para criar seus filhos sozinha. Gostaria que aceitasse minha ajuda e futuramente contraísse novas núpcias comigo. Peço desculpas por lhe fazer esse pedido num momento em que a perda de seu marido é recente – ele procurava falar de tal forma que o filho de Anne não entendesse.

— Senhor Jean-Pierre tem toda razão. Esta não é uma boa ocasião para esse tipo de conversa. Ainda estou muito abalada com toda esta situação e tenho muitas coisas para resolver. E preciso resolvê-las sozinha. Fui muito feliz com Belmont durante todos esses anos e não tenho nenhuma intenção de casar-me novamente nem em breve, nem nunca. O senhor é muito gentil. Agradeço sua intenção de ajuda, mas no momento não preciso.

Jean-Pierre ficou desconcertado. Sentia-se derrotado. Não tinha o que mais argumentar, principalmente na frente do menino.

Jean-Luc olhava admirado a mãe por cima do livro. Nunca a tinha visto com atitude tão determinada. Sentia, pela postura e entonação de sua mãe, que ela não gostara nada da proposta de Jean-Pierre. Também se surpreendeu com a ousadia do homem em pedir sua mãe em casamento pouco mais de uma semana após a morte do conde.

— Peço desculpas novamente, minha intenção não era aborrecê-la, mas caso precise de algo não se acanhe em pedir, senhora.

— Mais uma vez agradeço sua preocupação comigo – respondeu-lhe Anne.

Vencido e decepcionado, ele se despediu:

— Passe bem, senhora. Até uma próxima vez.

— Adeus, senhor Jean-Pierre.

Inconformado com o resultado da conversa, Jean-Pierre se retirou do castelo. Teria que usar de outra estratégia para conseguir o que queria. Ele sabia que dificilmente seria convidado para ir ao *château* novamente, mas não faltariam oportunidades de se encontrarem em outras ocasiões na corte. Iria continuar suas investidas sempre que tivesse uma chance. Conquistar Anne era uma questão de honra para ele.

A CONDESSA CONVIDARA O SENHOR GILBERT BERTRAND PARA TOmarem um lanche e conversarem sobre o destino dos negócios do conde D'Auvergne.

Ela precisava urgentemente dar um rumo a sua vida antes que perdesse o controle da sociedade do marido e que os aproveitadores e aventureiros se beneficiassem com o seu suposto desconhecimento administrativo. Anne teria que usar das armas que dispunha e o que aprendera durante os anos de convívio com o conde D'Auvergne.

— Aceita mais um pouco de chocolate, senhor Gilbert? - ofereceu a condessa.

— Obrigado, senhora - agradeceu o senhor Gilbert Bertrand, estendendo sua xícara para ser servido.

— O senhor sabe que com a morte de meu marido, terei que assumir os negócios ou me desfazer deles. Não entendo quase nada e gostaria que o senhor continuasse como meu sócio. Era desejo de Belmont que eu continuasse no comando para que no futuro nossos filhos pudessem continuar o que o pai começou.

— Não sei, senhora, se poderei continuar na sociedade - o senhor Bertrand respondeu de forma insegura, o que não era seu hábito.

— O senhor era amigo de meu marido e foi seu sócio por muito tempo, além de ser uma pessoa de total confiança dele. Eu sei que poderia contar com o senhor também. As coisas não estão tão más assim, pelo que eu saiba. Qual é seu receio então? Que empecilho poderia haver? – Anne perguntou diretamente.

O homem continuou calado, tomando seu chocolate e pensando numa desculpa plausível para dar à senhora.

— Pegue um biscoito. É uma receita de minha avó. Eu mesma assei – Anne ofereceu o prato com biscoitos ao senhor Bertrand, que pareceu constrangido em dizer não à proposta de uma nova sociedade. Na verdade, ele gostaria de ajudá-la e continuar cuidando dos vinhedos, mas algo o impedia que aceitasse.

— Obrigado, senhora – agradeceu, começando a sentir-se pouco à vontade com a forma que a conversa se encaminhava.

Anne se ajeitou na poltrona, sentando-se mais na beirada e, olhando fixamente para o senhor, continuou sua argumentação:

— Sabe, senhor Bertrand, como mulher não entendo de negócios, muito menos dos negócios de meu marido – no fundo ela entendia muito mais do que as pessoas poderiam imaginar. Ela sabia que sendo mulher e viúva as coisas se complicavam para ela ao entrar no mundo dos negócios, que era exclusivamente masculino.

— Mas conheço as pessoas em que ele confiava e o senhor é uma delas. Agora que estou viúva, terei que me esforçar para criar sozinha meus filhos. Sei que o senhor não negaria ajudar-me. A menos que houvesse algo muito sério que o impedisse de fazê-lo – Anne começava a jogar com Gilbert Bertrand.

Ele começou a ficar inquieto só em pensar no que ela poderia saber ou falar a seu respeito ou sobre o que lhe impedia de continuar na sociedade. Tinha certeza de que ela não estava blefando.

— Pegue mais um biscoito – Anne ofereceu gentilmente.

— Não, obrigado – Gilbert não conseguia olhar para a condessa que continuava a pressioná-lo.

Anne pegou sua xícara e tomou um gole demoradamente, observando seu convidado. Estava apenas se preparando para o ataque. Ela mudou sua postura e até seu jeito doce de falar, transformando-se completamente.

— Posso apostar que deve haver muita gente influente que adoraria me ver na ruína, mendigando de porta em porta com meus filhos pequenos na barra da minha saia – ela colocou sua xícara na mesinha e acrescentou em tom quase ameaçador:

— Aposto também que eu poderia levar muita gente à ruína se resolvesse contar "algumas coisinhas" que sei a respeito delas às pessoas certas. O senhor sabe que sei muita coisa de pessoas influentes da França e até de pessoas de países vizinhos nossos e tenho como provar, não é?

O senhor Gilbert a olhou assustado, e quase se engasgou. Nunca tinha visto a condessa daquela forma. Ele sabia que se encontrava também na lista dela.

Anne Gauthier sempre fora uma mulher doce, gentil, sorridente, boa anfitriã, mas naquele momento, mostrava um lado que lembrava os grandes articuladores da corte.

— O senhor talvez não saiba – continuou –, mas se algo acontecesse comigo seria muito pior. Tudo que sei seria levado diretamente ao rei. Seria um grande escândalo na França e na Europa.

Os anos em que ela participara dos encontros e reuniões do conde, só observando e analisando as pessoas e situações, foram uma grande escola àquela mulher que agora poria em prática o que aprendera com aqueles mesmos homens da corte e com os negócios com que começaria a se relacionar.

— Analisarei melhor a sua proposta, senhora condessa – o senhor Gilbert Bertrand conseguiu responder, tentando controlar sua surpresa ante a atitude de Anne. – Preciso ir, mas entrarei em contato em breve – levantou-se, despedindo-se da senhora.

— Obrigada, senhor Gilbert, por aceitar meu convite para o lanche. Ficarei aguardando sua resposta. Tenho certeza de que não se arrependerá em aceitá-la – Anne agradeceu ao senhor. – Mande lembranças minhas à sua esposa, senhor Bertrand.

— Serão dadas, senhora. Com licença – e Gilbert Bertrand se retirou pensando na conversa que acabara de ter com a condessa e como resolveria o grande impasse que agora tinha em mãos. Sentia-se como se estivesse na teia de uma viúva-negra e do lado de fora um escorpião o espreitava, esperando para dar o bote fatal.

⚜

DEZ DIAS DEPOIS, CHEGAVA ÀS MÃOS DE ANNE UMA CARTA DO SEnhor Gilbert Bertrand. Ela relutou em abri-la, temendo seu conteúdo, mas não tinha outra opção senão lê-la. Como saberia sua resposta sem abri-la?

Foi ao escritório e sozinha abriu e leu a carta. Nela Gilbert agradecia a sua confiança para com ele e dizia que também confiava na sua retidão e honestidade. Depois de muito pensar e analisar toda a situação continuaria com muito prazer e agrado, ao seu lado, na administração e gerência das fazendas e propriedades dos Gauthier, bem como dos negócios dos Lambert. Alertava para as dificuldades que poderiam vir a ter devido às turbulências político-econômicas pelas quais passava a França e parte da Europa, mas que agindo de forma cautelosa e mantendo contato com as pessoas certas, conseguiriam ultrapassar esses obstáculos e até, quiçá, aumentar os investimentos e lucros. Deveriam, também, precaver-se das pessoas que possivelmente tentassem boicotar ou prejudicar as transações futuras. Ele iria para Vichy no próximo mês para o acerto na mudança de nomes dos sócios nas empresas e outras burocracias necessárias. Entraria em contato com Jacques Lambert para conversarem sobre esse encontro. Despedia-se, colocando-se à disposição da senhora para eventuais dúvidas ou problemas que poderiam ocorrer antes do próximo encontro.

Anne recostou-se na cadeira, deu um grande suspiro e começou a rir sozinha. Que alívio sentia! Um grande peso se dissipava do seu corpo com a resposta positiva do senhor Bertrand.

Ela tinha dado o primeiro passo. Apenas o primeiro. Lembrou-se das palavras de Antonie dias antes da morte de Belmont, quando ele pedia a ela para se preocupar com uma coisa de cada vez. Era o que iria fazer a partir daquele instante.

Ela sabia que as batalhas seriam difíceis, pois muitos inimigos eram desconhecidos. Eles existiam e fariam de tudo para derrotá-la e ela teria que lutar contra pessoas que nem ao menos imaginava quem poderiam ser. Anne suspeitava de algumas pessoas e sabia que estava cercada de inimigos dissimulados.

Em seu campo de batalha, tinha agora de volta um bom aliado: Gilbert Bertrand, que preferira a segurança da teia da viúva-negra ao ferrão do traiçoeiro escorpião.

Antonie regressou a Vichy quase três meses depois da morte do conde D'Auvergne. Soubera do ocorrido, mas não tinha como deixar seu posto e a corporação para viajar, em meio a uma missão. Não teria uma desculpa plausível nem poderia ajudar Anne em muita coisa. Como ele mesmo dissera em outra ocasião, estava atado para fazer algo por ela em quase todas as situações e aquela era uma delas.

Anne estava organizando sua viagem a Paris. Planejava viajar dali a uns dez dias e esperava a melhora do tempo com o início da primavera.

Tinha uma reunião marcada com Gilbert Bertrand e outros senhores para redirecionar os investimentos e a sociedade, além de ver como seria encaminhado o inventário do conde.

# XIV
## CAPÍTULO

Fazia muito tempo que ela não ia ao palacete de Paris e provavelmente teria que ficar no mínimo um mês por lá para resolver boa parte do que precisava.

Iria acompanhada de Jean-Luc. Não queria fazer essa viagem sozinha e o filho mais velho era uma companhia constante desde o falecimento do conde. Deixaria os dois filhos menores em Vichy, sob os cuidados de Madeleine.

O encontro com Antonie fora bem diferente do último, mas não menos apaixonado. O cansaço da longa viagem e o grande desgaste da última missão tinham esgotados todas as suas energias. Sentir-se protegido e proteger Anne era o que mais queria e ela também estava precisando sentir-se amparada em seus braços.

A cama reconfortante, o aconchego do abraço quente, os beijos saudosos, o colo macio da mulher amada embalaram Antonie, carente do ambiente familiar e da sensação da volta ao lar. Era algo estranho, pois aquele não era seu lar. Ele não tinha um lugar que dissesse ser seu lar, mas quando adentrava no quarto de Anne, sentia-se como se ali fosse sua casa, seu porto seguro.

A necessidade daquele descanso e de sentir-se refugiado do mundo o fez esquecer-se do tempo, só acordando de manhãzinha, sobressaltado. Anne assustou-se com a presença dele. Era a primeira vez que acordava com ele ao seu lado.

— Antonie, você ainda está aqui?
— Parece que sim – foi se levantando ainda meio atordoado pelo sono e cansaço. – Nossa! eu desmaiei. Preciso me trocar e sair antes que fique mais tarde e esbarre em alguém pelo caminho.

Ele se trocou rapidamente e saiu do castelo em direção ao alojamento dos mosqueteiros. Precisava reorganizar seus homens para os novos deslocamentos que fariam. Ficaria por uns cinco dias em Vichy, regressando a Paris com parte da tropa enquanto os outros iriam para o norte da França, com Alain.

☙❧

LEFÈVRE ERA UMA DAS POUCAS VISITAS QUE ANNE RECEBERA após o falecimento do conde. Ele, Anne e os filhos estavam reunidos na sala da lareira. Há muito tempo não tinham a oportunidade de ficar todos juntos. E foram pouquíssimas vezes que o fizeram.

Com as crianças crescidas, Antonie apenas as observava e conversava sobre assuntos corriqueiros. Não podia mais pegá-los ao colo e ficar mais intimamente com eles, como gostaria.

Anne falava com os filhos sobre o pedido do conde para que o capitão a auxiliasse na educação deles e que poderiam confiar nele quando achassem necessário ter uma conversa ou pedir algum conselho.

Jean-Luc olhava para mãe e tentava entender o que ela dizia enquanto seus irmãos não faziam a menor ideia do que tudo aquilo significava.

— O senhor vai ser nosso novo pai? – perguntou de repente Patrick a Antonie.

Surpreso com a pergunta do filho de quase oito anos, ele olhou o menino e ficou pensando no que lhe dizer, mas Jean-Luc se antecipou à resposta dele, censurando o irmão mais novo:

— Deixe de ser bobo, Patrick! Mamãe não se casará nem com o capitão nem com ninguém.

Anne e Antonie se espantaram com a afirmação do menino.

— E como você pode saber? – retrucou Patrick.

— Por que eu vi como a mamãe ficou furiosa com o senhor Jean-Pierre outro dia – disse orgulhoso pela informação que tinha.

— É mesmo, Jean-Luc? – interessou-se Antonie. – E como foi que aconteceu?

— Jean-Luc! pare com isso! – Anne repreendeu o filho, cortando qualquer possibilidade de resposta do garoto, evitando que Antonie soubesse sobre o ocorrido.

— Desculpe-me, mãe – disse o rapazinho aborrecido com a repreensão.

— Deixe-o falar, *madame* – pediu Lefèvre.

*madame*
senhora

— Posso me retirar, mãe? – perguntou Jean-Luc se levantando amuado e receando levar outra reprimenda.

— Gostaria que ficasse conosco, meu filho, mas se quiser ir não tem problema – Anne disse a ele, arrependida pela reação que teve com o menino.

— Fique, Jean-Luc, por favor – pediu Antonie. – Não precisa ficar chateado com sua mãe. Ela apenas não quer que você comente esse assunto na minha presença. Não é mesmo, *madame*? – ele olhou Anne como se dissesse que iria descobrir o que tinha acontecido.

Jean-Luc deu meia-volta e sentou-se quieto e aborrecido. Antonie dirigiu-se a Patrick:

— Patrick, eu não me casarei com sua mãe e acredito que ela não pense em casar-se por enquanto – ele procurava as palavras certas. Não conseguiria responder diretamente ao menino, pois estaria mentindo para si próprio. – Continuarei vindo à casa de vocês como sempre fiz. E quando você ou qualquer um dos seus irmãos quiser conversar alguma coisa comigo, podem me procurar.

— Isso não está certo! – protestou Claire.

— Por que, Claire? – indagou Antonie, surpreso com a reação da menina.

— Porque os dois são meninos e eu não tenho o que conversar com o senhor – ela estava tão sentida que seus olhos começaram a marejar.

Antonie quis rir da reação da filha, lembrando-se do jeito da mãe na época em que se conheceram. Conteve-se o mais que pôde e sem olhar na direção de Anne.

— Mas você pode conversar comigo também, Claire. Existem tantos assuntos que não são só de meninos – argumentou com a menina.

— Posso mesmo? – a menina arregalou os olhos verdes, perguntando com entusiasmo.

— Claro. Por que não? – ele lhe respondeu, sorrindo.

Claire abriu um grande sorriso de felicidade. Por dentro tinha vontade de lhe dar um abraço bem forte.

Jean-Luc estava quieto no seu canto, observando a conversa e matutando com seus botões. Não arriscaria um novo comentário naquele dia. Deixaria para uma ocasião mais oportuna.

ჄჂ

A VIAGEM QUE ANNE HAVIA PROGRAMADO PARA DALI A DEZ DIAS tivera que ser alterada. Lefèvre conseguira convencê-la que seguir com a caravana dos mosqueteiros à corte seria menos arriscado para ela e o filho e eles poderiam ficar mais tempo juntos. Seu argumento fora mais que suficiente para que ela mudasse de ideia, como sempre.

Ela teve que acelerar tudo para a viagem, que fora antecipada em cinco dias. Precisou reorganizar todos os preparativos entre malas, roupas, objetos, acessórios e toda a papelada e relatórios que utilizaria na reunião.

Necessitou também organizar todas as coisas no castelo, deixando ordens e recomendações com os criados, especialmente à Madeleine, que ficaria responsável pelo *château* e por seus dois filhos mais novos.

*château*
castelo

Anne teria que se ausentar por um longo período e queria deixar tudo em ordem. Era a primeira vez que não levaria todos os seus filhos numa viagem, e estava preocupada em deixá-los, mesmo sob os cuidados de Madeleine.

ჄჂ

NO DIA COMBINADO, A CARAVANA SAIU BEM CEDINHO DE VICHY com parte da tropa rumo a Paris.

O capitão Lefèvre, Anne e o garoto viajaram juntos na carruagem. Antonie sentou-se à frente do filho para evitar ter que olhar diretamente para Anne. Ele sabia que Jean-Luc poderia perceber qualquer olhar um pouco diferente entre eles.

A viagem já transcorria há mais de uma hora sem que ninguém dissesse uma palavra, quando Jean-Luc quebrou o silêncio:

— Capitão, eu tenho uma curiosidade. Posso fazer uma pergunta para o senhor? – indagou olhando para a mãe, receando ser repreendido novamente por ela como há alguns dias.

— Faça sua pergunta ao capitão, meu filho. Pode ficar tranquilo, prometo que ficarei quieta e não interferirei na conversa – Anne lhe disse com um sorriso.

— Claro! O que é?

— Meu pai não era de conversar, não brincava conosco e nem demonstrava interesse pela gente. Por que o senhor cuidaria da gente como disse que faria?

Antonie fora pego de surpresa pela pergunta do filho e olhou para Anne perdido sem saber o que fazer ou falar. Ela simplesmente o olhou como se dissesse "responda, não tem alternativa".

— Não sei como pensava, nem o porquê das atitudes do conde, Jean-Luc. Cada um tem sua maneira de ser e agir. Eu posso falar por mim. Se eu lhe disse que estou à disposição para ouvi-lo e ajudá-lo quando precisar, é porque é verdade. Pode acreditar.

— Isso que eu não consigo entender. Para mim não faz sentido.

— O que não faz sentido para você? – perguntou Antonie.

— Meu pai não se preocupava conosco e o senhor diz que nos ouvirá e ajudará. Por quê? – insistiu o garoto.

— Não sei... Talvez porque eu ache importante.

Antonie não sabia o que responder ao filho, apenas desviou o olhar. Como era difícil não poder lhe dizer a verdade!

Uma vontade enorme de dizer a Jean-Luc "Ele se importa com você porque é seu pai!" apertava o peito de Anne. Ter que guardar tantos segredos em sua vida estava ficando cada vez mais complicado e difícil para ela. Mas o que mais lhe fazia mal era não poder contar aos filhos quem era o verdadeiro pai deles. Ela teve que se conter e depois de um suspiro disse para contornar a situação:

— Meu filho, Belmont tinha sua maneira própria de sentir e exprimir seus sentimentos. O fato de ele não conversar com vocês ou não ficar muito tempo por perto não significa que não gostasse de vocês. Era o jeito dele.

— Às vezes parecia que ele não se importava com a senhora também – Jean-Luc fez o comentário como se pensasse alto, e ao perceber o que dissera, calou-se e ficou cabisbaixo.

Anne sentiu a verdade contida no que o filho havia dito e não conseguiu segurar algumas lágrimas que teimaram em surgir em seus olhos. Antonie observava tudo calado.

O rapaz, preocupado com a mãe, perguntou:

— Mãe? Tudo bem com a senhora? Foi o que eu disse que a fez chorar?

— Não se preocupe, meu filho. Está tudo bem. Não se sinta culpado. Se não falar o que sente ou pensa para mim ou mesmo para o capitão, não saberemos o que se passa em sua cabeça nem no seu coração, e assim não poderemos ajudá-lo.

Jean-Luc, depois de pensar um pouco, olhou para a mãe e formulou outra pergunta:

— Sabe o que eu também acho estranho, mãe?

— O que, filho?

— A senhora sempre se refere ao meu pai como "Belmont", "o conde". Por quê?

Ela ficou por um instante parada, pensando na pergunta e no que diria ao garoto. Aquele interrogatório a estava deixando confusa e ansiosa. Temia ficar em uma situação em que não teria como não lhe dizer a verdade.

— Parece que tirou o dia para perguntar, hein rapazinho? – comentou o capitão para que Anne ganhasse um tempo para pensar no que responderia.

— Não sei. Você está me perguntando coisas que eu nunca havia pensado antes. Acho que por costume. Sempre o tratei assim desde que fui para Vichy – ela tentou ser a mais evasiva possível em sua resposta.

Anne não queria entrar naquela questão. Seu filho estava crescendo e percebendo coisas que não precisavam ser ditas. Como ela e Antonie lidariam com isso? Os outros filhos também começariam a questioná-los com o tempo.

— Eu acho esquisito, não sei dizer o porquê – completou o rapaz.

Apesar das perguntas de Jean-Luc, que deixavam seus pais confusos sem saberem direito o que e como lhe responder, aquela era uma ocasião especial em que os três estreitavam os laços afetivos sem perceberem. O ar na carruagem era de amor mesmo, com a insegurança e tensão de Anne e Antonie acerca das questões do menino.

Depois de um novo tempo de silêncio, foi Jean-Luc quem o quebrou novamente:

— Mãe, o que a gente sente pela mãe é diferente do que sentimos pelo pai?

Agora quem tinha sido pega de surpresa era ela e instintivamente olhara para Antonie em pedido de socorro, que a olhou como se lhe dissesse "sua vez de responder". Jean-Luc parecia que queria tirar todas as suas dúvidas de uma única vez. Aquela viagem prometia ser um longo interrogatório.

— Como assim, Jean-Luc?

— Gosto muito da senhora. Quando está com a gente, sinto-me feliz e sei que a senhora também gosta muito de nós. Sempre está preocupada e fazendo alguma coisa para nós desde que nascemos – o rapaz procurava expor seus sentimentos para sua mãe.

— Você não pode imaginar o quanto eu amo vocês, meu filho! – os olhos dela voltaram a encher de água ao falar.

— Com meu pai é diferente – continuou o menino. – Não me sentia à vontade perto dele, não sei explicar por quê. Ele sempre foi tão distante da gente. Quase não participava de nossa vida. Sempre viajando e trabalhando. Eu sinto orgulho pelas coisas que ele fez, pelo que ele foi, mas só isso, nada mais. É errado isso que sinto?

Anne ficou olhando o garoto sem saber o que lhe responder. Ele estava tocando em questões delicadas e ela não poderia lhe contar a verdade, pelo menos não por enquanto.

— Jean-Luc, existem coisas que você não conseguiria entender... – Antonie começou a falar, mas foi interrompido pelo garoto.

— O que eu não entenderia? Eu não sou mais criança! Tenho treze anos e entendo muito bem as coisas! – ele começou a ficar nervoso e alterar seu tom de voz. Parecia perceber algo no ar e não aceitar aquele tipo de resposta.

Anne ficou surpresa com a atitude do filho que embora fosse contestador nunca agira daquela maneira. Antonie também mudou seu modo de falar com ele e não esperou que ele prosseguisse:

— Calma lá, rapaz! você não é mais criança, mas existem fatos que você ainda não é capaz de compreender. Tudo tem seu tempo. Quando for mais velho e tiver uma maior experiência da vida com certeza saberá e entenderá. Agora não é o momento, Jean-Luc. Por enquanto procure lembrar-se do conde como você mesmo colocou: pelas coisas boas que ele fez e por quem ele foi. Tente guardar isso em seu coração. Entendeu? – falou Antonie em tom firme com o garoto para pôr um ponto-final no assunto, que tomava um rumo não esperado por Antonie e Anne.

Um dia os três teriam que retomar essa conversa. Era inevitável.

৩৩৶৶

BELMONT GAUTHIER DEIXARA UM DOCUMENTO LACRADO COM seu advogado e um pedido para que fosse aberto na presença da esposa Anne, de Gilbert Bertrand e de pelo menos mais duas testemunhas.

O advogado e o senhor Bertrand estavam presentes na mansão, além de Jacques Lambert, o capitão Lefèvre e Michael Blanc. Eram pessoas que Anne conhecia, em quem confiava e que lhe traziam segurança. Todos participariam da leitura e para isso chegaram ao palacete de Paris de manhã.

Anne organizara o almoço com o seu costumeiro capricho e bom gosto, não se esquecendo de nenhum detalhe, mesmo com a preocupação que sentia nos últimos dias.

Após a refeição, eles se reuniram no escritório que pertencera a Belmont, para o momento tão aguardado.

Ela estava apreensiva sobre o conteúdo do envelope e não conseguia imaginar o que o conde pretendia com todo aquele cerimonial para a leitura do documento. Não sabia mais o que poderia aguardar de novidade, mas tinha a certeza que o teor daquele documento poderia mudar o rumo de sua vida.

O capitão Lefèvre parecia indiferente, como de costume, mas no fundo temia pelo futuro de Anne e principalmente de seus filhos. Ele esperava qualquer coisa por parte do conde, mas também não tinha nenhuma ideia do que poderia vir a acontecer.

Michael Blanc mantinha sua postura de observador e analisava tudo à sua volta. Nessas ocasiões, tornava-se sério e compenetrado, pouco falando. Nem parecia o homem irônico que costumava ser.

Gilbert Bertrand e Jacques Lambert estavam inquietos e preocupados, pois dependendo do teor do documento poderiam ser afastados da empresa, o que não seria nada bom para os dois nem para Anne.

Jean-Luc também participaria da leitura e sentia-se importante e orgulhoso em tomar parte daquele evento.

Todos se sentaram à volta da mesa de reuniões. O clima de formalidade era tão grande entre eles que nem parecia que se conheciam há tempos.

O advogado iniciou a reunião com as formalidades tradicionais, abriu o envelope, retirou os papéis de dentro e iniciou a leitura.

No documento, o conde reiterava seu desejo de que a esposa tomasse a frente dos seus negócios, ficando no seu cargo e que ficasse responsável pela administração de seus bens particulares, podendo fazer uso da forma que melhor lhe aprouvesse. Ele passava todos seus bens entre propriedades, fazendas, vinícolas, obras de arte e tudo o mais que possuía para os três filhos, com a condição que sua esposa não contraísse novas núpcias. Caso ela viesse a casar-se novamente perderia o cargo na empresa, o direito de usufruir dos bens do conde e, principalmente, perderia o direito aos filhos e estes à herança. Ele fazia algumas outras considerações sobre os negócios e a alguns bens em particular, mas os presentes nem prestaram atenção, estavam pasmados com o que ouviam.

Todos ficaram mudos e atônitos, até mesmo o advogado olhou surpreso para Anne ao término da leitura. Não podiam imaginar que o conde tivesse tamanho ciúme da esposa a ponto de fazer tais exigências. Antonie sabia o real motivo e via suas últimas possibilidades de ficar com Anne escaparem com aquelas cláusulas.

Anne sentiu aquelas palavras como uma apunhalada e suas forças pareciam fugir de seu corpo. Por um momento pensou que iria desmaiar. Ela apertou os lábios para que suas lágrimas não vertessem dos olhos ali mesmo. Uma tristeza imensa invadiu seu coração. Era como se estivesse sendo castigada por algo que não havia feito.

Belmont não deixaria que nenhum aventureiro e oportunista desfrutasse de sua fortuna, muito menos o amante de sua esposa, fosse quem fosse. Ele sabia que Anne abriria mão de qualquer coisa em favor da segurança e do futuro dos filhos e pelo seu conforto. Era com isso que ele contava para assegurar a continuidade de sua fortuna e a fidelidade, mesmo que aparente, de sua esposa.

O dinheiro e seus bens sempre foram mais importantes para o conde e mesmo após sua morte continuava a manipular as pessoas como bem entendia, não se importando com os sentimentos de ninguém. O máximo que conseguira fazer era deixar sua herança para os filhos de Anne.

Quando o advogado encerrou a leitura oficialmente, Anne convidou os presentes para que ficassem para o jantar, pediu desculpas e se retirou, dizendo que voltaria mais tarde para a refeição.

O advogado agradeceu o convite e retirou-se, sendo acompanhado por Gilbert Bertrand. Seu sócio não se sentia à vontade para ficar no palacete após aquela leitura, além de estar fora de sua casa há bastante tempo. Jacques e os mosqueteiros permaneceram no palacete para o jantar, mas não tocaram mais no assunto da reunião.

୭୨෬෨

ANNE CHEGOU A SEU QUARTO CHORANDO. NÃO CONSEGUIU CONter-se no caminho. Não podia acreditar no que acabara de ouvir. Pensava em Antonie e na impossibilidade de ficarem juntos.

Toda a sensação de alguma chance de refazer sua vida, ao lado de Antonie, esvaíra perante as exigências do conde. Os dois nutriam uma esperança secreta de poderem assumir o relacionamento futuramente, mesmo tendo Leontyne como um último obstáculo a lhes rondar como um fantasma.

Com as imposições do conde, ela não teria mais nenhuma possibilidade de casar-se com ninguém se quisesse continuar com a vida que tinha e, principalmente, se desejasse segurança para o futuro dos filhos de quem não abriria mão por nada nesse mundo.

Não conseguia entender por que Belmont Gauthier agira daquela forma tão cruel. Ela não havia pedido para casar-se com ele nem estava interessada em sua fortuna, embora não arriscasse o bem-estar e o futuro dos filhos. Sempre fora discreta e respeitara o marido durante todo o tempo em que viveram juntos.

Nesse momento, compreendeu o real sentido da conversa que o conde tivera com ela dias antes de sua morte. Ele já tinha tudo planejado e documentado quando começara a piorar e percebera que não recuperaria mais sua saúde. O egoísmo do conde D'Auvergne e o apego pelas suas conquistas financeiras eram características muito fortes e não desapareceram com sua morte.

Anne chorou por um longo tempo como em tantas outras vezes em sua vida. Sentia-se abandonada e a imagem do conde rindo-se do que fizera lhe vinha à memória. Por que ele não a deixava seguir sua vida, sendo feliz como achasse melhor? Será que não se livraria dele nunca? Será que nunca poderia ser ela mesma e viver como gostaria?

༺༻

O NERVOSISMO DE ANNE ERA GRANDE EMBORA ELA CONHECESSE, de longa data, todos os presentes na sala. Seria sua primeira reunião com os principais fornecedores e clientes das empresas do conde D'Auvergne, participando efetivamente e dirigindo-a.

Mudanças importantes estavam sendo realizadas na estrutura administrativa de toda a empresa devido ao falecimento do conde e seriam relatadas aos presentes.

A entrada de Anne como figura central nas empresas no lugar do marido, o ingresso de seu irmão Jacques como novo sócio, além da demissão do último administrador contratado por Gilbert Bertrand eram as maiores modificações iniciais.

Ela não seria mais uma mera ouvinte que às vezes dava a sua opinião ou alguns palpites. Essa nova situação a assustava. Sabia da responsabilidade que assumia e o que dissesse poderia influenciar todo o futuro dos empreendimentos e pôr a perder todos aqueles anos de trabalho e esforço do conde D'Auvergne e do senhor Bertrand.

Jacques era o responsável pela administração das propriedades dos Lambert, desde a morte do pai há quase oito anos. Ele também assumira as propriedades dos Durand quando se casara com Marion, pois Alain não tinha como cuidar dos negócios da família quando o velho Durand adoecera, afastando-se do comando.

Os Lambert e os Durand eram os maiores fornecedores e participantes nas empresas D'Auvergne e agora fariam parte direta na vinícola de Belmont Gauthier através de Jacques e Anne, aumentando a sociedade.

Gilbert era experiente no ramo, com bons contatos e com certa influência na França. Jacques era jovem e com novas ideias. Embora tímido e pouco falante, dominava bem os números e os contratos, sendo dinâmico no que fazia. Anne era uma ótima articuladora, sabia conduzir uma conversa e encontrar soluções que agradavam a todos. Muitas vezes convenceu senhores irredutíveis a mudar de opinião a seu favor.

 Os amigos e parceiros mais antigos de Belmont e Gilbert estavam animados com o que lhes fora apresentado e apostavam nas mudanças.

 Alguns dos senhores não se sentiram seguros com as mudanças e afastaram-se definitivamente da empresa. Tempos depois, os sócios souberam que outras razões motivaram a retirada de alguns deles.

 Uma pressão política e de pessoas influentes, que não gostavam de Gauthier e de Bertrand, eram os motivos mais fortes para eles não continuarem na parceria com os novos sócios da companhia do conde D'Auvergne, optando por outros investimentos.

 Anne, com seu conhecimento e sua capacidade de persuasão, conseguiria atrair e conquistar novos contatos até mais importantes para a empresa.

 Na maioria das reuniões, Anne participaria com Gilbert, presidindo-as. Ela passou a ser respeitada nesse universo exclusivamente masculino, trazendo mais ciúme e inveja entre as mulheres francesas, que a viam como mais do que uma rival ou ameaça.

 Ela conseguiu que algumas dessas mulheres se tornassem suas parceiras, fazendo-as perceber que ela não tinha nenhum interesse além dos negócios que mantinha com seus maridos.

DESDE A SUA CHEGADA A VICHY POR OCASIÃO DE SEU CASAMENTO com o conde, a jovem senhora era vista na companhia dos mosqueteiros, seus protetores, em vários locais e eventos. Por esse motivo as pessoas não estranhavam nem se importavam em vê-la acompanhada do capitão Lefèvre pela cidade ou em festas e reuniões.

 Os futriqueiros e maledicentes queriam encontrá-la em situações embaraçosas com cavalheiros importantes e de preferência casados, mesmo depois da morte do conde. Sempre estavam à espreita em busca de algum deslize da condessa, sem êxito. Não se conformavam com o casamento sem sinais de traições e desavenças entre o casal. Fato comum na sociedade da época.

O capitão e a condessa agora tinham a chance de ficar mais tempo juntos. A necessidade de Anne estar em Paris por longos períodos para cuidar dos negócios era boa oportunidade para permanecer próxima de Antonie. Seus filhos sempre a acompanhavam nessas viagens e adoravam a agitação e as novidades de Paris.

Embora se encontrassem mais frequentemente, eram poucas as ocasiões que os dois podiam ficar a sós. A residência de Paris não possuía passagens secretas como o *château* D'Auvergne e a entrada do capitão, fora dos horários normais de visita, era complicada. Mas eles arranjavam uma maneira de não serem perturbados quando queriam maior privacidade.

Os serviçais tinham ordens para não perturbar nem entrar no escritório caso a porta estivesse fechada, o mesmo acontecia em Vichy. Isso era feito desde a época em que o conde comprara o palacete em Paris. Várias reuniões aconteciam dessa forma naquela sala e ali se tornara um local seguro para os dois ficarem por alguns momentos a sós, mesmo correndo certo risco de serem surpreendidos.

**A**s reuniões e festas que a condessa d'Auvergne organizava, tanto em Paris como em Vichy, eram um modo de ela estar mais próxima de seus colaboradores e clientes e de conquistar novos parceiros para seus negócios, conhecendo seus gostos e modo de pensar de uma maneira informal e discreta, além de estreitar os laços de confiança.

Com as conversas descontraídas em meio à comida, bebida e música muitas coisas lhe eram reveladas sem que percebessem.

Ela voltara a organizar pequenos almoços e jantares um ano e meio após a morte do conde. Esperara passar o período de luto e até uns meses a mais para evitar comentários desnecessários. Tinha a impressão de que depois que enviuvara as pessoas a vigiavam ainda mais em busca de possíveis deslizes.

Aos poucos, suas reuniões retomaram a grandiosidade da época em que Belmont era vivo. Os eventos que preparava competiam com as grandes festas realizadas no _château_ de Versailles, sendo muitas vezes preferidas pelos mais velhos e pelos empresários da França.

*château: castelo*

Como sempre suas festas tinham bom gosto, boa comida e bebida, boa música e pessoas influentes que participavam desses encontros, que não tinham o intuito meramente de promoção social, mas eram grandes oportunidades de se conhecerem novas pessoas e abrir caminho para possíveis futuros negócios.

Um clima de hospitalidade e alegria sempre reinava nessas ocasiões, o que fazia com que as pessoas gostassem de participar dessas festas.

Anne era uma diplomata nata. Conseguia acalmar as esposas ciumentas e desconfiadas que, participando dessas reuniões sociais, percebiam que o interesse dela era apenas social e profissional, sem outras intenções como muitas imaginavam.

Quando estava em Paris, ela convidava essas mesmas esposas para tomarem chá, tocarem e ouvirem músicas e para participarem de seus famosos saraus literários, em que escritores respeitáveis por seus trabalhos sempre eram convidados.

Algumas dessas mulheres se tornaram suas aliadas, pois ela havia conquistado a confiança e a simpatia delas com esses encontros femininos, muitas vezes presenteando-as com pequenos mimos ou promovendo homenagens.

Sua diplomacia era algo incontestável e útil tanto para si como para a empresa.

ೋ⊙ೋ

GILBERT BERTRAND TEMIA QUE UM DOS HOMENS MAIS IMPORTANTES nas empresas não continuasse com eles. Wagner Becker era um suíço conhecido de Belmont Gauthier de longa data. O conde o conhecera em uma de suas viagens à Suíça, quando começou sua expansão comercial fora da França e desde então sempre fizeram negócios juntos e se ajudavam em diversas negociações entre seus países.

Com as mudanças realizadas na sociedade há quase dois anos e as incertezas econômicas que ocorriam na França, especialmente com relação aos vinhedos, o senhor Bertrand estava preocupado com um possível desligamento do antigo companheiro.

Gilbert e Anne conversavam sobre o assunto:

— Estou com receio que o senhor Wagner Becker não renove os contratos conosco. Com a nova formação da sociedade, ele, como outros, pode usar isso como desculpa para recusar a continuar os negócios, como aconteceu logo após o falecimento de Belmont.

— Mas por que, senhor Gilbert? Ele nunca questionou nada nas renegociações anteriores. Praticamente isso sempre foi automático.

— Tenho ouvido boatos que algumas pessoas estão pressionando fornecedores e parceiros nossos com chantagens e subornos para nos prejudicar e irmos à falência, e ele não está de fora dessa lista.

— Já ouvi alguma coisa em relação a isso também. Não imaginei que era tão sério assim. Quem estaria por trás disso? A quem interessaria nossa falência?

— Muitas pessoas se beneficiariam, mas acredito que não seria com "nossa" falência, embora eu e seu irmão saíssemos tão prejudicados quanto a senhora.

Anne deu um suspiro, tentando achar alguma alternativa para convencer o senhor Becker a continuar na parceria com eles. Ele era mais que um fornecedor, era um importante intermediário deles com a Suíça.

— De onde é o senhor Wagner Becker mesmo? – ela perguntou, esperando uma confirmação sobre o que estava pensando enquanto maquinava algo.

— Ele é suíço, mas está residindo em Voreppe, senhora.

— Ótimo! como imaginei – sua fisionomia mudou completamente. – Por favor, senhor Gilbert, sirva-se de um pouco mais de suco que irei escrever para esse cavalheiro.

Ela sentou-se à mesa do escritório e começou rapidamente uma carta, lacrando-a em seguida com o selo do conde.

— Tome esta carta, senhor Gilbert, por favor. Quero que vá pessoalmente a Voreppe e a entregue ao senhor Wagner. Não precisa lhe dizer nada, apenas aguarde pela resposta dele. Com certeza ele lhe responderá de imediato. – Anne entregou a carta ao senhor Bertrand com um sorriso animado.

— Vejo que está bem confiante, senhora. Como pode ter tanta certeza que ele dará uma resposta positiva? – seu sócio está curioso como sempre. Ela apenas lhe deu um sorriso e respondeu:

— Entregue a carta e confie em mim. Não se esqueça de levar os novos contratos. Boa viagem e boa sorte! Vamos precisar.

༺༻

GILBERT BERTRAND NÃO IA A VOREPPE HÁ MUITOS ANOS. WAGNER e Gilbert eram conhecidos desde a época que Belmont Gauthier ia à Suíça para fazer seus primeiros contatos. O senhor suíço recebeu o amigo calorosamente:

— Como vai, meu caro amigo? Aposto que sua visita não é apenas para me rever – Wagner cumprimentou o velho amigo com um abraço e tapinhas nas costas.

— Não fale assim. Desse jeito fico encabulado. Na verdade, venho propor a renovação de nossos contratos – respondeu Bertrand, correspondendo à recepção de Becker.

— Vamos ao escritório, Gilbert. Lá poderemos conversar mais à vontade – convidou o senhor Wagner.

Os dois seguiram até o gabinete de trabalho do senhor Becker. Era uma sala ampla com grandes estantes repletas de livros, uma mesa retangular para reuniões com nove cadeiras forradas de veludo vermelho, uma mesa de trabalho toda entalhada com detalhes dourados e com uma grande cadeira de couro de uso pessoal e duas cadeiras iguais às da mesa de reunião à frente dela, e grandes quadros nas paredes.

Wagner sentou-se na cadeira de couro e Gilbert acomodou-se à sua frente.

— Pois bem, Gilbert, que novidades sobre o contrato você me traz? Preciso pensar muito bem antes de assinar a papelada. Você sabe que estamos numa fase delicada na França e me parece que as coisas não andam bem em Vichy. Preciso ser mais criterioso dessa vez.

— Trago-lhe esta carta da condessa – dizendo isso, Gilbert a entregou ao amigo.

— A condessa me mandou uma carta? Deixe-me ver – ele a abriu e leu rapidamente suas páginas.

O senhor Becker ficou surpreso com o que leu, demonstrando em seu semblante sua preocupação.

— Gilbert, você conhece o conteúdo desta carta? – perguntou com ar atormentado.

— Não tenho a menor ideia, Wagner. Eu a recebi lacrada e a condessa não fez nenhuma menção sobre o que escrevera. Apenas pediu que lhe trouxesse junto com os contratos.

Becker se recostou na poltrona, passando os olhos novamente pela carta. Olhou para Gilbert sorrindo e lhe disse:

— Anne Gauthier, além de ser uma bela mulher, é muito inteligente e esperta, não acha meu amigo? Belmont soube escolher muito bem sua última esposa e sucessora – comentou ele, lembrando-se das poucas vezes que vira a condessa em Vichy e Paris.

O senhor Becker, assim como muitos outros homens da França, admirava Anne não só por sua beleza física, suas maneiras educadas e refinadas, mas também por sua forma de conduzir os negócios e, especialmente, pela perspicácia que vinha demonstrando ter ao administrar o comércio do marido falecido, conseguindo acordos que beneficiavam a todos.

Quando necessário, ela jogava como eles faziam, usando dos mesmos recursos e artifícios, às vezes com mais eficiência. Com a discrição e amabilidade com que tratou a todos durante os anos de convivência nas reuniões no castelo D'Auvergne, foi conhecendo a fundo a personalidade, o caráter e os pontos fracos de cada um, e agora passaria a usá-los a seu favor.

Wagner Becker acendeu a vela que estava no candelabro sobre sua mesa, pegou a carta e, encostando a beirada dela na chama, disse ao amigo enquanto o fogo a consumia rapidamente:

— Gilbert, prepare os contratos e traga-os amanhã para eu estudá-los e assinarmos. Há alguns pontos que gostaria de discutir com você. Almoça comigo para conversarmos sobre isso e outros assuntos?

— Com prazer aceitarei seu convite.

Gilbert não conseguia imaginar o que Anne escrevera ao velho suíço para fazê-lo mudar de ideia tão rápido e atear fogo na carta, eliminando qualquer vestígio sobre seu conteúdo.

Anne tinha muitas cartas na manga e sabia quando e como usá-las.

୭୨୧୧

UM IMPREVISTO EXIGIU QUE O SENHOR GILBERT VIAJASSE COM urgência para Dijon e Anne teria que conduzir a reunião com o senhor Léon Bonnet sozinha. Não seria nenhuma reunião demorada ou mesmo complicada, pois várias questões já estavam acertadas e eles iriam apenas conferir a documentação e assinar alguns novos contratos e documentos.

Léon Bonnet, antigo amigo de Belmont Gauthier, era um cavalheiro de meia-idade e ficara viúvo há pouco mais de três anos. Ele era um dos muitos admiradores secretos de Anne. Mas como outros admiradores, sua paixão era apenas pela beleza e até pelo fascínio que ela despertava sobre eles. Aquela reunião pareceu-lhe uma boa oportunidade para tentar expor seus sentimentos e intenções a Anne.

Enquanto ela falava e lhe explicava as cláusulas dos contratos, ele começou a ficar inebriado pelo seu jeito. A maneira como ele a olhava estava deixando-a incomodada. Por algumas vezes Anne perdera o rumo da conversa, desconcentrando-se e se atrapalhando em sua explanação.

Léon, em dado momento, olhava-a com ar distante. Dava a impressão que ele estava em outro lugar. Anne não se conteve com o jeito estranho daquele senhor e perguntou-lhe:

— O senhor está se sentindo bem, senhor Bonnet?

— O quê? – Léon se assustara. Parecia que retornava de um transe momentâneo.

— Desculpe-me, senhora, eu não estava prestando atenção no que me dizia – o senhor justificou-se voltando à consciência.

— Perguntei se o senhor se sente bem. Pareceu-me que estava sentindo-se mal, que estava ausente.

— Perdoe-me, mas eu realmente estava com o meu pensamento longe. – Léon aproveitaria que não estavam falando sobre a documentação e entraria no assunto: – Tenho me sentido muito só depois que minha esposa faleceu. Imagino que deve se sentir do mesmo modo.

— Nem tanto. Tenho meus filhos para cuidar e os negócios ocupam boa parte do meu tempo – respondeu-lhe Anne, cortando-o ao perceber sua intenção no comentário.

— Mas a senhora ainda é muito jovem e bela para se preocupar apenas com os negócios e os filhos. Eles logo crescerão e cada um cuidará de sua vida. Foi o que aconteceu comigo. Nós não podemos ficar presos apenas aos filhos e ao trabalho – continuou Léon.

Anne parou e o ficou olhando para ver até onde ele ia chegar.

— Minha viuvez me deixou muito solitário, como lhe disse, mas não penso em assumir um novo compromisso. Não oficialmente. Imagino que não está em seus planos casar-se também, pelo menos por enquanto, não é? Eu estava pensando se não poderíamos nos encontrar em outras ocasiões, não para tratarmos de negócios, mas para partilharmos nossa viuvez e solidão. Tenho uma admiração pela senhora de longa data e apreciaria muito se me desse a honra de sua companhia feminina. Somos viúvos e nada nos impede que nos encontremos e saiamos – ele parou por um momento para observar a reação de Anne, que permanecia impassível.

Por dentro ela apenas imaginava como poderia lhe responder de maneira diplomática sem deixar que sua indignação falasse mais alto e ela lhe dissesse o que realmente pensava sobre aquela proposta. Se não fosse pelos contratos entre eles com certeza já o teria convidado para retirar-se do castelo. Léon não tinha como saber o que Anne pensava, e como ela não se manifestou, ele prosseguiu:

— Existem muitas coisas interessantes com que poderíamos ocupar nosso tempo juntos a sós. Não acha que seria uma oportunidade de nos conhecermos melhor? Ninguém precisaria saber. Ficaria apenas entre nós dois.

— Desculpe-me, senhor Bonnet, mas o senhor está equivocado sobre a minha pessoa. Realmente não tenho pretensão em um novo relacionamento ou compromisso com ninguém e muito menos em algo que seja dessa forma escusa que está me propondo – ela lhe respondeu de forma sucinta e direta. Suas palavras demonstravam o desconforto que sentira com sua proposta.

— Perdoe-me, condessa – ele mudara o tom de suas palavras e sua postura com ela. Percebera o seu desagrado tanto pelas palavras como pelo seu modo de falar. – Não quis ser indelicado com a senhora. Talvez tenha me expressado de maneira errônea.

— Senhor Bonnet, creio que não se expressou mal. O senhor quis me dizer o que disse. Foi muito claro, mas não considerarei seu comentário e sua sinceridade para comigo. Não gostaria de perdê-lo como parceiro nas empresas. Sempre fez bons negócios conosco desde os idos tempos de meu marido. Não gostaria de prejudicar nossas sólidas relações comerciais agora por causa dessa sua proposta. Relevarei o que me disse e esqueceremos isso tudo. Acredito que o senhor concordará comigo.

Ele a olhava sério, pensando na besteira que acabara de fazer ao falar o que sentia daquela forma e naquela hora. Não tinha sido feliz em sua investida, quase pondo tudo a perder. Sua sorte era Anne ser uma mulher sensata, que conseguia administrar essas situações.

— A senhora poderia retomar o que dizia sobre os contratos, por gentileza? – perguntou, retornando ao assunto da reunião.

Léon sabia quando deveria se retirar de campo. Não arriscaria seus negócios por conta de seus caprichos sentimentais.

JEAN-LUC NÃO APARECERA PARA O ALMOÇO E NINGUÉM O vira desde a hora do café da manhã. Ele saíra da sala de refeição todo feliz da vida sem falar nada com ninguém. Anne estava preocupada com o filho.

— Madeleine, onde será que esse menino se enfiou dessa vez? – perguntou a mãe. – Ninguém sabe dele, ninguém o viu durante a manhã toda.

— Calma, senhora. Ele deve estar por aí... – Madeleine tentava acalmá-la.

— Por aí onde? Já faz uns dias que ele anda diferente, estranho. Some por horas e não diz onde está nem com quem. O que estará acontecendo com ele? O que andará fazendo?

# XVI
## CAPÍTULO

— Pense com calma. Deve haver algum lugar onde não procuramos ainda – sugeriu Madeleine.

Anne ficou sentada por um tempo com o olhar perdido, tentando pensar onde mais poderia procurar Jean-Luc.

De repente, ela se levantou e disse a Madeleine:

— Venha comigo, Madeleine. Ocorreu-me um palpite. Acho que sei onde ele está – e saiu apressadamente da sala sem esperar pela senhora.

As duas mulheres saíram do castelo, atravessaram todo o jardim, saindo pela lateral esquerda do muro ao lado do labirinto de arbustos. O portão que dava passagem para o outro lado do muro do *château* estava apenas encostado. Elas seguiram pelo caminho que beira o muro até chegar ao alojamento dos mosqueteiros. Os homens se espantaram ao vê-las por lá. Anne nem se importou com eles e continuou em passo acelerado até o galpão de treinamento. Madeleine estava bem atrás dela, quase sem fôlego.

*château*
castelo

Quando Anne entrou no galpão, encontrou Michael apoiado num longo banco de madeira encostado na parede da entrada, observando o treinamento.

— Olá, senhoras! vieram apreciar o treino? – ele perguntou continuando a observar os dois que estavam a duelar.

Outros mosqueteiros estavam pelo galpão a observar também. Anne parou ali mesmo e ficou a olhar a cena. Eram Antonie e Jean-Luc, como imaginara. Um misto de alívio por encontrar o filho e de angústia por vê-lo lutando tomava conta do seu coração.

— Como a senhora adivinhou que ele estaria aqui? – perguntou Madeleine, mas Anne não lhe respondeu.

O som das espadas se tocando e rasgando o ar a hipnotizava e um medo pelo filho não a deixava mover-se.

— O rapaz leva jeito, não acha, senhora? – perguntou Michael a Anne, mas ela continuou imóvel e calada.

Quando terminou o duelo os dois mosqueteiros perceberam a presença das senhoras. Antonie fez uma saudação com a espada para Anne, enquanto Jean-Luc foi ao encontro da mãe, radiante de felicidade.

— Olá, mãe! a senhora viu como estou duelando?

— O que pensa que está fazendo, Jean-Luc? - a mãe perguntou brava ao filho.

— Ora, treinando! O capitão Lefèvre me dá aulas de esgrima.

— Boa tarde, *madame* - Antonie se aproximou deles e antes que ele dissesse mais alguma coisa, Anne, nervosa, perguntou-lhe:

— O que o senhor pensa que está fazendo com meu filho, senhor Lefèvre?

— Estamos treinando, *madame*, como ele lhe disse - ele tentou ser o mais cortês possível para que ela se acalmasse.

— Quem autorizou? - ela insistiu.

— Vamos conversar, *madame*? - ele a pegou pelo braço discretamente e a puxou para o outro lado do galpão, longe dos ouvidos dos presentes. Sem alternativa, ela o seguiu.

— Calma, Anne! não precisa ficar tão nervosa - Antonie começou.

— Quem autorizou Jean-Luc vir aqui lutar? - insistiu.

Antonie a olhou com um sorriso nos lábios:

— Eu o autorizei. Acho que tenho esse direito. Ele vem pedindo para treinar há algum tempo e acho que agora ele está pronto para começar a aprender a usar uma espada de verdade. Peço desculpas por não ter lhe informado antes.

Ela ficou sem ação. Entendera o que Antonie lhe dizia nas entrelinhas. Afinal, ele era o pai de Jean-Luc e o filho estava sob sua supervisão.

— O rapaz já está com quinze anos. Não dá para ficar brincando com uma espada de madeira, não acha?

— É que tenho medo que ele se machuque - argumentou Anne com o coração apertado.

— Eu já me feri várias vezes e estou aqui, não?

— Temo por você também, você sabe.

---

*madame*
senhora

— Sei, mas é o risco que corremos e se não treinarmos o risco será maior ainda – ele olhou dentro de seus olhos e continuou:
— Sou a última pessoa do mundo que iria querer que alguma coisa de mal acontecesse ao nosso filho. Você não confia em mim?
— Confio, mas deveria ter me contado, Antonie.
— E você não o deixaria treinar, certo?
— Você sabe que eu não deixaria e por isso agiu assim, não é?
— E então? Posso continuar a treiná-lo?
— E se eu disser que não?

Antonie se segurou para não rir e chamar a atenção de todos, e apenas sorriu e disse:
— Eu queria lhe dar um beijo aqui, agora, Anne! Não temos jeito mesmo, hein? Se não deixar, ele treinará escondido, você sabe disso. E então?
— Nunca consegui dizer não a você e não será desta vez que conseguirei – ela ficou calada por um momento. Sabia que não poderia segurar Jean-Luc por mais tempo. Era o que ele queria desde pequeno: ser um mosqueteiro. Ela apenas completou: – Não posso lutar contra o destino, não é? – seus olhos começaram a se encher de lágrimas. – Acho que fará bem para vocês dois ficarem um pouco mais juntos. Cuide bem dele, sim?
— Como queira, *madame*, e obrigado – ele fez uma saudação sorrindo e Anne se dirigiu à saída. Todos que observavam a conversa tentavam adivinhar o que diziam.

Ao passar pelo filho, Anne lhe disse:
— Não se demore e quando chegar em casa me procure para conversarmos, está bem?
— Está, mãe – respondeu-lhe o filho.
— Parece que ele tem sangue de mosqueteiro, não acha, senhora? - Michael perguntou a Anne quando ela passou por ele, mas ficou sem resposta. Ela sai do galpão fingindo não ouvir sua observação.
— E então, capitão, o que minha mãe disse? - quis saber Jean-Luc.

— Ela deixou você continuar a treinar, mas vamos combinar algumas coisas antes – respondeu Lefèvre, feliz por poder treinar o filho mais velho.

※

APÓS ALGUMAS SEMANAS DE GRANDE SOFRIMENTO INTERNADA, Leontyne morreu de pneumonia e completamente psicótica. Foram anos de idas e vindas entre o sanatório e sua casa em Lyon, desde o seu casamento com o capitão Lefèvre, até sua morte.

Cada crise de loucura eram longos períodos de confinamento e isolamento não só físico, mas principalmente do convívio com o mundo real, quando ela ficava presa em seu mundo mental entre seus fantasmas e suas aventuras.

A cada retorno ao lar, Leontyne se distanciava mais e mais dos seus familiares, refugiando-se no universo particular que criara para si e que ia tomando dimensões imensuráveis com o avanço da doença.

Nos últimos meses, seus delírios e histórias mudaram de foco. Não falava mais no capitão Lefèvre, mas de outro homem que não revelava a ninguém quem era. O contexto continuava o mesmo. Sempre contava que seu amado viria buscá-la para viverem felizes juntos, das muitas cartas apaixonadas que recebia dele e dos presentes que ganhava. Toda vez que falava de Edmond, seu filho, referia-se a ele como se ainda fosse um bebê.

O capitão Lefèvre teve que viajar até Lyon a fim de resolver sobre o destino dos bens de Leontyne e o futuro de Edmond. Não tinha escolha. Como marido dela teria que ir pessoalmente tratar desses assuntos.

Era a segunda vez que Lefèvre se encontraria com Edmond e provavelmente seria a última, se dependesse dele. Ele tentou de todas as formas possíveis evitar encontrar-se com o garoto, mas não teve jeito, os dois precisariam estar presentes.

Antonie assustou-se com o tamanho do rapaz de dezesseis anos. Edmond era alto para a sua idade, não era um adolescente bonito, seu semblante era triste, tinha os traços da mãe, não negando ser um Gauthier.

Um detalhe no garoto chamou a atenção de Antonie: uma pequena mecha clara na parte da frente de seu cabelo. Era como se suas suspeitas se confirmassem tantos anos depois. Parecia que ninguém dera nenhuma importância àquele pequeno pormenor.

O capitão, porém, continuaria calado. Não comentaria com ninguém sua desconfiança, há tanto tempo guardada. De nada adiantaria falar sobre o assunto a essa altura dos acontecimentos de sua vida, só traria mais complicação e dor de cabeça a todos. Nada poderia ser modificado, nem o desprezo que sentia por Leontyne.

Antonie evitou ao máximo falar ou ter qualquer contato com o rapaz, até mesmo visual. Não se sentia à vontade na presença dele e não queria dar nenhuma chance para qualquer pergunta nem conversa com Edmond.

O capitão Lefèvre deixou um documento redigido na frente de Edmond, de Corine e de mais duas pessoas, pelas mãos do advogado da família Gauthier, em que dizia que abriria mão de todos os bens de Leontyne em favor do rapaz; e que sua tia Corine ficaria responsável por sua tutela e cuidaria de sua educação e de seus bens até ele completar vinte e um anos.

Antonie isentava-se, assim, de qualquer responsabilidade para com o garoto. Não sentia raiva dele, mas nunca perdoara Leontyne pelo que fizera à sua vida, diminuindo ainda mais suas chances de ficar com Anne ao armar essa grande farsa.

O capitão regressou a Paris na manhã seguinte. Não se importava com a longa viagem que teria que fazer de volta sem o devido descanso. Queria ficar o menos tempo possível por lá. Era como se colocasse uma pedra em cima de uma parte funesta de sua vida. E o quanto antes saísse dali, mais cedo se livraria dessa parte de sua vida.

MICHAEL BLANC FORA CHAMADO PELA CONDESSA EM SEU escritório como em tantas outras ocasiões. No dia seguinte, pela manhã, ele saiu do alojamento assim que pode.

Tivera uma noite agitada, mal conseguindo dormir. Sentia-se angustiado e confuso. Depois de muito tempo, voltara a pensar em Anne e o seu pedido para que fosse ao escritório o deixara ansioso por revê-la.

Ele sabia que ela o chamara apenas para lhe pedir algum favor. Tinha certeza que não seria nada mais além disso. Já se tornara uma rotina os três amigos da Guarda Real serem intermediários das correspondências entre Vichy e Paris. Afinal, eram as únicas pessoas em que a condessa podia confiar os documentos das empresas.

# CAPÍTULO XVII

Ao entrar no escritório, ele encontrou Anne em sua mesa entre a papelada e os livros contábeis.

— Bom dia, Michael! que bom que veio logo cedo.

— Não iria deixar a senhora me esperando o dia todo – respondeu com seu jeito brincalhão.

— Posso lhe ser útil em alguma coisa? – ele perguntou.

— Com certeza! gostaria que me fizesses um favor. Quando retorna a Paris?

— Amanhã ou mais tardar depois de amanhã bem cedo.

— Poderia levar uns documentos e relatórios para o senhor Gilbert?

— Com todo prazer. É só me entregar que eu os levo pessoalmente a ele.

Enquanto ela organizava a documentação, Michael começou a devanear. Muitos pensamentos confusos passavam por sua cabeça. Sempre fora um apaixonado por ela, mas evitava deixar transparecer e nunca comentara com ninguém seus sentimentos.

Por algum tempo Michael até conseguiu que sua paixão ficasse adormecida, ocupando-se das missões e dos compromissos que a Guarda Real exigia dele e até flertando com algumas moças. No meio de seus devaneios ele continuou imaginando, como em outras ocasiões, se os boatos que corriam pela França sobre o conde eram ou não verdadeiros e se Anne teria um amante e quem poderia ser. Seus pensamentos estavam confusos e mudavam a todo instante. Michael continuava em pé, admirando-a extasiado, com a mente longe.

Anne estava tão concentrada no que fazia que nem percebeu a maneira como Michael a olhava. Quando terminou de organizar os papéis e guardá-los no envelope, ela o lacrou, levantou-se e o entregou ao mosqueteiro, dizendo com um sorriso:

— Pronto. É todo seu, Michael.

Ele pegou o envelope e o colocou sobre a mesa, sem desviar o olhar de Anne. Ela o olhava sem entender o porquê de sua atitude.

Michael se aproximou, abraçando-a, e a beijou de uma forma tão envolvente e apaixonada que ela não teve nenhuma reação a não ser deixar se levar por aquele momento. Ele expressou e extravasou toda a sua paixão naqueles poucos instantes que passaram como um relâmpago para ele.

Michael a abraçou e começou a falar enquanto Anne apenas o ouvia, confusa, em seus braços:

— Anne, eu a amo há muito tempo e não consigo mais guardar em meu coração. Está me fazendo mal não poder dizer isso a você nem a ninguém. Não sei o que vai pensar ou fazer, mas eu preciso que você saiba o que sinto por você. O quanto te quero. Não consigo mais vê-la e não poder tocá-la. Não tenho dormido nem conciliado as ideias direito ultimamente. Eu queria ficar aqui assim com você para sempre, não deixar você fugir de mim.

Sem que Anne percebesse, lágrimas corriam de seus olhos enquanto ouvia o que Michael lhe dizia e tentava entender seu comportamento. Nunca passara por sua cabeça que ele pudesse ter algum sentimento mais profundo por ela, além da amizade que tinham há tanto tempo. Não conseguia acreditar que aquilo estava acontecendo com ela.

Anne ficou quieta naquele abraço. Era como se estivesse protegida de tudo, até mesmo dos sentimentos de Michael. Ela pensou em Antonie e uma vontade de sair correndo dali tomou conta dela. Ela o amava realmente e isso não era justo para com ele, pensou.

Quando Michael a soltou daquele abraço, ela afastou-se um pouco. Tinha os olhos embaçados pelas lágrimas e com a voz embargada lhe disse:

— Michael, você é muito especial para mim, mas eu o tenho apenas como amigo. Não vamos estragar isto. Deixe as coisas como estão, por favor. É o melhor para todos nós.

Seu olhar era de súplica como se pedisse para que ele esquecesse o que acabara de acontecer entre eles e não levasse aquela conversa adiante.

— Você ama outra pessoa, não é?

Ela abaixou a cabeça sem responder. Não precisava. Michael a conhecia o suficiente. Ele podia sentir no ar.

— Eu entendo, mas eu precisava lhe dizer o que sinto por você. Ficar guardando isso em meu coração todos esses anos estava me fazendo muito mal. Não posso prometer-lhe que vou esquecê-la, nem o que aconteceu hoje, mas não tocarei mais nesse assunto. Pelo menos tentarei. Com sua licença.

Ele pegou o envelope de cima da mesa e retirou-se.

Anne ficou parada no meio da sala, com a mente confusa e o coração apertado. Ela saberia lidar com qualquer outro homem numa situação como essa, mas não tivera nenhuma atitude para com Michael. Era como se estivesse hipnotizada.

Agora que estava com a vida mais tranquila e sob controle, Michael veio conturbá-la com a revelação de seus sentimentos. E por que justo ele? Ele era seu amigo e principalmente amigo de Antonie. Não conseguia imaginar qual seria a reação de Antonie se viesse a tomar conhecimento desse fato. E o que Michael faria se soubesse sobre Antonie? Até mesmo uma tragédia poderia ocorrer.

Preferiu desviar esses pensamentos e sentou-se à mesa arrumando os papéis e tentando voltar ao trabalho. Foi praticamente impossível e inútil, e ela começou a chorar debruçada sobre a mesa.

POUCO A POUCO OS MOSQUETEIROS TERMINAVAM O JANTAR E IAM se retirando do refeitório. O comandante Lefèvre continuou em seu lugar. Afastou o prato, abriu seu bloco de papel e começou a fazer anotações ali mesmo.

Depois que todos se retiraram, Michael pegou seu copo e foi sentar à frente do comandante.

— Antonie, está muito ocupado? – perguntou ao amigo.

— Estou apenas fazendo algumas anotações para a reunião de amanhã cedo, senão eu esqueço. Por quê?

— Podemos conversar? Estou precisando falar com alguém.

— Claro, meu amigo! – Antonie fechou seu bloco, guardou a pena, tampou o vidro de tinta e pegou uma garrafa de vinho que estava próxima, enchendo o seu copo e o de Michael.

— Vamos tomar um pouco de vinho e conversar. Tenho notado que você anda meio distante, com ar preocupado, desde que retornou de Vichy.

— Não ando mesmo muito bem e acho que fiz uma grande besteira.

— Você na sua idade fazendo besteira, Michael? – riu-se o comandante do amigo.

— É sério, Antonie! não estou brincando.

Antonie percebeu que Michael estava mesmo muito abalado.

— O que está acontecendo, Michael? Posso ajudá-lo?

— Não sei se poderá me ajudar, mas preciso falar e confio em você.

— Então diga.

— Antonie, eu sempre fui apaixonado por Anne e dessa última vez que a vi não me contive e me declarei a ela – Michael praticamente despejou as palavras de uma só vez e elas caíram sobre Lefèvre como um grande balde de água fria.

Antonie ficou parado sem saber se realmente estava ouvindo aquilo da boca de Michael. Tomou o vinho de um só gole, como se engolisse o ciúme junto. Sentia como se tivesse sido apunhalado pelo amigo

— O que você está me dizendo, Michael? – perguntou, olhando indignado para ele.

— É o que você ouviu, Antonie. Eu amo Anne Gauthier. E disse isso a ela – confirmou Michael.

O sangue do comandante gelou ainda mais. Ele ficou parado num esforço sobrenatural para conter as emoções que vinham de suas entranhas e lhe subiam à cabeça. Não queria acreditar no que estava escutando e teve receio em continuar a conversa, mas perguntou:

— E o que aconteceu? O que ela lhe disse?

— A única coisa que eu poderia ouvir, mas no fundo não queria: que ela gosta de mim como um amigo; que eu esquecesse isso tudo para não estragar nossa amizade. Que era o melhor para todos.

Aquilo deu certo alívio a Antonie, mas não afastou o fantasma do ciúme que se aproximara dele.

— Acho que esquecer essa história é mesmo o mais sensato a fazer – aconselhou Antonie, tentando não demonstrar o que sentia.

— Eu sei. Não será fácil, mas não tenho alternativa. Tenho certeza que ela tem alguém e não consigo imaginar quem possa ser.

— E que diferença isso faz para você, Michael?

— Você tem razão, Antonie, não faz diferença alguma. Sabe que até já pensei na possibilidade de ser você?

— Eu? – Antonie surpreendeu-se, temendo ser desvendado. Deu um sorriso amarelo, tomou um gole de vinho e completou: – De onde tirou uma ideia dessas? Eu tendo um caso com a condessa D'Auvergne? – riu-se para disfarçar.

— Não me diga que não acha Anne uma mulher bonita e atraente.

— Não posso negar que realmente ela é bonita, mas entre achá-la atraente e ter um caso com ela, vai uma grande diferença, não acha? E você se esquece que fui casado com a sobrinha do conde? Somos meio aparentados – tentou se justificar e desconversar.

Os dois homens que limpavam o refeitório estavam ficando impacientes. Queriam terminar logo o serviço para fechar o local e se recolherem, pois já estava ficando tarde.

— Acho melhor sairmos antes que nos expulsem – disse Michael, percebendo a impaciência dos homens.

— Vá, Michael. Ficarei um pouco mais para terminar minhas anotações – respondeu Antonie colocando suas coisas de volta à mesa.

Ficaria para recompor-se e conseguir levantar. Seu corpo tremia todo por dentro e sentia seu coração acelerado e as pernas bambas.

— Então, até amanhã, comandante. Boa noite e obrigado por me escutar. Sinto-me um pouco mais aliviado por contar-lhe – Michael retirou-se do refeitório sem perceber que deixara seu amigo transtornado.

Antonie permaneceu ali sentado, quieto, tentando digerir o que Michael acabara de lhe confidenciar. Sua cabeça começou a latejar parecendo que iria explodir a qualquer instante.

Apoiou os cotovelos na mesa, segurando a cabeça entre as mãos. Deu um grande suspiro, fechando os olhos. A imagem de Anne lhe veio à mente. Ele tinha medo de perdê-la e pela primeira vez pensou que essa possibilidade poderia se tornar realidade.

Antonie ficou nesta posição, passando as mãos algumas vezes nervosamente pelos cabelos, imaginando se não teria acontecido algo mais entre os dois, que Michael não lhe contara.

O amigo começava a transformar-se num possível rival. Apertou os lábios, fechou a mão e deu um forte soco na mesa. Recolheu seus pertences e saiu para seu aposento.

Os homens que terminavam a arrumação do local olhavam a cena assustados com a atitude do comandante, sem entender nada.

৩৩৩

DEPOIS DE ALGUM TEMPO SEM SE ENCONTRAREM, O CLIMA ESTAva diferente entre Antonie e Anne. Ele chegara de viagem com a aparência abatida e estava muito introspectivo desde a conversa que tivera com Michael.

*château*
castelo

Ele não fora até o _château_ ao chegar a Vichy como sempre fazia, ficando a maior parte do tempo trancado e isolado em seu pequeno escritório.

Anne estranhou a ausência de Antonie, percebendo que algo não devia estar bem. Logo imaginou que ele, de alguma forma, ficara sabendo sobre o que acontecera entre ela e Michael. Mas o que exatamente ele saberia?

Como ele não aparecia, passados três dias de sua chegada, a condessa lhe enviou um convite para um almoço.

Ele relutou em aceitar. Estava passando por um grande dilema em sua vida: o medo de perder Anne e que ela deixasse de amá-lo e ter uma conversa sobre tudo isso. Não estava em seu estado normal de equilíbrio emocional e temia não conseguir conduzir um diálogo de forma civilizada e pôr tudo a perder.

O comandante chegou no horário combinado e se portou de maneira muito mais formal que de costume, mesmo estando apenas os dois para o almoço.

Pouco se falaram durante a refeição. Anne sentia-se incomodada com o silêncio de Antonie. Seu olhar perdido e triste parecia, ao mesmo tempo, penetrar-lhe a alma quando a fitava, como a buscar algo em seu íntimo.

Quase ao final do almoço, quando os serviçais não estavam mais por perto, Anne arriscou iniciar uma conversa:

— O que você tem, Antonie? Está tão quieto, calado... - ela fez uma pequena pausa para observar a reação dele e continuou: - ...triste. Nunca te vi assim. O que foi?

— Estive pensando muito ultimamente.

— Sobre o quê?

— Sobre muitas coisas. Sobre minha vida, sobre nós dois...

Ele não continuou seu pensamento, dando um tempo e mudando, aparentemente, o rumo de seu raciocínio, comentou:

— Pensei que iria convidar o capitão Blanc também.

Ela começou a perceber o que se passava pela cabeça e pelo coração dele. De alguma forma ele externava seu ciúme.

— Por que o convidaria? Eu quero estar com você, não quero outras pessoas por perto. Senão daria uma festa.

— Quer mesmo estar comigo?

— Sempre quero estar com você. Por que não iria querer desta vez? Por que está me questionando dessa forma?

Os serviçais retornaram com a sobremesa e os dois pararam a conversa, ficando apenas se entreolhando.

Quando terminaram a refeição, eles se dirigiram para a sala da lareira, onde ninguém os perturbaria. Anne fechou a porta, fez uma pausa, e olhando para Antonie, perguntou:

— O que está acontecendo, Antonie? Você não apareceu desde que chegou e agora está com essas colocações e perguntas estranhas. Você nunca agiu assim.

— Se você deixasse de me amar, se viesse a se interessar por outro homem, você me contaria, Anne? – Antonie, ao invés de responder, fazia perguntas desconexas, mas que para ele tinham lógica.

— Que conversa é essa? – Anne perguntou tentando entender a situação e ganhar tempo.

Ele a estava sondando e ela tinha que tomar cuidado com o que diria para não criar uma confusão. Ela não tinha ideia do que ele sabia.

— Você sabe que eu sempre o amei, Antonie. Ainda tem alguma dúvida depois de tanto tempo, por tudo que passamos nesses anos todos? – continuou ela.

— Não sei. Você poderia mudar de ideia.

— Não, eu não mudei de ideia, Antonie. O que está incomodando você?

Ele parou um tempo e respondeu:

— Incomoda-me a ideia de outros homens a cortejarem – seu olhar era de amargura.

Ela deu um sorriso e continuou o pensamento dele:

— ... e eu me deixar envolver por eles.

Seu ciúme por Michael estava patente em suas palavras e no jeito de olhá-la. Ela continuou:

— Durante todos esses anos, você sempre conviveu com o galanteio dos homens para comigo nas festas e reuniões. Já devia ter se acostumado.

— Você não calcula o sacrifício que é, nessas ocasiões, para eu me controlar, fingindo não perceber, não me importar. Eu sei que algumas vezes você teve dificuldade para se livrar de alguns cavalheiros mais ousados e insistentes e eu até saía de perto para não tomar uma atitude inadequada e pôr tudo a perder.

— E por que isso agora? - ela tentava fazê-lo falar. - Você mesmo, em várias ocasiões, foi muito mais gentil do que precisaria ser com as senhoras na minha presença e eu nunca disse nada. Imagine quando estava longe de mim - ela cutucou.

— É diferente - justificou.

— Com você é realmente bem diferente - disse ela ironicamente.

— Você é mulher Anne, uma condessa, tem filhos. Não ficaria bem nem seria conveniente envolver-se nesse tipo de coisa com outros homens. Você sabe que seria um assunto para a corte toda comentar e eu, particularmente, não gostaria de ver minha mulher se engraçando por aí com esses senhores - ele estava sendo ciumento e possessivo em sua colocação.

— Da maneira que você diz, parece que sou um objeto que lhe pertence.

— Não. Você não é um objeto, mas é minha.

— Sua? Você tem um certificado de propriedade?

Ele olhou para o camafeu em seu pescoço que lhe dera há tanto tempo e ela entendeu o que ele pensava.

Anne segurou o camafeu de maneira tão forte entre os dedos que Antonie pensou que ela iria arrancá-lo. Não gostara da colocação dele e da forma que a estava tratando.

— Isso não é um certificado de posse, Antonie. Eu não lhe pertenço, da mesma forma que nunca pertenci ao conde D'Auvergne nem a ninguém. Você se lembra do que me disse quando me entregou este pingente?

Antonie não conseguiu encará-la e não respondeu. Seu orgulho não deixaria que dissesse qualquer coisa. Anne continuou:

— Você me disse que ele seria nossa aliança. Então ele simboliza nossa união, nosso amor, não posse. Essa aliança, que ainda carrego em meu dedo, não significa nada para mim. Ela tem importância para a sociedade, não para mim. Sabe por quê?

Antonie tampava a boca com a mão, apoiando o braço no outro que estava cruzado sob o peito para não falar nada. Não tinha o que dizer naquele momento, apenas a ouvia.

— Porque ela não me liga a nada nem a ninguém. Este pingente, sim, tem significado para mim porque ele me liga a quem eu tenho em meu coração. Aqui, bem junto onde ele fica – e soltou o pingente, ajeitando-o em seu colo. Seus olhos se encheram de lágrimas.

Ele a olhava enquanto pensava no que ela lhe dizia. Por fim, disse:

— Uma aliança significa tudo isso que você colocou, mas significa também que pertencemos um ao outro por todos esses motivos.

— Acho que você não entendeu.

— Você é quem não está entendendo, Anne. Você é minha. Minha mulher, minha vida, meu amor. Da mesma forma que meu coração é seu, sempre foi e será. Nada pode mudar isso. Nunca! Esse camafeu significa isso para mim. Eu não quero perdê-la. Eu não vou deixar que ninguém tente tirá-la de mim. Ninguém! – seu tom de voz mudara. Ele estava tomado por um ciúme que se agigantava em seu coração.

— Por que está me dizendo essas coisas?

— Você não sabe? Sabe sim, Anne, sabe.

Ela o olhava espantada. Não reconhecia o homem alterado à sua frente, acusando-a.

— Acho que você respeitava mais o conde do que a mim – ele continuou dizendo, misturando os sentimentos.

— Não sei sobre o que está dizendo. Mas não diga isso nunca. Sempre o respeitei. Você está sendo injusto comigo. Você não confia em mim? Não acredita no que eu sinto por você?

Ele a olhava e pensou se realmente não estava sendo muito rude com ela. Afinal, Michael é quem tinha se declarado apaixonado e ele mesmo dissera que ela tirara qualquer esperança dele.

— Não sei o que lhe disseram. Não sei o que está imaginando. Não vou tentar me explicar, nem me defender de uma acusação que desconheço. Pense o que quiser de mim, Antonie. Não me importo.

— Michael contou-me que te ama e que ele lhe disse isso.

— Então é só isso?

— Você acha só isso? Por que não me contou?

— Ele é quem gosta de mim, não eu dele. Não é ele quem eu amo. Não sinto nada por ele além de amizade. Consegue entender isso?

Aquele fato tinha mexido muito com ela, mas não a ponto de alterar seus sentimentos em relação a Antonie. O que sentia por ele era muito mais forte e profundo para que ela se deixasse levar por alguns minutos e uma declaração de amor de Michael.

— Por que ele foi me contar, então? Que intenção poderia ter?

— Você está mesmo desnorteado, Antonie. Não consegue nem raciocinar. Não parou para pensar? Não vê que ele é teu amigo e não sabe nada sobre nós dois? Em quem mais ele poderia confiar a não ser em você?

Ele ficou a olhá-la. Não tinha pensado nisso. Seu ciúme o cegara. Começou a perceber que estava sendo mesmo injusto com ela. Precisava esfriar as ideias, acalmar seu coração e voltar à razão. Não era de sua personalidade esse tipo de comportamento. Nunca agira assim com Anne. Medos adormecidos em sua alma emergiam sem que ele entendesse por que estava perdendo o controle da situação.

— Mas ele virá aqui no fim de semana para o jantar – ele insistiu.

— Você sabe que sim, Antonie. E não tem por que não o convidar. Jean-Luc virá com Alain e darei o jantar de boas-vindas para vocês, como sempre.

Ele suspirou inconsolado, pegou seu chapéu e dirigindo-se à porta, disse:

— Boa tarde, Anne. Não estou sendo uma boa companhia. Preciso assentar minhas ideias. Nós nos veremos noutro dia.

ANTONIE PASSOU O RESTO DA SEMANA REMOENDO AQUELA conversa com Anne. Queria estar com ela, mas evitou ir vê-la. Sabia que não estava bem e só estragaria ainda mais as coisas com seu nervosismo e descontrole emocional.

Estava preocupado com o jantar e no que poderia acontecer quando se encontrasse com Michael. Evitava deparar com o companheiro e cada vez ficava mais difícil desviar-se dele. Teria que enfrentar seu ciúme e orgulho ferido. Não sabia se conseguiria se controlar se acaso surgisse alguma situação mais embaraçosa.

Antonie foi o primeiro a chegar para o jantar, sendo encaminhado para a sala da lareira, onde seriam servidos os vinhos e petiscos antes da refeição. Ficou sozinho por um tempo com o pensamento longe.

# XVIII
## Capítulo

Michael entrou na sala apressadamente, encontrando-o sentado próximo à lareira.

— Olá, comandante. Já está aqui?

Michael estava agitado e eufórico e não percebeu o semblante carregado do amigo.

— Cheguei há pouco. Sente-se, Michael.

— Não, obrigado. Prefiro ficar em pé. Estou muito ansioso.

— Ansioso por quê? É apenas um jantar de boas-vindas, como sempre.

— Eu sei, mas será a primeira vez que verei Anne depois daquele dia, e não sei como agir.

Antonie mexeu-se na poltrona. Começou a ficar incomodado com o que Michael dizia. Sentiu que seu coração e sua respiração começavam a se alterar.

— Não consigo esquecê-la, Antonie. Juro que tenho tentado, mas sempre que me lembro daquele beijo fico pensando...

Antonie não esperou Michael terminar a frase e levantou-se da poltrona rápido, totalmente descontrolado, e partiu para cima de Michael, deu-lhe um soco certeiro no meio do rosto.

Michael foi pego de surpresa, caindo para trás, por cima da mesa de centro, com o golpe que recebera, levando tudo que estava nela junto com ele ao chão. Ele ficou caído perto do sofá sem entender o que estava acontecendo, meio atordoado, sentindo seu nariz e a boca que começavam a sangrar.

— Você ficou maluco? - perguntou Michael ao amigo, apalpando o nariz e limpando o canto da boca.

Antonie o olhava possesso de raiva e ciúme.

— O que deu em você? - Michael perguntou tentando se levantar, mas começou a sentir seu corpo doer todo pela queda e desistiu, ficando no chão, tirando os objetos à sua volta.

— Pense antes de falar. Ou melhor ainda, Michael, pare de pensar em Anne se não quiser que eu quebre você inteiro.

Antonie estava descontrolado, falando alto e em tom ameaçador com Michael. Sentia o sangue começar a ferver nas veias.

— O que você tem? Resolveu ter uma crise de ciúme de repente?

Anne veio correndo ao ouvir a barulheira e a gritaria na sala. Madeleine vinha logo atrás dela.

— O que está acontecendo aqui? – ela entrou perguntando.

Ao ver Michael no chão ensanguentado, foi ao socorro dele. Ela se abaixou para ver melhor como ele estava.

— O que aconteceu com seu rosto, Michael?

— Pergunte ao comandante, eu não sei o que deu nele.

— Meu Deus! o senhor está sangrando! – Madeleine ficou impressionada, virando o rosto. Não gostava de ver sangue.

— Por favor, Madeleine, vá procurar alguém para ajudar Michael.

Anne fizera o pedido para que ela saísse do local. Pressentia que as coisas podiam se complicar e não a queria por perto.

Anne se virou para o comandante, perguntando:

— O que aconteceu, Antonie? Por que bateu nele dessa maneira?

— Você não sabe? Agora você vai defendê-lo? Tomar as dores dele?

— Não acredito – Michael começava a juntar os fatos. – Estou começando a entender. Tudo começa a se encaixar e fazer sentido – ele falava para si mesmo atônito.

Anne ergueu-se, virando em direção a Antonie. Quando ia começar a falar, ele levantou a mão para lhe dar um tapa. Ela o olhou bem fundo em seus olhos e lhe disse enquanto lágrimas começavam a se formar e a correr pelo seu rosto:

— Se for me bater, bata para acabar comigo porque só falta meu bravo cavaleiro virar um monstro!

— Por que todo esse tumulto? O que está acontecendo? – perguntou Jean-Luc, entrando na sala, também atraído pelo barulho, parando ao ver a cena.

Antonie olhava para Anne crispado de ciúme com a mão parada no ar. As palavras dela tocaram no fundo de suas lembranças e a chegada de Jean-Luc o fizera pensar por um instante. De repente, ele fechou a mão e, mordendo os lábios, virou-se e foi em direção à parede, socando-a com toda a raiva que sentia. Sua mão começou a doer imediatamente e ele se apoiou na lareira. Estava totalmente descontrolado e todos na sala estavam assustados com as suas atitudes.

— O que está ocorrendo com vocês? Por que o senhor ia bater em minha mãe, comandante? – perguntou o rapaz.

— Saia, por favor, Jean-Luc – pediu-lhe a mãe.

— Fique! – ordenou Lefèvre, virando-se para ele enquanto segurava a mão machucada.

O rapaz ficou sem saber o que fazer. Estava totalmente perdido.

— Ele é meu filho. Não quero que ele fique – Anne disse a Antonie, encarando-o.

Ele também a encarava e replicou:

— Ele fica. Ele é meu...

— Antonie, por favor – ela o interrompeu suplicando.

— ... soldado – completou.

Os dois continuaram a se olhar.

— Eu não estou entendendo nada. Parece que todo mundo enlouqueceu. Alguém poderia me explicar o porquê dessa confusão toda? – questionou Jean-Luc.

— Ele está aqui – Madeleine chegou esbaforida com o médico.

— Deixe-me dar uma olhada em você, Michael – o médico fez uma rápida avaliação.

— Como arrumou isso? Quem te acertou o fez com vontade – comentou o médico.

— Nem queira saber, doutor – Michael respondeu, olhando para Antonie, que continuava a encarar Anne.

— Venha, levante-se. Consegue andar? – perguntou o médico, ajudando-o.

— Espero que sim. Meu nariz é que me incomoda mais. Está latejando – ele levantou-se. – Ai! minhas costas.

— Vamos até o alojamento para eu examiná-lo melhor. Não se preocupe que em alguns dias estará bem novamente. Com licença senhores, senhoras.

Madeleine continuava parada no meio da sala. Anne pediu a ela:
— Por favor, Madeleine, acompanhe-os e feche a porta ao sair.

A senhora saiu resmungando, deixando os três a sós.

ೞೞ

ANNE SE APROXIMOU DE ANTONIE, PEDINDO:
— Deixe-me ver sua mão.
— Não precisa. Eu estou bem. Vá cuidar do seu novo protegido.
— Pare com isso, por favor. Você não está bem coisa nenhuma. E não é só a mão que não está bem. Deixe-me vê-la.

Ela pegou sua mão machucada para examinar. Abaixou-se para apanhar a barra da saia, rasgou um pedaço da anágua e com o retalho improvisou uma atadura para a mão dele.

— Será que um de vocês pode me dar atenção? Podem me explicar o que é tudo isso? – Jean-Luc continuava cada vez mais sem entender o que estava acontecendo.

Antonie a encarava fixamente como se a questionasse. Eles se falavam pelo olhar. Sabiam que tinham chegado a um ponto sem volta. Precisavam encarar o fato e o filho mais velho.

— Anne, eu não suporto mais essa pressão desses anos todos. Estou a ponto de explodir, de cometer uma loucura – Antonie mudara sua fisionomia e seu tom de voz.

Ela sentia a mesma coisa. Não estava aguentando guardar tudo aquilo também, mas ao mesmo tempo um medo tomava-lhe o coração.

— Você sabe que não podemos mais fugir disso. Olha a que ponto nós chegamos – era um pedido dele para que enfrentassem a situação e conversassem com o filho.

Anne sentou-se na poltrona, agoniada. Sempre temera a chegada desse dia. Imaginara inúmeras circunstâncias para contarem a verdade aos filhos, mas nunca nada parecido com o que estava acontecendo.

— Sente-se, Jean-Luc – o comandante pediu ao rapaz.

— Acho que chegou a hora de termos aquela conversa de anos atrás, quando fomos a Paris por ocasião da morte do conde, lembra-se? – começou Antonie.

— Sobre o quê? O que tem a ver o que está acontecendo aqui com aquele dia? Estou cada vez mais confuso – perguntou o rapaz, sentando-se na ponta da poltrona.

— Você se lembra que comentou naquele dia que tinha sentimentos diferentes em relação à sua mãe e ao conde?

— Lembro, e o senhor me disse para guardar os bons momentos e as coisas boas que ele fizera em vida. O senhor disse que tudo tem seu tempo, que quando eu fosse mais velho saberia e entenderia... – Jean-Luc recordava aquela conversa.

— Você comentou também que achava estranha a forma de ele tratar você e seus irmãos, que achava que ele não se importava com sua mãe – Antonie fazia rodeio, tentando achar uma maneira de abordar o assunto.

Ele passava por dias de raiva e ciúme do amigo Michael. Não seria para ele um momento adequado para aquela conversa, mas todos os acontecimentos levaram os três a estarem frente a frente. Anne observava quieta, aguardando o desenrolar daquela conversa.

— E continuo achando estranho – comentou o rapaz.

— Não sei se você entenderá, mas ele tinha realmente uma razão para agir e sentir daquela forma.

— E que razão era essa?

Antonie sentiu a voz sumir e o coração apertar. Ele não podia inventar uma história para Jean-Luc. Não poderia mentir. O rapaz não engoliria. Era difícil para ele falar sobre aquele assunto há tanto tempo guardado. Não sabia como o filho receberia tal revelação.

Anne fechou os olhos como se isso a tirasse dali e a livrasse de tudo. Ela apenas esperava as palavras de Antonie e a reação do filho.

— Belmont não é seu pai.

— O que está me dizendo? – Jean-Luc perguntou incrédulo e dirigiu-se a Anne, desnorteado: – Mãe, do que ele está falando? Isso não é verdade, é?

— Por favor, escute-o – Anne pediu com a voz embargada.

— Como assim Belmont não é meu pai? O senhor está insinuando que minha mãe traiu meu pai, teve um amante?

Jean-Luc começou a ficar nervoso e descontrolado. Anne mal conseguia respirar e as palavras do filho lhe feriam a alma.

— Sua mãe nunca traiu o conde.

— Como não? – questionou. – Se ele não é meu pai e minha mãe não o traiu, então eu sou adotado? Do mesmo jeito um bastardo.

O rapaz ficou transtornado sem coordenar as ideias, dizendo o que lhe vinha à cabeça.

— Não fale assim! Sua mãe não merece ouvir isto. Você não é adotado nem bastardo.

Anne voltou a chorar. Aquela noite estava sendo terrivelmente difícil para ela. Nunca imaginou ouvir essas palavras, muito menos da boca de seu filho. Provavelmente ainda viriam mais recriminações de Jean-Luc.

— Se você me ouvir, poderei explicar.

— Então tente me explicar, comandante. Estou querendo entender e não estou conseguindo.

Antonie olhou para Anne, procurando ajuda, encontrando-a fragilizada no canto da poltrona.

— Sua mãe nunca traiu o conde porque eles foram casados apenas formalmente. Não foram casados de fato. Você entende?

— De qualquer forma, se ela era casada e teve outro homem, isso é traição. Ou vai me dizer que não é?

O rapaz estava na retaguarda, atacando com as palavras. Doía para Antonie ouvir o filho falar de Anne daquela forma. Não a via como sua amante e sim como esposa. Ele suspirou tentando encontrar forças e palavras para continuar:

— Jean-Luc... a verdade é que o senhor Belmont era estéril e impotente e queria que sua mãe lhe desse um herdeiro. Ela corria o risco de se dar mal como as outras esposas dele caso não tivesse filhos.

— Então ela arranjou um amante, que por acaso é meu pai. É isso? – o rapaz continuou atacando com tom agressivo.

— Não é bem assim. E não fale desse modo de sua mãe, já lhe disse – ele começava a se irritar com as palavras do rapaz.

— Não é assim? Então como é?

Antonie deu outro suspiro e calou-se por um momento, procurando as palavras e como lhe dizer.

— Como sabe de tudo isso, comandante? – aquela pergunta soava como se o rapaz já tivesse percebido certo envolvimento de Lefèvre nessa história.

Antonie olhou para Anne e voltou a encarar o filho, sem dizer nada.

— E o senhor também sabe quem é meu pai?

— Sei – Antonie o encarava. Retomara sua postura de autoridade na poltrona. Estava decidido a levar aquela conversa até o fim.

— Quem é então? Não vai me dizer? – desafiou o rapaz.

Antonie olhou novamente para Anne, que estava de cabeça baixa, aguardando a nova reação do filho, quando Antonie lhe contasse.

Antonie sentou-se na beira da poltrona e, olhando bem no fundo dos olhos do rapaz, disse pausada e firmemente:

— Sou eu, Jean-Luc. Seu pai sou eu.

— Quê? O senhor? Meu pai? – Jean-Luc arregalou os olhos, não acreditando no que ouvia. As palavras de Antonie caíram com uma avalanche sobre ele.

— Mãe, é verdade? – ele olhou desarmado para a mãe, em busca de uma confirmação.

Ela balançou afirmativamente a cabeça e acrescentou com a voz falha:

— E de seus irmãos também.

— Eu não posso acreditar... Vocês estão brincando comigo... Todos esses anos... O senhor e minha mãe... Eu? Filho de vocês dois?

Antonie e Anne ficaram quietos, apenas ouvindo as frases soltas de incredulidade do filho.

— Não. Vocês não podem estar falando sério.

— É verdade, Jean-Luc. Eu sou seu verdadeiro pai – confirmou Antonie.

— E por que nunca nos contaram? Por que esconderam isso todo esse tempo?

— Você vai escutar e prestar atenção? Caso contrário eu nem vou começar.

Jean-Luc parou de falar e ficou olhando o pai. Seu olhar era de questionamento e aflição.

— Nós dois não planejamos nada disso, apenas aconteceu.

— O senhor quer que eu acredite? – interrompeu.

— Você vai me ouvir, rapazinho? – Antonie mudou seu tom e postura. Jean-Luc, assustado com a autoridade que o pai impunha, calou-se.

— Não lhe devo explicações, pensando bem. Afinal eu sou seu pai e você meu filho.

Anne se surpreendera também com a mudança de atitude de Antonie. Ele continuou:

— Na verdade, o mais importante é que ninguém pode saber sobre nós. Você pode imaginar por quê?

O rapaz balançou a cabeça negativamente.

— Já pensou o que aconteceria se ficassem sabendo que você e seus irmãos não são filhos do conde?

Ele olhava o pai sem piscar. Parecia que começava a compreender a real situação deles.

— Já pensou se descobrem que sua mãe, como você mesmo disse, tem um amante? E se o rei fica sabendo que o amante de sua mãe, condessa D'Auvergne, sou eu, comandante Lefèvre da Guarda Real?

Antonie fez uma pausa para que o filho tivesse tempo de pensar e assimilar o que ouvia.

— É simplesmente o fim para todos nós. Da minha carreira, dos negócios dos D'Auvergne, da herança de vocês, de nossa vida literalmente. Você não calcula o que eu e sua mãe fizemos para manter esse segredo até agora. E espero que ninguém mais venha a saber. E isso tudo para preservar principalmente a sua vida e a de seus irmãos.

Anne ficou imaginando, pela primeira vez, o real tamanho da repercussão daquela história. Que banquete para as alcoviteiras! Que escândalo na França! Que reviravolta na economia! Que bela execução para os dois! Sentiu um calafrio subir pela espinha.

O rapaz continuava imóvel, ouvindo e tentando entender tudo aquilo.

— Você consegue perceber a dimensão disso tudo? Por minha vontade e também de sua mãe, vocês teriam sabido de tudo há muito tempo, mas não podíamos de forma alguma contar-lhes.

Jean-Luc até conseguiu entender a situação toda, mas sentia-se traído pelos pais mesmo assim. A família que acreditava ter até aquele momento transformara-se em outra em segundos. Parecia que o chão lhe faltava. Avós, tios, tias, primos, todos deixaram de ser seus parentes. Sentiu como se todas as lembranças da infância e adolescência fossem falsas, que vivera uma grande farsa e não tinha mais onde se basear dentro daquela nova condição. Era como se não soubesse mais quem era. Um Gauthier ou um Lefèvre? Ou nada disso?

Ele se levantou, sentindo-se mal com tudo que presenciara e ouvira. Precisaria de muito tempo para ordenar suas ideias e principalmente seus sentimentos.

— Com licença – Jean-Luc saiu sem dizer mais nada nem esperar qualquer resposta ou atitude dos pais.

Os dois ficaram quietos, apenas se olhando por um tempo. A amargura e o sofrimento deles não precisavam de palavras. Eles conheciam o coração um do outro e como cada um estava se sentindo.

— Desculpe-me, Anne. Não gostaria que tivesse sido assim – Antonie sentia-se esgotado e de certa maneira derrotado. Fora um dia complicado. Nunca tivera que lidar com tantos sentimentos negativos num só dia.

— Nunca é como gostaríamos que fosse.

— Desculpe-me por estragar seu jantar. Sua vida. Boa noite.

Ele pegou seu chapéu e saiu segurando a mão machucada.

O ciúme desenfreado de Antonie desencadeara todos aqueles acontecimentos e, também, as consequências que acarretariam.

Anne continuou sentada com as lágrimas a correr pela face. Antonie podia ter estragado o jantar, mas não a vida dela. Ela fizera sua escolha. Escolhera aquele amor proibido e desde o início sentiu que não podia fugir daquela paixão e da vida que teriam. Sua vida seria como foi, do jeito que foi. Com Antonie.

Ela abaixou-se e começou a recolher os objetos e cacos do chão. Nunca faria isso, mas naquele momento precisava fazer. Era como se catasse seus pedaços e cacos para tentar juntá-los mais tarde.

## Capítulo XIX

**L**EFÈVRE, BLANC E ALGUNS MILITARES ESTAVAM EM REUnião quando Jean-Luc bateu à porta da sala e entrou sem esperar pela autorização:

— Com licença, senhores.

Os homens ficaram olhando para o jovem mosqueteiro, admirados com a ousadia e o atrevimento em interromper a reunião.

— O que aconteceu, soldado? – perguntou Michael.

— Desculpe interromper, mas vim entregar minha espada e minhas outras armas – respondeu-lhe o rapaz.

Instintivamente Lefèvre e Blanc entreolharam-se perguntando o que teria acontecido para Jean-Luc aparecer naquele momento com uma resolução tão séria.

— Por favor, soldado, agora estamos em reunião. Conversaremos mais tarde sobre isso – pediu Antonie.

— Preciso conversar e resolver isso agora, senhor – insistiu Jean-Luc.

Ele estava decidido e queria resolver logo o assunto, não se importando com a presença dos militares.

— Já lhe foi dito: hoje não temos como conversar, soldado. Por favor, volte ao alojamento e às suas obrigações. Amanhã cedo, vá ao meu escritório para falarmos – Michael tomara a frente. Sentia que Jean-Luc contestaria Lefèvre, criando uma situação ainda mais delicada perante os militares presentes.

Jean-Luc se retirou contrariado. Viu-se obrigado a adiar sua saída da corporação, mas percebeu não ser realmente um momento adequado para conversar com seus superiores.

— Deixe que eu converse com ele, comandante Lefèvre. Será mais fácil ele me ouvir – Michael pediu para Lefèvre. Ele sabia que os dois não conseguiriam manter um diálogo civilizado e produtivo naquele momento.

Antonie olhou para Michael, mordendo-se de ciúme. Os dois amigos não estavam conversando. Apenas cumpriam juntos protocolos que suas funções de comando exigiam. Via o velho companheiro como um rival também em relação ao filho. Não queria admitir que Jean-Luc pudesse ouvir a Michael e não a ele, seu pai.

— Esse soldado é atrevido, hein comandante Lefèvre? Que ousadia entrar no meio de uma reunião falando daquela maneira. Merece uma severa punição – comentou um general.

— Não se preocupe, senhor. Tomarei providências em relação a isso, com certeza – respondeu apenas para contentar o general. Não faria nada contra o filho, apesar de seu comportamento.

ERA MADRUGADA ALTA E COMO NÃO CONSEGUIA CONCILIAR O SONO, Antonie tomou coragem e foi até o *château*. Passara as últimas noites praticamente acordado, pensando nos últimos acontecimentos.

*château*
castelo

Suas emoções ainda estavam afloradas e não conseguia usar a razão para entender o que acontecia com ele nem em que suas atitudes podiam resultar.

Antonie subiu as escadarias secretas do castelo e entrou no quarto de Anne com o maior cuidado para não ser ouvido. Retirou sua faixa com as balas, seu cinto com as bainhas e suas botas, deixando tudo num canto do quarto. Sentou-se na cadeira, perto da janela, e ficou admirando Anne enquanto ela dormia.

Ele estivera lá na noite anterior, onde ficou por quase uma hora sentado, na mesma cadeira, apenas admirando sua amada sem coragem de se aproximar. Como ela não acordara, fora embora com seus pensamentos e sentimentos ainda confusos.

Enquanto estava perdido em suas lembranças e pensamentos, Anne acordou num sobressalto, sentando-se na cama. Ela percebeu um vulto na penumbra do quarto:

— Antonie?

Ele levantou-se. Ela o reconheceu, abriu os braços e Antonie foi ao seu encontro.

Quando acordou de manhãzinha, Anne encontrou Antonie dormindo profundamente ao seu lado. Era a primeira noite que ele conseguira realmente dormir em quase um mês.

Ela levantou-se cautelosamente, trocou-se e saiu do quarto, deixando-o lá. Trancou a porta do quarto com a chave pelo lado de fora. Não queria correr o risco que o achassem em seu aposento.

JEAN-LUC SE DIRIGIU À SALA DO CAPITÃO BLANC LOGO APÓS O café da manhã. Ele estava meio receoso. À noite pensara muito no que fizera na manhã anterior e agora esperava por alguma represália pela atitude precipitada.

— Com licença, senhor.

— Entre e sente-se, meu rapaz – Michael lhe pediu.

— O que aconteceu com você para entrar no meio de uma reunião daquele jeito? – Blanc perguntou de pronto.

— Quero deixar a corporação, senhor – Jean-Luc foi direto ao assunto. Não gostava de rodeios, como seu pai.

— Por que não quer mais continuar na corporação?

— Não quero mais ser um mosqueteiro.

— E por quê? Pode me explicar?

— Não vou inventar desculpas para o senhor. Não consigo encarar o comandante Lefèvre depois do que aconteceu e do que soube, e muito menos conseguiria treinar com ele novamente. Não me sinto à vontade na presença dele. Sinto-me enganado por ele e minha mãe.

— Não entrarei nessa questão de sua mãe agora. Antes quero pôr algumas coisas nos seus devidos lugares.

Michael tentaria convencê-lo a mudar de ideia. Iria questioná-lo para fazê-lo pensar no assunto e voltar à razão. Sabia que se ele fosse como o pai, seria uma tarefa árdua.

— Em primeiro lugar, me diga quem é seu comandante.

— Capitão Durand, senhor.

— Então é a ele que deve se reportar. Não precisa se dirigir nem estar em contato com o comandante Lefèvre. Entendeu?

— Sim, senhor.

— Em segundo lugar, se não se sente à vontade em treinar com o comandante Lefèvre pode treinar comigo, com o capitão Durand ou com outro graduado e até mesmo com os demais mosqueteiros. Certo?

Jean-Luc apenas ouvia Michael, pensando no que ele lhe dizia. Suas possíveis argumentações estavam sendo desbancadas pelo capitão Blanc.

— Em terceiro, não precisa me responder, apenas pense. Se deixar a Guarda Real, o que pretende fazer na vida?

Michael sentiu que o rapaz parara por um instante para pensar. Provavelmente não pensara em nada disso ao tomar sua resolução. Colocara suas emoções à frente da razão.

— Em quarto, sua mãe sabe sobre sua decisão?

— Não, senhor. Eu tomei essa decisão sozinho e ainda não lhe comuniquei, mas com certeza ficará feliz. Ela não queria que eu entrasse para a Guarda Real.

Michael o observou. Como era parecido com Antonie tanto no jeito de ser como fisicamente.

— Quero saber mais uma coisa de você. Desde pequeno sempre admirou e queria ser como um de nós, como Lefèvre...

— Isso foi antes, senhor – Jean-Luc interrompeu Michael.

— Antes? Mudou de opinião de repente?

O rapaz voltou a se calar. Michael passara a falar com ele como um amigo e não mais como um superior.

— Não parou para pensar que deveria ter uma razão para você admirar tanto o comandante Lefèvre? Uma razão mais forte para ele se importar tanto com vocês? Que no fundo você sentia e já sabia de tudo?

Michael parou por uns instantes, deixando o rapaz com seus pensamentos.

— Não acho que deve desistir de ser mosqueteiro. É o que você sempre quis. É o que gosta e sabe fazer muito bem. O comandante sempre o apoiou, não é verdade? E sabe de uma coisa, Jean-Luc? Ele tem muito orgulho de você. Sempre fala de você e o elogia. E não é só porque ele é seu pai, não. Você tem muito potencial para ser um grande comandante no futuro, como seu pai.

Michael chegara ao ponto que pretendia. No fundo Jean-Luc não queria abandonar a espada e todo o resto. Amava e desejava tudo aquilo desde pequeno. Ele só queria fugir do que sentia em relação ao pai. Estava confuso com o que descobrira. Não conseguia aceitar a nova realidade, sentindo-se enganado e traído pelo comandante e a mãe.

— Se quiser um tempo sem se encontrar com Antonie posso conversar com Alain. Deixe os dias passarem, tudo isso esfriar. O tempo acerta e resolve quase todas as coisas. Eu mesmo estou indo para outro local. Deixarei a poeira assentar por aqui.

— O senhor ama minha mãe, não é? Por isso o comandante Lefèvre lhe deu aquele soco? – Jean-Luc queria entender o que acontecia entre seu pai, sua mãe e o capitão Blanc.

Michael olhou para o rapaz, percebendo que aquela conversa deixara realmente de ser entre mosqueteiros.

— É impossível não amar sua mãe, Jean-Luc, e infelizmente eu a amo sim.

— Por que infelizmente?

— Por que o coração dela pertence ao comandante Lefèvre, seu pai. E se eles estão juntos há tanto tempo é porque realmente se amam. Mas eu lhe digo, Jean-Luc, se sua mãe estivesse com qualquer outra pessoa eu iria tentar conquistá-la. Antonie é meu melhor amigo e eu não irei competir com ele, por ele ser meu amigo e amar de verdade sua mãe.

— O senhor sabe sobre eles desde quando? – o rapaz demonstrou curiosidade para saber mais sobre o relacionamento dos pais.

— Na verdade meu nariz descobriu primeiro, porque fui falar com seu pai e ele, com razão, não gostou do que ouviu. E no dia do jantar, ele não se conteve e deu no que deu. Seus pais sempre foram muito discretos. Acho que ninguém nunca desconfiou de nada. Nem mesmo o conde soube quem era seu pai verdadeiro. Para mim, e meu nariz, foi uma grande surpresa também.

— E sobre Edmond? – perguntou Jean-Luc, que passara aqueles últimos dias remoendo as lembranças do passado.

O rapaz sentia confiança em Michael para fazer perguntas e tirar suas dúvidas.

— Edmond? O que tem ele?

— Ele não é filho da prima Leontyne? É filho do comandante, não é? Então ele é meu meio-irmão.

— Não, não é. Isso eu posso lhe afirmar e garantir.

— Como não?

— Antonie nunca teve nada com Leontyne. Sempre evitou até conversar com ela. Cá entre nós: ele a detestava. O pai de Edmond é outra pessoa. Não sei como ela conseguiu armar tudo isso e envolver seu pai nessa história, fazendo com que eles se casassem.

— Então por que ele se casou com ela?

— Na verdade, eu nunca soube ao certo, mas com certeza ele não quis se indispor com o conde e a família dela. Você sabia que ele a deixou na noite de núpcias sozinha e nos fez viajar para Paris na manhã seguinte? Foi uma das piores viagens que fizemos. Eles nunca mais se viram desde o casamento.

Jean-Luc ficou imaginando como teria sido para sua mãe aquele período. Ele pequeno, de colo, e Claire por vir. Provavelmente o comandante não sabia sobre sua irmã, pensou, senão ele não teria sumido de Vichy daquela forma e por tanto tempo.

— O senhor sabe onde o comandante está? Não o vi no refeitório pela manhã – ele não perdera o costume de aproveitar as ocasiões para matar sua curiosidade.

Michael também notara a ausência do comandante. Tinha um ótimo palpite, mas o guardou para si. Na verdade, Jean-Luc tinha o mesmo palpite quanto ao paradeiro de Antonie.

— Não sigo os passos do comandante. Ele sabe o que faz apesar de estar meio desnorteado por minha causa nesses últimos dias. Não se preocupe com ele e sua mãe. Preocupe-se com sua carreira e... - Michael fez uma pausa, pensou melhor e não continuou, mudando o assunto: - Se quiser, falarei com Alain e pedirei que o libere para que você vá comigo em minha nova missão. O que acha, gostaria de me acompanhar?

Jean-Luc pensou um pouco e respondeu:

— Está bem. Aceitarei seu convite, capitão Blanc.

Michael deu um sorriso. Sentiu um alívio com a resposta do jovem. Evitara que ele fizesse uma grande besteira em sua vida, tomando aquela decisão precipitada.

— Está dispensado, soldado - Michael retomou o tom formal, mas a estima que sentia pelo rapaz estava no tom de suas palavras.

— Sim, senhor.

JEAN-LUC FICOU QUASE UM ANO SEM SE ENCONTRAR COM Lefèvre. Tempo mais que suficiente para sentir falta dos treinos com o comandante e das conversas sobre os mais diversos assuntos que tinham desde que ele era pequeno. Tempo para pensar e lembrar os primeiros ensaios de golpes com a espada de madeira que ganhara do pai, ainda menino, as primeiras lições e exercícios de espada com o comandante, escondidos da mãe.

Entre essas e outras lembranças da infância percebeu, nos últimos meses, como Lefèvre esteve presente na vida deles muito mais que o conde. Como Antonie tinha uma atenção toda especial para com ele. Mas seu coração ainda estava marcado pelo orgulho ferido em sentir-se traído por seu ídolo e pela mãe.

# CAPÍTULO XX

O reencontro dos dois seria inevitável, tendo que acontecer algum dia e finalmente esse dia chegara.

O comandante Lefèvre orientava os treinos naquela manhã e não notou o jovem mosqueteiro que o observava parado na porta. Jean-Luc ficou olhando os demais mosqueteiros com uma ponta de inveja. Queria estar lá entre eles, treinando também.

Ao perceber sua presença, Antonie parou por uns instantes. Teve um impulso de ir ao encontro de Jean-Luc, mas conteve-se, voltando sua atenção aos treinos.

Alain, ao ver o rapaz na porta, foi ao seu encontro.

— Olá Jean-Luc. Veio treinar com o comandante Lefèvre? – Alain saudou o jovem mosqueteiro.

Alain não sabia sobre os reais motivos dos fatos ocorridos meses atrás entre seus dois companheiros e amigos. Apenas tomara conhecimento que Antonie e Michael tiveram um desentendimento muito sério e que Jean-Luc fora acompanhar Michael numa missão com sua autorização. Alain não tinha feito nenhuma ligação entre os acontecimentos.

— Não, senhor. Não treinarei hoje. Apenas vim dar uma olhada. Com sua licença – ele respondeu, retirando-se do galpão.

Jean-Luc, ao virar-se, quase trombou com Michael que chegava para o seu treino.

— Já está de saída, Jean-Luc? Terminou seu treino de hoje? – Michael lhe perguntou.

— Não treinarei hoje, senhor – Jean-Luc respondeu, abaixando a cabeça e tentando sair, mas Michael o segurou pelo braço.

— Deixe de ser teimoso e orgulhoso. Um mosqueteiro não pode agir assim entre os seus. Não tente ir contra sua natureza. É isso que você gosta de fazer. É isso que você é. Não deixe escapar essa oportunidade de aprender e treinar com o comandante Lefèvre só porque ainda está magoado com ele. Não vale a pena. Você só tem a perder.

O jovem olhou para ele, mas logo desviou o olhar.

— Com sua licença, senhor – e saiu dali com aquelas palavras, a cena dos treinos e seus pensamentos borbulhando na cabeça.

❦

MICHAEL E JEAN-LUC FAZIAM SEU TREINO MATINAL DE ROTINA com outros mosqueteiros quando Michael percebeu a chegada de Antonie ao local e aproveitou a ocasião para tentar reaproximar pai e filho.

— Que bom que chegou, comandante Lefèvre! Precisarei sair e gostaria que continuasse o treino com ele. Nos vemos mais tarde no refeitório. *Bon entraînement, messieurs*!

> bon entraî-
> nement,
> messieurs
> bom treino,
> senhores

Michael saiu sem esperar uma resposta, deixando os dois homens frente a frente. Michael ainda não voltara à velha amizade com Antonie, mas não deixaria escapar aquela oportunidade de ajudar o velho amigo.

Lefèvre ficou sem ação, olhando para Jean-Luc que, rapidamente, guardou a espada e foi se retirando, dizendo:

— Não há necessidade, senhores. O treino já foi suficiente por hoje.

O comandante Lefèvre retomou sua postura, desembainhou sua espada rapidamente e barrando a passagem do rapaz com ela lhe disse:

— Volte, mosqueteiro. Quero ver se tem treinado o bastante e adequadamente.

Eles se encararam por uns instantes até que o jovem desembainhou sua espada novamente e respondeu:

— Como queira, comandante.

Jean-Luc foi para o centro do galpão com suas emoções afloradas. Ele continuava ressentido e com seus sentimentos ainda confusos.

Eles começam o treino e Antonie não se deixou influenciar pelo descontrole do filho. Como sempre ele tinha o domínio da situação e agia como comandante e instrutor que era:

— Concentre-se, meu rapaz. Numa luta é preciso concentração.

Entre um golpe e outro o comandante dava as orientações e correções necessárias.

— Firme sua base. Lute com a cabeça, não com o coração.

— Sinta sua espada. Deixa-a fazer parte de você. Faça sua espada e seu braço ser um só.

O comandante percebeu as emoções do filho pela sua maneira de manejar a espada. O rapaz não parava de encará-lo, e se punha mais no ataque, em vez de procurar as oportunidades de bons golpes e contragolpes.

— Pare de me olhar. Não preste atenção em mim. Preste atenção em minha movimentação e tente antecipar meus golpes. Isso!

As espadas se entrelaçaram no ar, deixando os dois bem próximos.

— Tire esses sentimentos do coração. Eles atrapalham num combate e você não luta com todo o seu potencial.

— Bom!

Depois de alguns minutos, Lefèvre o desarmou.

— Nada mal. Por hoje basta.

Jean-Luc ajeitou-se, pegou sua espada do chão e a guardou.

— Lembre-se sempre: concentração. Na hora do combate, suas emoções não podem prevalecer. Pode lhe custar a vida. Traga sua adaga para o próximo treino. Começaremos a treinar com ela também. Combinado? – Antonie insistia com o filho nos pontos da concentração e dos sentimentos negativos durante um duelo.

O rapaz mal encarava o pai e lhe respondeu simplesmente:

— Sim, senhor – não conseguiu responder outra coisa nem recusar o convite para outro treino.

Antonie sentia-se satisfeito e feliz. Daria tempo ao tempo. Não tinha pressa em reconquistar o filho. Tinha confiança em que Jean-Luc acabaria cedendo aos seus instintos de mosqueteiro e ao que sentia realmente por ele.

Retirou-se do galpão com seu ar imponente. Com seus quarenta e oito anos e cabelos começando a pratear, mantinha o respeito e prestígio entre os mosqueteiros, e treinar com ele era uma honra no meio da Guarda Real. E essa honra Lefèvre concedia ao filho novamente.

— Poxa, Jean-Luc, que sorte a sua – comentou um de seus companheiros que treinava no galpão.

— Sorte? – virou-se assustado para o colega.

— É. Nós ficamos torcendo para ter uma chance de trocar alguns golpes com o comandante Lefèvre e você, além de ser chamado para um combate, é convidado para treinar outro dia.

— Parabéns! desse jeito será logo promovido – cumprimenta-o outro colega, dando tapinhas em suas costas ao passar por ele.

Seus companheiros tinham razão. E ele não poderia perder aquela oportunidade só por rebeldia e orgulho de sua parte.

Jean-Luc ficou um tempo parado, pensando no treino e no que ouvira de seus colegas. Adorava esses momentos. Sentia falta das orientações e dos desafios que Antonie lhe dava. Aprendia muito com ele e aprimorava sua técnica.

Teve raiva de si mesmo. Não conseguia administrar seus sentimentos em relação ao pai. Admirava-o desde pequeno, querendo ser como ele e até desejara que fosse seu pai. E agora que isso era verdade, rejeitava essa ideia, não conseguindo aceitá-la.

Não entendia por que sentia aquele rancor e ao mesmo tempo vontade de estar com ele. No fundo de seu coração, queria pôr um fim naquela situação, mas não daria o braço a torcer.

O rapaz saiu dali pensando sobre tudo isso, indo direto para o refeitório. Ficaria com os demais mosqueteiros como vinha fazendo ultimamente. Nesses últimos meses evitara ir ao *château* ver sua mãe e irmãos, o que deixava Anne chateada e cada vez mais com saudade de seu primogênito.

*château*
castelo

À tardinha ele não aguentou a falta que sentia da mãe e a saudade de seu lar e foi até o castelo em busca de colo, apesar dos seus vinte anos. Seu coração começava a mudar e a render-se aos seus mais puros sentimentos. A segurança da presença da mãe se fazia necessária naquele momento de incertezas e dúvidas.

◦)◦◦

CHEGANDO AO *CHÂTEAU*, JEAN-LUC FOI DIRETO À SALA DE REFEIções. Sabia pelo horário que encontraria sua mãe e irmãos jantando lá. Qual não foi sua surpresa ao se deparar com Antonie sentado à mesa junto a eles. Teve vontade de dar meia-volta, mas ficou na porta. Anne logo o viu.

— Jean-Luc, meu filho! que bom vê-lo! – sua mãe não escondeu a alegria em revê-lo, não notando o mal-estar que se instalava no ar entre ele e Antonie.

— Sente-se, filho. Venha jantar conosco. Pedirei que preparem um lugar para você – pediu Anne chamando um criado.

— Boa noite a todos. Vejo que a família está reunida – Jean-Luc ironizou, olhando para Antonie enquanto se dirigia para o seu lugar.

— Agora estamos. Faltava só você – Claire comentou sem perceber a insinuação de Jean-Luc. – Por que não veio nos ver antes?

— Estive muito atarefado e não tive tempo de aparecer. E o senhor tem vindo sempre aqui, comandante? – continuou provocando.

Anne e Antonie entreolharam-se. Jean-Luc iria irritá-lo durante a refeição tentando tirá-lo do sério.

— Com a mesma frequência de sempre, quando sou convidado e posso vir. Você que parece que andou sumido – Antonie lhe respondeu.

— Estava numa missão com o capitão Blanc. O senhor sabe.

— Sim, eu sei, mas sei também que teve algumas folgas e veio para Vichy. Poderia ter vindo ver sua mãe.

— Achei melhor não vir. Preferi ficar pelo alojamento com os outros mosqueteiros. Tive receio de atrapalhar alguma reunião especial por aqui – alfinetou o jovem.

— Não se incomode, comandante Lefèvre. São coisas da idade. Parece que quando os filhos crescem não querem mais ficar perto dos pais. Preferem a companhia dos amigos – disse Anne.

— Dependendo das circunstâncias, a companhia dos amigos é preferível e mais segura. Não temos tantas surpresas e decepções com eles – respondeu o rapaz.

Antonie tentou desviar o assunto para ver se Jean-Luc parava um pouco de agredi-los de forma gratuita com palavras.

— Hoje de manhã treinei com Jean-Luc e ele está indo muito bem. Ele sempre teve facilidade com a espada e consegue assimilar logo as coisas.

— Não preciso que me elogie para que agrade minha mãe, comandante – ele retrucou de forma agressiva, cortando a fala do comandante.

— Eu não o estou elogiando, apenas comentando sobre seu progresso. E não preciso agradar sua mãe falando sobre você – Antonie respondeu-lhe de forma um tanto ríspida.

— Ainda tem muito que aprender e aprimorar para poder receber um elogio meu – Antonie completou, olhando fixamente para o filho: "A começar pelos seus modos" – pensou.

Jean-Luc calou-se. Parecia que ouvira os pensamentos do pai. Sabia que estava extrapolando e entendera sua mensagem pelo olhar. Não viera ao *château* para se aborrecer nem para agredir sua mãe ou mesmo a Antonie. Mas ao encontrar o pai se sentira desestruturado e, para se proteger, começou a agredi-lo verbalmente e, consequentemente, sua mãe. Sabia que seus pais manteriam a formalidade o máximo possível por causa de seus irmãos que não estavam cientes de toda a situação.

Claire e Patrick começavam a ficar incomodados com o clima que se instalava no ambiente desde a chegada de Jean-Luc. O irmão mais velho vinha se comportando de maneira estranha e agressiva desde o desentendimento ocorrido entre o comandante Lefèvre e o capitão Blanc, há quase um ano. Ele pouco aparecia no castelo quando estava em Vichy e evitava a companhia da mãe, coisa que não era de seu feitio. Sempre fora muito apegado e carinhoso com Anne.

Com o silêncio pesado que se fizera na sala de refeições, Claire e Patrick começaram a conversar sobre assuntos fúteis entre eles para tentar quebrar aquele clima que Jean-Luc insistia em manter. Anne e Antonie participavam com pequenos comentários sem muito entusiasmo.

No meio da conversa, Patrick saiu com um comentário para a mãe:

— Mãe, já faz tanto tempo que papai morreu e a senhora ainda está sozinha. Sei que sempre está ocupada conosco e com as empresas, organizando festas e reuniões. Não para nunca. Mas às vezes parece que não é feliz. Que se sente só. Não gosto de vê-la assim.

— É, mãe, nunca pensou em se casar novamente? Pretendente não lhe falta – emendou Claire.

— Mamãe é mulher de um homem só – comentou Jean-Luc, olhando para Antonie e atravessando a conversa, não dando chance de a mãe responder.

Antonie o olhava de rabo de olho. Estava com vontade de lhe dar uma surra. Só não ia embora apenas para evitar uma situação mais constrangedora e não armar uma nova confusão. Anne também olhou o filho de maneira repreensiva. Estava quase lhe chamando a atenção pelas suas atitudes.

— Nossa! que é isso Jean-Luc? Que jeito de falar da mamãe! – Patrick ficou abismado com o comportamento do irmão, e apesar de ser bem mais novo que Jean-Luc, não se deteve em chamar-lhe a atenção.

— O que você tem? Resolveu ser mal-educado e grosso de repente com a mamãe e o comandante? – repreendeu sua irmã, também inconformada com os seus modos.

Jean-Luc percebeu que passara totalmente dos limites, desrespeitando sua mãe. Não era o que na verdade desejava falar. Ficou cabisbaixo, pensando no que fizera e no que seus irmãos lhe falaram. Lembrou-se do treino da manhã com o pai e dos comentários dos colegas. Começou a se sentir ridículo. Estava com vinte anos, era um soldado da Guarda Real e agia como um moleque, ao provocar seu pai e sua mãe por pura mágoa e orgulho, que não tinham uma fundamentação lógica.

Ele olhou para sua mãe realmente arrependido das coisas que estava dizendo e da maneira que a tratava ultimamente e também a Antonie, e se retratou:

— Mãe, me desculpe. Usei mal as palavras. Eu quis dizer que eu sei que a senhora sempre respeitou e amou meu pai e não pensaria em se casar com mais ninguém. Sei que a senhora é feliz do seu jeito. Perdoe-me pelas coisas que eu disse nesses últimos tempos e se eu a magoei. Não tenho agido de maneira adequada com a senhora. Eu não poderia querer ter uma mãe melhor que a senhora. Obrigado por tudo que sempre fez e faz por nós três.

O rapaz fez uma pausa, olhou discretamente para Antonie e completou:

— Acho que meu pai é um homem de sorte por tê-la conhecido.

— Obrigada, meu filho. Eu é que tenho sorte por ter vocês como meus filhos – Anne ficara muito emocionada com as palavras de Jean-Luc, que vinham de seu coração.

Jean-Luc levantou-se e, parando ao lado da mãe, deu-lhe um beijo na testa. Abaixando-se, pegou suas mãos e lhe disse:

— Me dê um tempo para pôr minhas ideias no lugar, mãe. Tudo isso está confuso para mim ainda.

Anne o olhava carinhosamente e com grande alívio no coração. Todo aquele tempo que ele ficara meio isolado, pensando, estava surtindo efeito.

— Você tem todo o tempo do mundo que precisar, meu filho. Não tenha pressa. Eu entendo – ela lhe respondeu e como não poderia deixar de ser, não conteve as lágrimas.

Antonie também tentava controlar sua emoção, olhando para o prato e mexendo na comida com o garfo. Aquelas palavras de Jean--Luc o tocaram profundamente. Sabia que o filho não levava toda aquela amargura no coração. Sabia que os sentimentos reais do rapaz eram outros e a maior tristeza de Antonie era não poder falar nada a Jean-Luc, nem lhe dar um abraço, não ali, naquele instante.

Lefèvre estava reunido com sua verdadeira família e não podia usufruir daquele momento como desejava. Ele não podia dizer-lhes o quanto os amava, o quanto eram importantes para ele. Tinha que agir como um amigo da família.

Antonie nunca conseguiu aceitar que sua vida com Anne tinha que ser dessa forma, alicerçada em segredos e dissimulações de seus sentimentos. Quantas vezes ele teve vontade de jogar tudo para o alto e viver da maneira que realmente desejava, mas a imposição social a que estavam sujeitos não permitia. Tudo foi se desenrolando para que eles não pudessem assumir o relacionamento. Tinha que se conformar com a encenação.

— Nossa! vocês são muito estranhos. Uma hora estão quase se pegando e logo em seguida estão se derretendo um com o outro. Vai entender – comentou Claire sem compreender o que se passava entre eles.

Patrick também ficara sem entender a conversa dos três, especialmente entre Jean-Luc e a mãe. Para os dois parecia uma conversa sem pé nem cabeça, entre frases estranhas e agressivas do irmão e um pedido de desculpas igualmente estranho.

Eles terminaram o jantar em silêncio. Não tinham mais o que falar naquele momento. Mas o ambiente parecia estar refeito e mais leve.

LOGO QUE ACABARAM DE JANTAR, ANTONIE SE LEVANTOU, AGRAdeceu e se despediu, dirigindo-se a Jean-Luc:

— Ficará ou voltará comigo para o alojamento? – sua pergunta era quase um pedido para que o filho o acompanhasse. Sentia que precisavam conversar. Mesmo que fosse uma conversa meio velada, como provavelmente seria.

— Irei com o senhor – respondeu, sentindo-se meio convocado pelo pai.

Os dois saíram do *château* em silêncio. Ao se aproximarem do portão lateral de acesso ao alojamento, Jean-Luc segurou Antonie pelo braço que, assustado, encarou o rapaz.

— Comandante, perdoe-me – Jean-Luc começou a dizer. – Esses últimos meses têm sido complicados para mim, depois de tudo que eu soube. Sei que isso não justifica minhas atitudes. O senhor foi um mosqueteiro de grande confiança do conde e nos ajudou muito, principalmente depois da morte dele. Sempre foi meu amigo também. Sempre me ouviu e me aconselhou quando o procurei. O senhor é muito mais que meu superior. Não posso ir contra isso. Não posso mudar isso – seus olhos brilhavam. – Não tenho o direito de tratá-lo como venho fazendo. Tenho agido como uma criança, só por não conseguir entender, ou não querer entender toda essa situação.

— Não se preocupe, Jean-Luc. Eu não me importo com o que tem me dito. Conheço-os desde que nasceram. Na verdade, muito antes disso. Por isso tomo algumas liberdades ao falar com vocês, especialmente com você – Antonie sorriu de canto de boca e continuou: – O que não acho justo é a atitude que vem tendo com sua mãe, que fez coisas por vocês que nem podem calcular – completou.

— Tentarei mudar, prometo.

— Não tente mudar. Apenas seja você mesmo, como sempre foi.

Jean-Luc calou-se por um instante e continuou como num desabafo:

— Tudo é muito estranho e confuso. De repente, todo meu lado paterno se desfaz e se transforma em outro que não pode ser assumido. Meus avós, tios, primos, todos deixaram de ser. Na verdade, nunca foram. E preciso fingir que são meus parentes. Desculpe-me, comandante, o senhor consegue imaginar o que sinto?

— Você consegue imaginar como se sente um homem que ama uma mulher por mais de vinte anos e não pode assumi-la; que tem filhos com essa mulher e não pode lhes dizer que é seu pai verdadeiro; que sempre os vê e não pode fazer qualquer coisa que um pai gostaria de fazer com seus filhos? – Antonie lhe perguntou, não conseguindo conter a emoção daquela conversa.

Jean-Luc ficou pensando no que seu pai lhe dissera e percebeu como era difícil para ele essa situação, e concluiu:

— Sempre confiei no senhor como um amigo e agora é com o senhor que converso sobre nós. Não tenho outra pessoa em quem confiar ou poder conversar. Isso é estranho para mim.

Antonie deu um sorriso e comentou:

— Pais e filhos são assim. É em quem podemos confiar incondicionalmente, embora eu não entenda muito de ser pai. Na minha vida tudo é estranho e complicado. Não posso ser eu mesmo, nem demonstrar o que realmente sinto pelas pessoas que amo na frente dos outros. Já estou acostumado.

Ele deu uns tapinhas nas costas de Jean-Luc e concluiu:

— Vamos. Está ficando tarde e esfriando. Amanhã cedo teremos treino e muito o que fazer.

Jean-Luc ficaria um bom tempo acordado, pensando em tudo que acontecera em sua vida nesses últimos tempos. Dali para frente teria que agir como seu pai e sua mãe vinham agindo por todos esses anos.

OS MOSQUETEIROS NUNCA DISPENSAVAM NENHUMA OPORTUNIDAde para desembainhar suas espadas e colocá-las em ação. Era algo que estava no sangue deles, traziam guardada essa paixão pelas armas e combates de outras existências, e em tempos de calmaria, quando não estavam em missão ou batalha, era quase insuportável para eles participar apenas dos treinos entre os companheiros.

Os duelos eram quase que obrigatórios, principalmente nas ruas de Paris, quando a bebida fazia parte das confraternizações e a Companhia dos Mosqueteiros se encontrava com outros espadachins à procura das mesmas emoções e sensações, ou de simples confusões.

A intenção na maioria das vezes não era ferir o adversário, que muitas vezes eram os próprios companheiros da tropa, mas sim sentir a adrenalina correndo pelas veias e fazer o corpo soltar-se nos movimentos rápidos e precisos. Exibir-se para as pessoas que passavam pelas ruas também fazia parte da personalidade vaidosa desses soldados. Mais um motivo para se apresentarem em público sem correrem grandes riscos.

Lefèvre não deixava também de participar desses combates urbanos. Mas como bom comandante que era, ficava apenas a observar enquanto os soldados duelavam, esperando pelo momento oportuno de combater. Quando os homens dos dois lados já estavam cansados e até alguns deles feridos, ele fazia sua entrada magistral. Várias vezes Michael e Alain compartilhavam dessas ocasiões. Era o *grand finale*.

*grand finale*
grande encerramento

Michael era o que mais se aventurava na bebida, na companhia das mulheres e nos duelos. Ele sempre arrumava alguma confusão quando passava da conta na bebida, o que não era raro, pondo sua vida em risco e muitas vezes também a dos companheiros que vinham em seu auxílio para tirá-lo das enrascadas em que se metia de propósito.

Muitas vezes, Antonie tinha que encobrir as bebedeiras e ressacas de Michael e suas consequências para que ele não fosse pego e sofresse severas represálias, ou até mesmo ocorresse sua expulsão da corporação.

Michael mudara seu modo de ser quase que radicalmente. Seus amigos e companheiros mais próximos muitas vezes não reconheciam o antigo Michael, que se fechara deixando de ser o companheiro sarcástico e bem-humorado para isolar-se do mundo, mergulhando na bebida e em encrencas gratuitas. Dava a impressão que a sua intenção era realmente dar cabo de si ao agir de forma tão arriscada e desnecessária.

Lefèvre se chateava ao ver a conduta do capitão Blanc. Antonie sabia quais as reais razões de suas atitudes. Michael mudara depois que soubera sobre o relacionamento do amigo com Anne. Antonie não imaginara que o amigo sofria tanto com aquela paixão não correspondida por Anne.

Mesmo sabendo que Michael agia daquela maneira para tentar esquecer o que sentia por Anne, Antonie se via ameaçado e enciumado como nunca se sentira antes. Se Michael tinha essa reação, era porque não deixara de amá-la. E essa sensação parecia não largar Antonie mesmo com o passar do tempo.

Sentimentos antagônicos sempre fizeram parte da vida de Antonie, mas aquela situação com Michael era a mais angustiante e difícil por ter que lidar com a presença dele frequentemente e o sentimento que ia ao íntimo do companheiro.

Os dois velhos amigos quase não conversavam mais, apenas trocando palavras quando estritamente necessário. Michael evitava ir para Vichy e somente aparecia quando sua presença no castelo era imprescindível. Ele procurava não se encontrar com Anne para que não sofresse ainda mais com tudo aquilo que tentava abafar em sua alma.

Alain era o único que não entendia o que se passava com os amigos e por mais que perguntasse e tentasse uma aproximação entre eles tudo era infrutífero. Apenas o tempo poderia fazê-los se aproximarem novamente.

Todos estavam reunidos no jardim após o almoço oferecido em homenagem aos mosqueteiros. Anne estava particularmente feliz. Conseguira reunir os filhos depois de muito tempo. Cada um tinha seus afazeres e obrigações, e ficavam pouco em Vichy ao lado da mãe.

Patrick adorava os números e a papelada como o seu tio Jacques, e quando não estava estudando em Paris, sempre ia para Dijon ajudá-lo. Apesar de ter apenas dezesseis anos, já passava longos períodos com seu tio ou mesmo em Paris, com o senhor Bertrand, aprendendo sobre os negócios da família.

Jean-Luc continuava envolvido com a rotina dos mosqueteiros. Treinos, reuniões em Paris, viagens, missões e tudo a que um mosqueteiro tem direito. Era o pupilo de Alain e sempre que tinha

# EPÍLOGO

oportunidade, treinava com o comandante Lefèvre. Um privilégio para um rapaz de vinte e um anos como ele.

Claire era quem passava mais tempo com a mãe. Nas últimas semanas as duas estavam envolvidas e atarefadas com o enxoval da moça e os preparativos do seu casamento para dali a alguns meses.

Bebidas e alguns quitutes eram servidos aos convidados, que conversavam descontraidamente entre os canteiros de flores, mesas e bancos do jardim.

De repente, Jean-Pierre surgiu do meio das pessoas que estavam espalhadas pelo jardim. Ele estava muito estranho, não cumprimentara ninguém, passando por entre as pessoas e esbarrando em algumas delas. Todos pararam para olhá-lo. Quando chegou a um ponto do jardim, onde não havia ninguém entre ele e Anne, parou.

Jean-Pierre, com ódio no olhar que vinha do mais profundo de sua alma, sacou sua pistola e apontou em direção a Anne. A arma tremeu em sua mão, mas ele respirou fundo, concentrando a mira em seu alvo.

Todos pararam estarrecidos diante daquela cena, sem acreditar que ele agia daquela maneira.

— Anne! - começou. — Por todos esses anos desprezou meu amor e, por mais que eu insistisse por sua atenção e seus carinhos, me ignorou. Sempre que tentei me aproximar de você, algum desses mosqueteiros estava por perto para se intrometer. Não mais aceitarei seu desprezo, não! Não me quer? Por quê? Responda-me! - falava descontrolado e em alto tom.

Anne ficara paralisada, com os olhos arregalados esperando o pior. Não respondeu nada. Sua voz não sairia, mesmo que ela quisesse.

— Responda-me, Anne! - insistiu. — Não quer dizer por quê? Teme que descubram que tem um amante, há muito tempo? Teme que descubram quem é ele? Tenho um bom palpite. Você quer que eu diga?

As palavras dele soavam como tiros em seus ouvidos e coração. Todos estavam paralisados, ouvindo o que Jean-Pierre dizia, sem acreditar. Os filhos de Anne olhavam incrédulos para ela.

— Por que está fazendo isso? – Anne conseguiu perguntar em tom de súplica.

As pessoas paradas à volta observavam a cena esperando algum desfecho mais trágico e, alguns, por um momento mais propício para uma ação contra Jean-Pierre.

— Jean-Pierre, abaixe essa arma, vamos conversar como cavalheiros – tentou negociar Michael.

Jean-Pierre não via nada nem ouvia ninguém à sua volta, somente enxergava a mulher que tanto desejara em sua vida e que sempre o desprezara durante aqueles anos todos.

— Não sou suficientemente bom para ser seu amante também? Você poderia ter dado uma chance para mim – continuou Jean-Pierre, transtornado de ciúme e raiva.

Deu dois passos largos, firmou a arma e a mira. Todos os mosqueteiros entraram em alerta automaticamente. A tensão aumentava a cada momento, a cada intenção de gesto ou palavra de ódio de Jean-Pierre.

— Não há problema, Anne. Não quer ser minha? Também não será de ninguém mais! – dizendo isso, Jean-Pierre puxou o gatilho e, junto com o estampido da arma, Antonie pulou na frente de Anne, derrubando-a ao chão. Uma revoada de pássaros assustados com o barulho cortou o céu, misturando todos os sons.

Anne caiu ao chão desfalecendo e Antonie caiu sobre seu corpo.

— Anne... – foi apenas o que Antonie conseguiu dizer naquele momento.

Jean-Luc desembainhou sua espada e foi em direção a Jean-Pierre, mas foi detido por seu irmão Patrick, que o segurou firmemente pelo braço, dizendo-lhe:

— Não faça isso, Jean-Luc! Deixe que eles o detenham.

Um grupo de mosqueteiros com espadas e mosquetes cercou Jean-Pierre, que se rendeu jogando sua pistola ao chão e erguendo as mãos sem nenhuma resistência. Ele tinha um sorriso de satisfação e vingança no olhar e nos lábios. Não se importava com seu destino. Tinha sido bem-sucedido em seu intento. Uma alegria mórbida invadia sua fisionomia, deixando-o irreconhecível.

Michael e Alain correram em socorro do casal.

— Anne! Antonie!

O sangue começava a escorrer por entre seus corpos e a formar uma grande poça rubra pelo chão. Não dava para imaginar de onde surgia tanto sangue. Os dois mosqueteiros os acudiram, tentando reanimá-los em vão. Eles estavam totalmente ensanguentados.

Michael pegou Anne no colo, levando-a às pressas dali. Alain e outros homens presentes carregaram Antonie, retirando-o de lá também.

Claire ficou abraçada a Patrick, chorando assustada com toda a situação. Jean-Luc seguiu atrás de Michael, preocupado com sua mãe. As pessoas continuaram sem ação e apavoradas com o que presenciaram, não acreditando no que viram.

꙰

O SOL ERA BRANDO NAQUELA TARDE DE INÍCIO DE OUTONO EM Vichy, e uma leve brisa dava a sensação de que o dia estava mais frio. Podia se ouvir o balançar das folhas e dos galhos das árvores entre as imponentes construções do local e o crepitar das folhas secas no chão ao serem pisadas. O silêncio e a tristeza eram profundos entre todos os presentes.

Uma borboleta pousou na beirada da grande aba de seu chapéu, batendo as asas para equilibrar-se. A pequena borboleta lhe trouxera de volta de seu transe embalado pelo som metálico da pá, que pegava terra e a jogava por sobre o caixão de madeira entalhada.

Parecia que o tempo passava em câmera lenta, tornando aqueles minutos uma eternidade ainda mais dolorosa e interminável. A sensação que o chão lhe faltava sob os pés aumentava a cada movimento da pá, juntamente com o vazio que se fizera em seu coração.

Seu corpo estremecia todo pelos calafrios que pareciam vir de dentro de sua alma e lembranças dos últimos anos passavam em sua mente, misturadas com as cenas de dois dias atrás, numa retrospectiva alucinada. Tinha a sensação que iria levitar, se deslocar para o infinito.

A jovem senhora trajava preto, cabelos aloirados salpicados por alguns fios prateados que desciam até seus ombros em grandes cachos, tinha seus olhos esverdeados turvos pelas lágrimas que não paravam de brotar deles e escorriam pelo seu rosto sem cessar.

Seu filho mais velho a amparava com o braço em volta de sua cintura e ela mantinha a cabeça recostada no peito daquele jovem que era muito parecido com o pai na juventude.

Muitos estranharam o luto da condessa e outros nem se deram conta. Pouco lhe importava qualquer coisa naquele momento. Poderiam pensar e falar o que quisessem. Nada mais faria diferença, nada mudaria sua existência, nada lhe traria de volta o grande amor de sua vida.

Ela poderia esperar o quanto quisesse que Antonie não mais regressaria para amá-la nem a proteger, como fizera até o último instante de sua vida. Seu bravo cavaleiro fora levado para sempre por um tiro ciumento e traiçoeiro.

Quando a pá terminou de preencher a cova e foi fincada ao lado do túmulo, a corporação fez sua última homenagem ao grande comandante e amigo de longa data. As salvas de tiros ecoavam por todo o cemitério, quebrando o silêncio e dando a sensação de transmitir o adeus e toda a tristeza que aquela perda significava para cada uma das pessoas ali presentes.

Uma revoada de pássaros se fez visível como há dois dias. Parecia levar para o infinito toda uma vida, todos os segredos, toda uma história que um dia poderia vir a ser contada. História guardada em dois corações que se encontraram num acaso da vida, amaram-se e foram separados pela morte traiçoeira, levando seus segredos para a eternidade, escondidos no casulo de suas lembranças mais íntimas.

A borboleta lançou voo em direção ao céu azul e límpido de Vichy e Anne, olhando-a sumir e segurando na mão o camafeu que levava ao pescoço há mais de duas décadas, lembrou-se das palavras ditas muitos anos antes: "Borboletas trazem transformações...".

# II
# PARTE

# A CRIS

Em viagens de idas e vindas
Repletas de aventuras e desventuras
O viajante nunca para
Num vaivém de descobertas.

A cada partida levar saudades,
Levar lembranças
Guardadas no coração.
Levar o que de bom se fez,
O bem que recebeu.

A cada regresso trazer com esperança,
A alegria do recomeço,
Oportunidade de praticar
O que aprendeu.

# SALIDA

A cada partida reencontrar
Quem lá ficou esperando
A volta do aprendiz
Que almeja chegar aos céus.

A cada retorno tentar reconciliar
Com quem se indispôs,
Poder refazer
O que se arrependeu.

Em viagens de idas e vindas
Repletas de aventuras e desventuras
O viajante parte e regressa
Ficando cada vez mais próximo de Deus.

JEAN-PIERRE CONTINUAVA PRESO NUM CÔMODO PEQUENO e com o mínimo de conforto, no alojamento dos mosqueteiros, em Vichy. Contava apenas com uma cama e uma cadeira. Ele não saíra para nada durante todos esses dias que ficara ali. Duas sentinelas guardavam a porta o tempo todo, revezando os turnos de vigia.

De sua cela improvisada, ele pôde ouvir a salva de tiros em homenagem ao comandante Lefèvre, durante seu enterro, alguns dias atrás. Jean-Pierre não sabia qual tinha sido o desfecho de seu ato, pois fora detido enquanto Anne e o comandante eram socorridos, mas acreditava que sua atitude não tinha sido em vão.

Ele se deliciava quando imaginava ter conseguido acabar com Anne e talvez, Lefèvre, ainda que não fosse esse seu plano inicial.

# CAPÍTULO I

Seu intento era dar cabo da vida de Anne, já que ela nunca se interessara por ele, mesmo com todas as investidas feitas desde que a conhecera. Ele não gostava dos mosqueteiros, muito menos de Lefèvre, que estavam sempre por perto, quando tentava aproximar-se de Anne.

Como bom conquistador, não se conformava com a ideia de que a única mulher que realmente desejara não caíra em seus encantos, rejeitando-o. Era algo inconcebível para aquele homem que conseguia o que queria manipulando e influenciando a todos. Pouquíssimas vezes, ele não se dera bem em uma conquista amorosa ou saíra perdedor em alguma negociata.

Jean-Pierre pouco se importava com o que poderia lhe acontecer. Estava tão inebriado com o que fizera e envolvido em vibrações negativas emanadas de seu espírito e de companheiros espirituais, que não conseguia vislumbrar os novos débitos que acumulava em mais uma existência em que conseguira quase nenhum progresso.

Com as ações que praticou e as vibrações e pensamentos que teve durante sua vida, ele abarcou, como fiéis companheiros, uma legião de Espíritos que desejavam vingança e os prazeres mundanos. Companheiros que se alimentavam desses pensamentos e sentimentos sempre o instigavam na prática de novas maldades, tão necessárias para a manutenção desse círculo de vingança e ódio entre eles.

Alguns desses Espíritos eram seus desafetos e inimigos de outrora, que buscavam a vingança pessoal e o seu fracasso em sua atual encarnação; outros eram pobres Espíritos que se afinaram com sua frequência vibracional, acompanhando-o para desfrutar dessas sensações; outros, ainda, aproveitavam para usá-lo como instrumento em seus maus intentos contra desafetos que faziam parte do círculo de convivência de Jean-Pierre.

Motivado por sua índole desajustada e pelas tendências pessoais que ainda trazia de outras vidas, era fácil a interação de Jean-Pierre com esses Espíritos, mesmo que ele não percebesse.

Pobre homem, que se deixava levar pelas paixões mundanas e por suas más tendências, tão fortes ainda em sua alma, dificultando sua compreensão da real finalidade da vida terrestre! Mais uma chance, mais uma encarnação desperdiçada. Mas nem tudo seria perdido.

☙❧

FAZIA UM SOL QUE NÃO ERA SUFICIENTE PARA AQUECER AQUELA manhã de outono em Vichy. O vento levava as folhas de um lado para outro, em redemoinhos, e o frio arrepiava até os ossos.

No pátio do alojamento, os mosqueteiros estavam todos reunidos, em formação. O ar era de tristeza entre todos, mesmo depois de quase dez dias da morte do comandante Lefèvre.

O capitão Blanc mandara buscar o detento em seu local de reclusão. Jean-Pierre demonstrava estar totalmente desequilibrado. Carregava nos lábios o mesmo sorriso de satisfação do dia que acertara o comandante Lefèvre, dando pouca importância ao que vinha acontecendo nos últimos dias e no desfecho de tudo aquilo.

— O que pretendem fazer comigo? – perguntou com ar de desdém ao capitão Blanc.

Michael apenas o olhou com raiva. Sua vontade era ter acabado com Jean-Pierre no dia em que matara Antonie. Alain e Jean-Luc estavam próximos e compartilhavam dos mesmos sentimentos de Michael em relação a Jean-Pierre.

— Pois façam o que quiserem. O que eu queria já consegui – disse com um sorriso maldoso e de afronta a Michael e à corporação.

Dava para sentir, em suas palavras e em seu semblante, toda a satisfação de seu ato contra Anne e o pouco caso que fazia de seu destino. Não parecia ser o mesmo Jean-Pierre de alguns meses atrás. Mesmo com seus modos desonestos e trapaceiros, nunca cometera um ato tão violento. Sempre instigara outros a praticar, por ele, atos ilícitos de toda sorte.

Quem o visse, julgava-o louco. Era nítido seu estado obsessivo, embora as pessoas não tivessem consciência disso.

— Pelo que vemos não se arrepende do que fez. Tinha tudo planejado e premeditado, não? – perguntou-lhe Michael.

— Nada mais me importa nesta vida – falou dando de ombros ao mosqueteiro.

— Não perderemos tempo em levá-lo até Paris para um julgamento. Nós, da Guarda Real, em nome do rei da França, o julgamos e o condenamos, Jean-Pierre, à pena de morte, pelo assassinato do comandante Antonie Lefèvre.

Jean-Pierre levou um susto com as últimas palavras de Michael, arregalando os olhos. Não podia acreditar que tinha realmente matado Antonie e Anne tinha sido salva.

Os presentes imaginaram que ele se surpreendera com a sua sentença. De repente, ele soltou uma gargalhada, que ecoou por todo o alojamento.

A raiva que Michael vinha guardando por todos aqueles dias tomou uma proporção imensurável. O clima estava tenso e uma atmosfera obscura envolvia todo o ambiente do alojamento. Quase podia se perceber os Espíritos que estavam ali, à espreita do desfecho daquela reunião.

Michael se aproximou de Jean-Pierre, sacou de sua pistola, encostando-a na têmpora esquerda dele. Jean-Pierre o encarou, dizendo:

— Qualquer coisa que fizerem comigo não trará a vida de seu comandante de volta ou fará com que eu me arrependa do que fiz. Só lamento que Anne continue viva. Vocês nunca se esquecerão de mim.

O capitão Blanc apertou o gatilho com vontade. O estampido da arma confundiu-se com o baque do corpo de Jean-Pierre, caindo ao chão, desfigurado e ensanguentado. O silêncio que se fazia no pátio pareceu ainda mais profundo.

Jean-Luc não conseguiu ver a execução do assassino de seu pai. Desviou discretamente o olhar. Imaginou, até aquele momento, que com a execução de Jean-Pierre, a morte de seu pai seria vingada. Não era isso que sentia. Não era isso que acontecia. Um aperto em seu peito e uma angústia tomaram conta do seu ser.

Intimamente, Jean-Luc questionava a razão de as coisas estarem acontecendo daquela forma. Não lhe parecia que tudo estivesse resolvido. Seu pai não voltaria, sua mãe continuaria entristecida e só, e Jean-Pierre não se arrependera.

— Recolham o corpo, limpem tudo e preparem o sepultamento para o mais breve possível – o comandante Blanc deu as ordens e saiu para o seu aposento.

Michael permaneceu o resto do dia só, com seus pensamentos e sua tristeza. Estava com a cabeça e o coração confusos. Nunca se imaginara como um carrasco.

Nem Alain, nem Jean-Luc comentaram nada sobre os acontecimentos daquela manhã. De alguma forma, todos esses fatos dos últimos dias transformaram aqueles três homens pelo resto de sua vida, permanecendo gravados em seu coração e em sua mente.

JEAN-PIERRE RECOBROU A CONSCIÊNCIA MUITOS DIAS DEPOIS. OLHOU AO REdor. Encontrava-se num lugar horroroso, com pouca claridade e um cheiro acre. Ruas esburacadas e sujas. As poucas construções que havia por lá eram velhas e em ruínas. Muitos terrenos baldios, lixo e entulhos jogados e espalhados por toda a parte. Pessoas com feridas de todo tipo, cabelos desalinhados, roupas sujas e rasgadas eram vistas por todo o local. Algumas estavam sós, pelos cantos, nas calçadas, outras em pequenos grupos. Gemidos e lamúrias eram ouvidos de todas as direções.

Um mal-estar tomou conta de Jean-Pierre. Sua cabeça doía tremendamente, e um som ecoava em seu cérebro. Não sabia onde se encontrava nem como fora parar lá. Estava no umbral.

Um maltrapilho se aproximou dele, deu um sorriso sem dentes e, batendo-lhe nas costas, disse-lhe, como se o conhecesse de longa data:

— Até que enfim você chegou, Jean-Pierre. Estávamos aguardando você há muito tempo.

— Quem é você? – perguntou assustado.

O homem riu alto e explicou:

— Não se lembrará de mim agora, mas nós nos conhecemos há muito tempo. Mais do que pode imaginar. Somos velhos companheiros. Venha comigo. Levarei você até o abrigo. Os outros o aguardam lá. Precisa descansar um pouco, entender como as coisas funcionam por aqui para continuar o trabalho conosco.

— Do que você está falando? Que "outros" estão me esperando? Continuar que trabalho? – perguntou confuso. – Minha cabeça está doendo ainda mais.

E colocando a mão sobre a têmpora sentiu o rombo que o projétil fizera em sua cabeça. Assustado, Jean-Pierre perguntou:

— O capitão Blanc atirou mesmo em mim! Como eu não morri? Por que me deixaram aqui neste lugar?

O homem gargalhou novamente e disse:

— Mas você está morto, Jean-Pierre. Aqui é sua morada agora. Vamos. Entenderá melhor depois que descansar um pouco e conversarmos. Nosso grupo ficará mais forte com você ao nosso lado.

Jean-Pierre, mesmo confuso, seguiu o homem. Andaram alguns quilômetros em silêncio por becos sombrios e escuros, ruas sem iluminação, com poucas ou nenhuma construção. Ele estava atordoado com tudo que acontecera nos últimos dias. Não compreendia o que se passava com ele, mas se sentia atraído por aquele estranho homem.

Os dois homens dirigiam-se para uma das muitas casas em ruína daquele lugar. Lá, Espíritos revoltados, com sede de vingança, com vontade de simplesmente praticar o mal ou que estavam sob o comando mental de outros Espíritos se reuniam para buscar encarnados que vibrassem na mesma frequência deles.

Esses Espíritos usufruíam das vibrações desses encarnados para se fortalecer e usar em suas investidas contra seus inimigos, encarnados ou não, que, por invigilância e desconhecimento, deixavam-se controlar. Muitas vezes, intuíam negativamente os encarnados para agir contra as leis de Deus.

Deliciavam-se quando conseguiam influenciar os menos atentos, gabando-se do poder que exerciam sobre a mente de suas vítimas. Pura obsessão. Pura simbiose e vampirismo.

꿍꿩

JEAN-PIERRE ERA UM ESPÍRITO QUE, POR SUA ÍNDOLE AINDA EGOÍSTA, PERVERSA e mesquinha, mantivera, em vida, sempre próximos, parceiros com características parecidas. Quando esteve anteriormente desencarnado, fizera parte dessa legião e era aguardado, com ansiedade, por seus antigos companheiros, para retorno ao grupo e às atividades.

Em sua última roupagem carnal, deu golpes em negócios e em muitos empresários, prejudicando-os em seu benefício, seduziu e enganou várias moças que engravidaram e cometeram abortos ou abandonaram seus filhos recém-nascidos à sua própria sorte, e tantas outras más ações intencionais fizeram aumentar o número de desafetos que Jean-Pierre já tinha de escarnações anteriores.

Todas essas pessoas que se sentiam prejudicadas por ele formavam uma corrente muito grande de vibrações e de pensamentos negativos. Jean-Pierre precisaria de muito tempo, talvez algumas reencarnações, para perceber seu equívoco de conduta e começar a modificar-se a ponto de querer reparar tantos erros.

Ele ainda não tinha o conhecimento e a capacidade para perceber a necessidade de uma mudança sincera de caráter e de conduta, dentro dos ensinamentos de Jesus, para conquistar a verdadeira riqueza e paz de espírito. Para ele, ainda era mais importante conquistar e abarcar os prazeres mundanos e passageiros. Ele não percebera que ao desencarnar tudo era deixado na Terra, levando consigo apenas seus sentimentos, aprendizados e valores morais.

Seu momento de conscientização e mudança estava sendo respeitado e, mesmo persistindo nos erros, ele era protegido, velado e intuído por seu Espírito protetor com amor e paciência. Outros

Espíritos que o estimavam e o amavam verdadeiramente sempre vibravam também a seu favor.

Lembranças de vidas pretéritas, que teimavam em aflorar, sempre perturbaram Jean-Pierre em suas vidas terrenas. Ele não tinha consciência do que aquelas passagens e sensações tão fortes significavam, nem consciência de que tinham sido vividas, outrora, por ele próprio.

Essas lembranças sempre o incomodavam. Ora aguçando suas tendências negativas, ora fazendo-o sentir-se culpado sem saber, exatamente pelo quê.

Por vezes, tinha sonhos em que estava em batalhas ou tramando mortes e traições contra governantes de séculos remotos e pessoas de altos postos de comando. Eram tão reais para ele, que acordava sobressaltado, coração acelerado, ofegante e suando. Sentava-se na cama, procurando situar-se no presente, por vezes, confundindo suas lembranças com sua vida atual. Outras vezes, surgiam *flashes* em que se via na Judeia de centenas de anos, confabulando com outros patrícios contra o homem da Galileia que trazia ideias estranhas para aqueles tempos, falando de amor, caridade, compaixão e perdão entre os homens, incomodando, principalmente, os dirigentes romanos e o clero judaico.

Essas reminiscências continuariam a segui-lo por suas futuras encarnações, não para torturá-lo, como Jean-Pierre imaginava, mas para conscientizá-lo de seus atos e fazê-lo modificar-se para o bem.

Por enquanto, ficaria no umbral, compartilhando aquelas sensações e desejos com aquele grupo. Em alguns raros momentos, pararia para pensar em tudo que se passava naquele ambiente tão pesado e denso e o que ganharia com a companhia daqueles irmãos.

A boa semente que trazia escondida em seu coração daria sinais de querer germinar. Um dia, isso sempre acontece com todos.

Anne ainda estava profundamente abalada com a morte de Antonie. Mostrava-se distante, desde o dia que Jean-Pierre apareceu em Vichy para matá-la, assassinando o comandante Lefèvre em seu lugar, quando ele tentou protegê-la do tiro fatal.

— Mãe, a senhora não pode ficar assim. Vamos até a outra sala para almoçarmos. Ainda não comeu nada hoje.

Claire tentava inutilmente convencer a mãe a se alimentar. A jovem senhora parecia não ouvir o que lhe diziam.

Com muita dificuldade, conseguiam fazê-la sair do quarto, onde ela permanecia longos períodos a olhar pela janela em direção à estrada. Estava cada dia mais abatida e enfraquecida. Parecia que envelhecera vários anos naquelas poucas semanas.

## CAPÍTULO II

Jean-Luc entrou apressadamente na sala, seguido pelo comandante Blanc. Tinham acabado de chegar de Paris e ainda estavam com as roupas de viagem. Vieram para Vichy assim que receberam notícias do estado de saúde de Anne.

O rapaz sentou-se na poltrona ao lado da mãe.

— Mãe, como está?

Ela o olhou e lágrimas começaram a verter de seus olhos novamente. Era o que mais Anne fazia no último mês: chorar.

— Ela tem estado assim, o tempo todo, Jean-Luc. Não sabemos mais o que fazer. Não consigo entender por que está assim, neste estado. Ela não nos fala o que sente nem reage. Nem o médico compreende o que acontece e não sabe como ajudá-la – Claire explicou a situação ao irmão. Ele sabia por que a mãe sentia tanto aquele acontecimento trágico.

— Vá providenciar o almoço para nós enquanto converso com ela, Claire. Acabamos de chegar e estamos mortos de fome. Comeremos todos juntos. Não é mamãe? – completou virando-se para a mãe que nada respondeu.

— Está bem, Jean-Luc. Quem sabe ela escute você. Volto para avisar quando o almoço estiver servido. Pedirei que tragam algo para beberem e beliscarem enquanto isso, com licença – Claire saiu, deixando os três a sós na sala.

Jean-Luc sentou-se na ponta da poltrona e inclinando-se em direção à mãe pegou sua mão para conversar com ela.

— Mãe, o que está acontecendo? Tem que tentar reagir. Não pode ficar assim.

Ela caiu, novamente, em prantos, segurando firme a mão do filho. Ele deixou que ela chorasse por um tempo, até que ela parou e lhe perguntou:

— Por que, meu filho? Por quê?

Ele não se conteve e se emocionou também, beijou-lhe a mão e, segurando-a entre as suas, disse:

— Não sei mãe, mas ficar assim não vai trazer meu pai de volta. Precisa reagir.

— Reagir para quê? Não tenho mais nada.

— Não diga isso, mãe. E nós? E Claire? Ela se casará em poucos meses. Precisa ajudá-la com os preparativos. Patrick ainda precisa da senhora também. Fora os negócios. O senhor Gilbert está sentindo sua falta. Ele não tem mais idade para tocar as empresas e tio Jacques não pode fazer tudo sozinho – Jean-Luc tentava argumentar com a mãe.

Ela apenas o olhava como se tudo aquilo não tivesse nenhuma importância. Michael, que permanecia em pé, apenas observando, aproximou-se dos dois e pediu a Jean-Luc:

— Deixe-me falar com ela, Jean-Luc. Vá trocar de roupa.

Ele olhou para Michael, que reiterou seu pedido:

— Vá. Deixe que eu converse com ela.

Jean-Luc levantou-se, beijou a testa da mãe e saiu. Michael sentou-se ao lado de Anne, abraçando-a. Ela recostou-se nele, tornando a chorar. A morte de Antonie mexera, profundamente, com ela e era Michael, juntamente com Jean-Luc, os únicos a compreenderem a sua dor.

Michael começou a falar depois de alguns instantes em silêncio:

— Anne, eu sei o quanto você amava Antonie e quanto é difícil tudo isso, mas eu quero que me escute. Preste atenção no que vou lhe dizer.

Ela parou de chorar um pouco, ainda abraçada por Michael. Ele continuou:

— Anne, você pode não se importar com mais nada, mas não vê que está pondo tudo a perder agindo assim? Não é só para você. É para seus filhos e os negócios também. Muitos perdem com essa sua atitude.

Ela sentiu como se ele lhe trouxesse à razão novamente e começou a ouvi-lo com mais atenção.

— As pessoas estão estranhando essa sua reação, não estão entendendo por que ficou e continua tão abalada. Está despertando a curiosidade delas. Precisa se reanimar, tirar esse luto.

— Não posso. É como me sinto. Tudo acabou para mim.

— Eu sei. Não é isso que estou lhe pedindo. O que você sente não precisa mudar. É seu, está em seu coração. Quando o conde faleceu, você usou luto e não era porque sentia, realmente, a morte dele daquela forma. Era para as pessoas verem, puro formalismo, não era? Então, não precisa usar luto agora. Ele está em seu coração, não em suas vestimentas. Pense nisso.

— Por que ele fez isso comigo, Michael? Por que ele me deixou? Era eu quem Jean-Pierre queria matar, não ele.

Michael não sabia direito o que lhe dizer. O que poderia consolar aquele coração tão triste e magoado? Começou a lembrar-se desde a época em que fora a Dijon com Antonie e Alain buscá-la para o casamento com o conde D'Auvergne, e não se conformou de como não percebera o amor que nascia entre ela e Antonie naqueles dias. Talvez tenha ficado cego pela paixão que nutria por Anne, e por isso nada percebera.

— Anne, ele te amava, você sabe mais do que ninguém. Antonie não deixaria que nada de mau lhe acontecesse. Ele sempre a protegeu e não seria naquele dia que deixaria de fazê-lo. Ele era seu bravo cavaleiro, não era?

Michael não conteve a emoção ao se lembrar do amigo e do jeito maroto de Anne, com seus quinze anos, dizendo a Antonie que se tivesse que ser salva por um bravo cavaleiro teria que ser por ele. Não conseguiu continuar falando.

— Ele não vai voltar mais, Michael. Jean-Pierre o tirou de mim. Por que ele fez isso? – Anne perguntou inconformada.

— Antonie fez o que precisava fazer – respondeu-lhe Michael.

Ele estava certo. Antonie se comprometera em proteger Anne há muito tempo, ainda em outras vidas, e esse compromisso ele não deixaria de cumprir. Outros fatores estavam envolvidos e eles não compreendiam a necessidade desses acontecimentos.

O amor, entre eles, crescia e se fortalecia a cada reencontro na Terra e nas lembranças que recobravam na vida espiritual. Nesta vida, escolheram viver de uma forma em que as opções que fizeram, em algumas situações, trariam condições difíceis para eles no futuro. No devido tempo, responderiam por cada atitude tomada, ao arrependerem-se, resgatando seus erros e perdoando as pessoas que os prejudicaram também.

Isso não acontece apenas com Anne e Antonie, mas é algo que, mais cedo ou mais tarde, acontece a cada ser criado por Deus. É assim que nos redimimos e evoluímos.

— Agora você precisa ser forte, Anne. Precisa tentar controlar suas emoções. Pelo menos na frente das pessoas.

— Não consigo, Michael, não consigo – Anne respondeu entre lágrimas.

— Consegue, sim. Você sempre conseguiu. Faça isso por Antonie. O esforço que fizeram esses anos todos para guardar o segredo de vocês dois não pode ser jogado fora. Não deixe que tudo se perca. Faça por ele, por vocês dois, pelos seus filhos.

Ela endireitou-se no sofá, respirou fundo e ficou olhando para Michael.

— Você vai tentar? Promete para mim? – ele insistiu.

Ela respondeu com a cabeça afirmativamente. Michael a abraçou novamente.

— Eu te amo, Anne. Não quero que fique assim. Não quero vê-la sofrendo desse jeito. Eu sei que não posso competir com Antonie e nem quero. O que sente por ele é muito forte. Mas quero ajudá-la a superar essa fase. Por favor, não vá desistir agora. Você sempre foi forte. Não pode se entregar assim a essa situação. Isso só vai prejudicá-la em todos os sentidos. E vai prejudicar pessoas que você ama também.

— Eu vou tentar, Michael. Não sei se consigo, mas prometo que vou tentar – disse enquanto secava os olhos com as mãos.

— Então comece tirando essa roupa preta. Você ainda tem aquele vestido azul-marinho?

Ela respondeu afirmativamente, com a cabeça.

— Coloque-o para mim. Você fica tão bonita nele. Assim, você não se livra do luto por completo nem as pessoas estranharão a mudança. Depois, vamos almoçar todos juntos. Está bem?

— Está bem, Michael, eu o visto pra você. Vou tentar comer algo também. Obrigada pela sua paciência comigo. Você é um grande amigo.

Ela levantou e foi se trocar. Michael apenas deu um sorriso. Por ela, ele teria toda a paciência do mundo e gostaria de ser muito mais que um grande amigo, mas se conformava com a posição que ocupava no coração dela.

Michael ficou sozinho pensando em todos os acontecimentos dos últimos meses e concluiu que não valia a pena continuar o que vinha fazendo com sua vida, nesses últimos anos, para tentar esquecer seu amor por Anne. Não iria conseguir deixar de amá-la, nem esquecê-la. Apenas estava prejudicando sua saúde, sua carreira e afastando os amigos de seu convívio.

O melhor que deveria fazer era parar com suas bebedeiras, brigas e duelos gratuitos. Ganharia muito mais com essa decisão. E Michael não imaginava o quanto!

ೋೋ

O COMANDANTE LEFÈVRE JÁ CAVALGAVA POR UM LONGO TEMPO POR AQUELA estrada lamacenta toda esburacada e repleta de poças. Não imaginava onde poderia estar nem como chegara até ali. O local em que se encontrava não lhe parecia nada familiar. Tentava, em vão, encontrar o caminho para o _château_ D'Auvergne. Precisava saber como estava Anne, o que tinha acontecido a ela.

_château_
castelo

Nunca estivera, na França, num lugar tão sombrio e tenebroso como aquele. O chão, à volta, era todo de barro e lama, recoberto por folhas secas, e um cheiro ácido e estranho pairava no ar. As árvores, que ladeavam o caminho, tinham os galhos secos e retorcidos, subindo em direção ao céu, em muda súplica.

Não dava para determinar que hora do dia era. Nenhuma claridade penetrava o local, nem sol, nem luar. Mas, ao mesmo tempo, não estava na completa escuridão. Dava para se perceber apenas o que estava a poucos metros ao redor.

A temperatura estava baixa, com um frio que cortava os ossos quando uma brisa gelada passava de vez em quando, num assobio melancólico, balançando os galhos secos e retorcidos das árvores, fazendo parecer que iriam quebrar a qualquer instante.

Seu cansaço era tanto que ele não conseguia perceber o que lhe acontecia à sua volta. Estava esgotado pela interminável viagem. Suas roupas estavam completamente sujas e rasgadas. Sentia-se suado, sujo, com sede e fome. Uma grande mancha de sangue cobria quase todo o lado esquerdo da frente de seu manto, seu peito doía constantemente, sentindo um incômodo até para respirar.

O seu cavalo nada parecia com o velho e bom Compagnon. Era velho e magro, com os ossos das ancas aparecendo. Estava imundo e andava num passo lento, quase se arrastando, sem nenhuma vitalidade.

Lefèvre parou o cavalo, desceu da montaria e bateu por toda a sua roupa para tirar um pouco do pó. Pôs a mão em seu peito dolorido. Afastou o manto e tocou no seu ferimento. Sentiu o buraco que tinha logo abaixo do ombro esquerdo, mas que não sangrava mais.

Sua boca estava ressecada, e um gosto forte de sangue não saía, por mais que tentasse limpá-la na manga ou cuspir.

Ficou a observar o caminho que parecia não ter começo nem fim e, aos poucos, começou a perceber imagens e sons que não notara até então.

Gemidos e lamúrias vinham de dentro da floresta, de árvores secas e retorcidas. Pedidos de auxílio saíam com vozes enfraquecidas do fundo da alma dessas criaturas sofredoras.

Percebeu que, do outro lado do caminho, havia vários soldados e mosqueteiros caídos e jogados. Todos feridos e abatidos, alguns gemendo e pedindo por ajuda, outros desfalecidos.

Antonie não se lembrava de ter visto uma cena tão forte e tétrica como aquela em nenhuma batalha ou confronto que participara. Ficou parado sem saber como agir, apenas olhando.

De repente, Antonie viu uma velha toda maltrapilha arrastando uma grande trouxa, vindo em sua direção em passos lentos. De vez em quando, ela se abaixava e catava algo do chão, olhava o que pegara, passava pela roupa imunda e guardava num grande bolso lateral do vestido, outras vezes atirava fora o objeto que parecia não lhe ter utilidade.

O comandante levantou-se com dificuldade, depois de relutar um tempo em pedir ajuda à mulher, falou com a velha senhora quando ela chegou perto dele:

— Bom dia, minha senhora – ele parou e ficou pensando se seria dia ou noite. – Poderia me dar uma informação? – continuou.

A senhora parou assustada e ficou olhando para o comandante boquiaberta e olhos arregalados.

— O senhor é um assassino! Valha-me Deus! – dizendo isso, largou a trouxa e começou a fazer o sinal da cruz repetidas vezes.

— Calma! a senhora está equivocada. Sou um mosqueteiro da Guarda Real – Antonie tentava acalmá-la, explicando-se.

— Não, não! – repetia a velha. – É um assassino covarde e frio.

Antonie olhava para a senhora chocado com a acusação que ela lhe fizera. Nunca a tinha visto na vida, como poderia dizer-lhe tal coisa?

Como se algo lhe avivasse as lembranças, ouviu o zunido de uma adaga girando pelo ar e a cena de Gastón tombando ao chão, atingido, surgiu à sua frente, como se ela acontecesse naquele exato momento.

O som do estampido de um disparo penetrou seus ouvidos, ensurdecendo-o, e o ferimento em seu peito começou a doer terrivelmente. Tudo sumiu à sua volta e ele perdeu a consciência.

☙❧

O DIA DA CERIMÔNIA DE CASAMENTO DE CLAIRE APROXIMAVA-SE e o esforço que Anne fazia para manter o ânimo era imenso, mas a felicidade e euforia da filha eram tão grandes que se tornava impossível não se deixar contagiar pela alegria da moça.

Anne deixou-se envolver, aos poucos, pelos preparativos. Este seria o último evento que organizaria. Não tinha mais nenhuma vontade das grandes festas e reuniões de outrora e seus amigos e conhecidos sempre lhe cobravam por novos festejos.

Fora em uma de suas comemorações que Jean-Pierre assassinara Antonie e ela não queria recordar aqueles momentos angustiantes e trágicos. Como desculpa, dizia que não tinha mais idade para promover tais reuniões, embora estivesse com apenas trinta e oito anos.

Claire, enquanto subscrevia os convites com a mãe, começou uma conversa:

— Madeleine, uma vez, contou-me que seu casamento com papai foi "esplendoroso", como ela mesma disse. Um acontecimento. É verdade ou exagero dela?

— Pode-se dizer que é verdade. Fiz questão que fosse algo fora do comum. Com detalhes que, ainda hoje, não são costumes.

— Conte-me, mãe. Quero ver se Madeleine não exagerou muito.

— Não sei o que lhe contar. Acho que você deve ter ouvido tudo de Madeleine várias vezes. Ela não deixaria passar um detalhe.

Anne tentou relembrar aquele dia. Deveria ter sido algo muito especial em sua vida, mas não fora. Toda aquela ostentação apenas escondia a tristeza que trazia em seu coração.

— Ela me contou que havia uma fileira de mosqueteiros de cada lado do corredor da igreja de Saint-Blaise e a senhora entrou ao som de música, acompanhada do vovô.

— Isso mesmo – confirmou.

Ela não se lembrava de quase nada. Entrara na igreja meio fora de si, conduzida pelo pai. Sentia-se como se estivesse sendo levada para sua execução, sem morrer. Sua vontade era que Antonie a tivesse tirado dali e a levado para bem longe.

Claire começou com perguntas que incomodaram Anne:

— Mãe, a senhora foi feliz com o papai?

Anne parou de escrever, deixou a pena sobre a mesa e ficou olhando para a filha, pensando. Com o pai de seus filhos tinha sido muito feliz, dentro das possibilidades que a vida e a situação deles lhes permitiram. Com o conde, seu marido, tivera todo o luxo, suntuosidade e prestígio que a posição social e dinheiro dele puderam proporcionar-lhe. Não sabia o que responder à filha.

— Por que essa pergunta agora, Claire?

— Estava pensando. O papai não parecia nem demonstrava que a amava realmente. Muitas vezes dava a impressão que pouco se importava com o que a senhora fazia ou sentia. Ao mesmo tempo, nunca vi nem percebi que vocês discutiam ou tinham desavenças. Sempre me pareceu estranho o casamento de vocês. Eu tenho medo que aconteça o mesmo com o meu.

Sua filha tinha as mesmas impressões que Jean-Luc, há alguns anos, sobre o conde e o casamento deles. Muitas coisas, realmente, não precisavam ser ditas, simplesmente eram demonstradas e sentidas pelas atitudes das pessoas.

— Claire, minha filha, você sabe que não me casei por amor com o conde. Eu o conheci quando vim para cá, algumas semanas antes de nosso casamento. Foi um casamento acordado, como muitos ainda o são entre a nobreza e em famílias importantes. Não posso dizer que algum dia o amei, mas aprendi a respeitá-lo e admirar sua maneira de ser. Ele sempre me respeitou, também. Belmont foi um bom companheiro, apesar do seu jeito distante. Muitas vezes, foi quase um pai para mim. Ele teve muita paciência comigo, com minhas vontades e caprichos da juventude. O tempo é sábio e nos ensina muitas coisas. Com você, com certeza será diferente. Você ama seu noivo e parece que ele te ama muito, também.

— Espero que sim. Estou muito ansiosa por esse dia. Gostaria de fazer algumas coisas como no seu casamento. Será que poderia?

— Dependendo do que for, acho que sim.

— Gostaria que houvesse mosqueteiros...

— Isso podemos ver com seu irmão. Ele poderá acompanhá-la na igreja.

— Sinto não poder ser conduzida pelo meu pai – lamentou Claire.

Anne olhou a filha e ficou imaginando a moça entrando na igreja com Antonie. Ele ficaria muito orgulhoso, pensou.

Claire parou um pouco e perguntou:

— Mãe, posso matar uma curiosidade minha?

— Pode. O que é?

— Nunca se apaixonou de verdade por alguém?

Ela olhou surpresa para Claire com a pergunta e seus olhos começaram a marejar.

— Vamos continuar com os convites. Ainda temos muita coisa para fazer. – Anne desconversou.

Ela secou os olhos discretamente, pegou a pena de volta e recomeçou a escrever os envelopes, cortando o assunto. A moça respeitou a atitude da mãe. Não precisava dizer mais nada à filha. Claire tinha satisfeito, em parte, sua curiosidade.

QUANDO RECOBROU A CONSCIÊNCIA, A CABEÇA DE ANTONIE LATEJAVA E O ECO do estampido do disparo ainda era perceptível em seu cérebro. Abriu os olhos com dificuldade. Notou que estava no mesmo local insalubre de antes.

Viu um grupo de soldados feridos, do outro lado do caminho, e umas quatro pessoas, todas vestidas de branco, que os socorriam.

A roupa daquelas pessoas era de um branco tão alvo que chegava a incomodar a vista de quem as visse. Dava a impressão que brilhavam, contrastando com aquele local frio e sombrio.

Antonie ficou recostado num tronco seco, observando, por um bom tempo, o trabalho daqueles homens. Às vezes, uma dupla levava um ferido numa maca e surgiam outros dois homens alguns minutos depois, com as mesmas vestimentas, ajudando outros feridos. Deveriam ser médicos ou algo parecido, pensou o comandante.

Seu ferimento no peito tornou a doer. Teve vontade de atravessar o caminho e ir ao encontro daquele grupo para pedir ajuda, mas achou melhor ficar em seu canto, com sua dor e cansaço, apenas observando a cena. Seu orgulho não permitia que fosse até lá.

Enquanto o comandante estava perdido em seus pensamentos e dores, um dos homens de branco parou, ergueu-se e olhou em sua direção. O homem veio até Antonie e com um olhar e sorriso acolhedores, lhe disse:

— Fique tranquilo, comandante Lefèvre. Você não está abandonado como pensa. Quando for o momento será ajudado também.

— Eu não o conheço. Como sabe meu nome?

— Nós sabemos algumas coisas sobre as pessoas que estão por aqui.

— Sabem? Então como faço para sair daqui? Tenho que encontrar minha esposa, meus filhos. Preciso saber como eles estão.

— Tranquilize-se. Eles estão bem, acredite. Você encontrará a saída. Deixe-me ver essa lesão.

O homem não esperou a resposta do comandante e começou a examiná-lo. Ele colocou a mão num bolso lateral de seu jaleco, pegando um pequeno frasco com um líquido transparente e um pedaço de pano limpo. Umedeceu o pano e o usou como compressa no ferimento de Antonie. Ficou apenas apertando o pano com as duas mãos sobre a lesão, por uns minutos.

Em poucos instantes, Antonie começou a sentir uma leve ardência e um calor no ferimento. Inexplicavelmente, a ferida começou a cicatrizar lentamente até sumir completamente, sem deixar nenhuma marca. O comandante ficou observando boquiaberto. Não conseguia dizer uma palavra sequer.

— Como fez isso? Não tem nem um sinal no local? – perguntou depois de um tempo, tocando onde estava o ferimento.

— Comandante, pegue este frasco. É para você.

O homem não deu mais explicações às indagações de Antonie, apenas entregou o frasco após fechá-lo.

— O que é isso?

— É água. Esta é especial, ela lhe fará bem. Tome-a quando sentir necessidade.

Antonie pegou o frasco, olhou-o e começou a rir.

— Água? Você está brincando comigo? Isto acabará num gole.

— Não. Ela só acabará se você assim o quiser ou achar que não precisa mais dela.

— Este lugar é muito estranho. Tudo é esquisito por aqui. Onde estou? Aqui não deve ser a França. Não me lembro de ter estado aqui antes... também não sei como cheguei aqui.

— Você tem muito que aprender sobre este lugar, Lefèvre. Não tenha pressa. Ficará algum tempo por aqui ainda. Cada coisa no seu momento.

— Mas eu quero ir embora deste lugar. Preciso ir, não posso ficar aqui.

— Quando realmente quiser e tiver feito o que precisa fazer aqui, irá embora.

O homem falava coisas que Antonie não compreendia e que não tinham sentido para ele. Não adiantaria dar mais explicações a Antonie por enquanto. Seu estado emocional e a falta de discernimento de sua condição não permitiam. Ele teria tempo para perceber que continuava vivo em espírito e que sua jornada prosseguia.

— Como assim... fazer o que vim fazer aqui? Não tenho nada o que fazer aqui. Preciso voltar para a companhia, para minha família.

Antonie começava a ficar impaciente.

— Até mais, preciso retornar ao meu trabalho. Outro dia nos veremos.

O homem virou-se e voltou às suas tarefas com os outros de seu grupo, deixando Antonie falando sozinho.

Antonie olhou para o frasco, destampou-o e bebeu tudo de uma vez. A água estava fresca e o reanimou quase que de imediato. Quando ia atirar o frasco longe, notou que ele estava cheio novamente. Olhou para o homem que tinha retornado aos seus afazeres entre os soldados. Resolveu tampar o frasco e guardá-lo em sua faixa. Uma sonolência começou a tomar conta de seu corpo e ele adormeceu, ali mesmo, na beira do caminho, encostado no tronco.

※

EM POUCOS DIAS SERIA A CERIMÔNIA DE CASAMENTO DE CLAIRE e Vicent Moreau. Anne estava atarefada com os preparativos, o que lhe ocupava boa parte de seus dias. Isso ajudava em sua melhora, tanto emocional quanto física.

Jean-Luc conseguira vir a Vichy alguns dias antes para a cerimônia, o que deixou Anne mais tranquila e animada. Os três conversavam sobre os últimos detalhes na sala da lareira quando Claire comentou com o irmão:

— Jean-Luc, eu não quero que fique magoado, mas meu desejo era de entrar com o papai na igreja, igual mamãe fez no casamento dela entrando com o vovô.

— Eu não fico chateado, mas não seria possível mesmo. Terá que se contentar de entrar comigo – Jean-Luc respondeu reticente, olhando para a mãe.

— Eu sei. Papai morreu há tanto tempo. Se estivesse vivo estaria bem velhinho, talvez nem conseguisse me acompanhar, mas era uma vontade minha.

— Se nosso papai estivesse vivo e pudesse acompanhá-la, ficaria muito orgulhoso.

— Nossa, Jean-Luc! você vai ficar repetindo o que eu digo?

— Não estou repetindo o que você está dizendo.

— Claro que está! Eu disse que se papai estivesse vivo e conseguisse me acompanhar...

— Está vendo? – interrompeu o rapaz. – Eu disse "se ele pudesse" e você "se ele conseguisse".

Jean-Luc jogava com as palavras parecendo querer confundir a irmã, mas no fundo estava tentando tocar num assunto que tanto o incomodava esconder dos irmãos.

— Quer parar com isso, Jean-Luc? – repreendeu Anne.

O rapaz estava encaminhando a conversa para um rumo que Anne não queria que tomasse. Algo dentro de Jean-Luc instigava-o a tocar naquele assunto. Era muito mais forte que sua vontade de ficar calado. Ele estava sendo intuído não apenas por seu Espírito guardião, mas, também, por outros Espíritos simpáticos a seus irmãos e pais.

Não é possível fugir, para sempre, de circunstâncias que têm de ser enfrentadas, esclarecidas e reajustadas. Em algum momento da existência, é preciso encarar as dificuldades e os problemas para que sejam resolvidos. Não tem como seguir em frente e evoluir quando o coração carrega pendências. Quando não são resolvidas numa existência, é preciso esperar uma nova oportunidade, que pode demorar muito a acontecer.

Ele disse olhando para a mãe de modo carinhoso e cúmplice:

— Acho que precisamos conversar com Claire.

— Não é o momento adequado para essa conversa, Jean-Luc – tentou cortar Anne de forma enfática.

Por sua vontade, ela não tocaria nunca no assunto com ninguém, mesmo que, no fundo de seu coração, um desejo de contar a todos sempre existisse. Esconder a verdade, principalmente de seus filhos, não lhe fazia bem. Para ela é como se cometesse um grave crime, mas, ao mesmo tempo era complicado encará-los depois de todos aqueles anos. Quanto mais tempo passava, mais difícil era tocar no assunto e mais sentia necessidade de contar-lhes sobre o pai verdadeiro. Esses sentimentos contraditórios se misturavam novamente em seu coração e ela precisava encará-los mais uma vez. Desta vez, seria por meio de Jean-Luc, que a impelia a falar com Claire.

— Mãe, nunca será o momento adequado. A senhora sabe. Já passou tanto tempo guardando isso. Não tem por que adiar mais ainda essa conversa.

Jean-Luc sabia o quão difícil seria aquela conversa para todos e mais ainda para sua mãe. Ele já passara por isso e precisou de muito tempo para aceitar. Sabia também o quão importante foi conhecer a verdade.

— De que vocês estão falando? Podem me dizer, por favor? – Claire perguntou aflita.

Anne ficou um tempo pensativa, olhando a filha. Seu coração ficou mais apertado. Não podia imaginar qual seria a reação de Claire, principalmente às vésperas do casamento. Olhou para Jean-Luc, deu um longo suspiro como se buscasse coragem dentro de seu coração e ela mesma começou a dizer:

— Claire, lembra-se da conversa que tivemos quando subscrevíamos os convites do casamento, alguns dias atrás?

— Mais ou menos. Falamos sobre tantas coisas naquela tarde.

— Você quis saber sobre a cerimônia e a festa do meu casamento, se eu tinha sido feliz com o conde e... – Anne fez uma pequena pausa e Claire completou rapidamente:

— ... se a senhora tinha se apaixonado de verdade por alguém!

A moça se remexeu na cadeira, demonstrando curiosidade e ansiedade pela resposta da mãe. Parecia uma menina prestes a ganhar um presente. Anne ficou um tanto confusa, esperava uma reação diferente dela.

— E então? – insistiu a moça curiosa.

Anne olhou para o filho, que lhe deu um sorriso, incentivando-a a continuar.

— Eu tive, sim, uma grande paixão em minha vida.

— E o papai nunca desconfiou? – os olhos de Claire brilhavam. Ela sentou mais na ponta da cadeira.

— Aí é que está, Claire – interrompeu Jean-Luc. – Com certeza, o conde sabia, mas não de quem se tratava.

— Como poderia saber do fato, mas não de quem era?

— Mamãe não sairia por aí comentando um fato desses. E pelas circunstâncias, não tinha como o conde não saber.

— Ai que confusão! Não estou conseguindo entender nada. Parem de enrolar e sejam mais claros.

— Quando fiquei sabendo, não quis acreditar – comentou Jean-Luc.

— Você já sabia?

— Há alguns anos.

— E não me disse nada?

— Nem para você, nem para o Patrick. Por que a questão não é, simplesmente, a paixão da mamãe.

— Não? O que é então? Vocês estão me deixando cada vez mais curiosa e confusa.

— Meu casamento com Belmont foi apenas um acordo entre ele e seu avô – Anne começou a contar. – Pois bem, Belmont queria herdeiros para deixar sua fortuna. Não queria que as sobrinhas ou os irmãos dele ficassem com tudo. Só que ele era estéril e...

— Que loucura! Mas se ele era estéril, como a senhora engravidou? – Claire interrompeu querendo saber, sem mesmo raciocinar sobre o que ouvia.

Anne olhou para Jean-Luc, que apenas lhe respondeu com o olhar.

— Ele não é o pai de vocês – respondeu Anne.

— Como é? Ele não é nosso pai? Então, a senhora não teve apenas uma paixão, teve um caso? E pelo jeito durou certo tempo – Claire comentou imaginando a diferença de idade entre ela e seus irmãos.

— Não, não foi um caso. Foi um relacionamento muito sério, que durou mais de vinte anos.

— Nossa! e o papai, quer dizer... sei lá... nunca soube quem era? – Claire perguntou ainda confusa.

— Não. Apenas o comandante Blanc e seu irmão sabem de tudo.

— E quem é meu pai? Eu conheço? Não é o comandante Blanc?

— Não. E vocês o conheceram, sim.

— Conhecemos? E por que "conhecemos"? Ele foi embora depois desse tempo todo?

— Não. Ele morreu – interrompeu Jean-Luc.

— Morreu? Quando? – Claire fez uma pausa, enquanto tentava organizar as informações.

— Meu Deus! não pode ser... – disse admirada com a suposição que fazia.

— Nosso pai é o comandante Lefèvre, Claire – disse-lhe o irmão.

A moça ficou parada, boquiaberta. Lágrimas começaram e escorrer de seus olhos. Ela olhou para Anne, levantou-se e foi sentar-se ao lado da mãe, abraçando-a. As duas caíram em prantos.

Jean-Luc apenas observava a cena, tentando conter sua emoção. Depois de alguns minutos, Claire perguntou à mãe:

— Por isso a senhora sentiu tanto a morte dele? Por isso ficou nesse estado? Por que não nos contou antes, mãe?

Anne não conseguia dizer nada, apenas chorava. Entre lágrimas, Claire continuou:

— Como eu gostaria de tê-lo abraçado como pai! Eu sempre o admirei. Ele sempre foi importante para mim... O jeito que ele nos tratava, quando vinha aqui... Eu morria de ciúme dos meninos... Que loucura! Parece que eu sentia, lá no fundo do coração, que ele era mais do que um "amigo" da família. Que era mais que nosso tutor depois que o papai, quer dizer... que o conde morreu.

— Nós dois nunca contamos a ninguém com receio do que poderia acontecer a todos nós. Principalmente a vocês três. Tínhamos medo que tirassem vocês de mim, de que perdessem o direito à herança. Até mesmo que meus pais e Jacques fossem afetados nos negócios. Não foi algo que planejamos... ficarmos juntos. Simplesmente, aconteceu. Quando percebemos, estávamos apaixonados e juntos.

Claire olhava para a mãe sem saber em que pensar ou falar. Sentira certo alívio no fundo de seu coração ao descobrir que o conde não era seu pai. Não entendia o porquê do sentimento negativo que tinha em relação àquele homem, que considerava pai desde pequena.

Muitas vezes, as pessoas têm repulsas por entes próximos, pessoas de seu convívio diário, sem saberem a razão, sem um motivo que lhes pareça justo para esse sentimento.

Cada um sempre está rodeado das pessoas certas e no momento certo. Como será aproveitada essa oportunidade depende apenas das escolhas que são feitas, de como são aceitas e enfrentadas as dificuldades que surgem na vida.

A família é o reduto de maior aprendizado para cada um que vem a esta escola terrena. Para o seio familiar, são trazidos Espíritos que têm certa afinidade e simpatia conquistadas anteriormente, mas muitas vezes, desafetos são colocados lado a lado para experimentarem o perdão, a caridade, a benevolência, o amor de uns para com os outros.

Com o passado, momentaneamente, adormecido e esquecido, tudo se torna mais fácil, mesmo que, lá no fundo do coração, o rancor e a revolta ainda existam. Aos poucos, esses sentimentos vão sendo superados e transformados nas mais puras demonstrações de verdadeiro amor fraternal.

Claire e seus irmãos aprenderam, com a mãe, a respeitar o conde e, de certa forma, até mesmo admirá-lo em alguns aspectos positivos, que Anne sempre buscava ressaltar na pessoa distante e seca que ele era.

O conde, por sua vez, também começou a modificar seu coração com o convívio das crianças que eram sempre alegres e unidas.

O anseio de ter filhos e experimentar a paternidade, mesmo de forma arredia, superava a ideia que eles não eram seus filhos legitimamente. A tolerância é um dos primeiros passos para essa mudança, o início de uma reconciliação e do perdão por falhas antigas entre esses Espíritos que se uniram pelos laços da família.

— Acho que vou gostar de entrar com você na igreja, irmão. Será como se estivesse com meu pai – disse Claire, dirigindo-se a Jean-Luc.

Ele aproximou-se da irmã e os dois, emocionados, se abraçaram.

ᏣᎧᏣᎧ

BELMONT GAUTHIER ESTAVA PERDIDO ENTRE TANTOS PAPÉIS, DOCUMENTOS E toda sorte de tralhas sobre sua mesa. Seu escritório estava bem diferente. Todo empoeirado e sujo, móveis velhos com partes quebradas, os estofados dos sofás e cadeiras rasgados e descoloridos.

Não conseguia se organizar e sentia-se confuso. Seu trabalho não rendia, parecia que nunca terminava.

Por mais que chamasse, ninguém o atendia, nem lhe respondia, deixando-o cada vez mais confuso e irritado. Ele não tinha noção que vivia nesse tormento há mais de dez anos.

Quando estava para desistir e sair do gabinete, escutou alguém bater levemente à porta.

— Pode entrar, a porta está apenas encostada – respondeu o conde.

A porta, rangendo, abriu-se lentamente. Um vulto de mulher surgiu, pouco a pouco e Belmont a reconheceu:

— Constance! é você, minha amada esposa?

— Sim, Belmont, *mon amour* – respondeu-lhe a jovem senhora.

— Como isso é possível? Devo ter pensado tanto em você que estou vendo coisas!

Ele levantou-se de sua cadeira e olhou incrédulo para a primeira esposa à sua frente. Sua vontade era tocá-la e abraçá-la, mas teve receio que fosse apenas uma ilusão de sua mente cansada de tanto pensar em seus negócios.

*mon amour*
meu amor

— Pode tocar-me, Belmont. Eu sou real.

— Você leu meus pensamentos?

— Sempre soube o que se passava em seu coração e agora eu o sei mais ainda.

— Como você pode estar aqui, tão real, Constance? Há tanto tempo que morreu.

— Meu corpo morreu e foi enterrado há muito tempo, mas eu continuo viva, assim como você – ela lhe explicou com um sorriso doce e suave.

— Eu morri também? – ele perguntou surpreso, tocando-se. – É mesmo! Não sinto mais as dores das doenças que consumiam meu velho corpo – observou Belmont.

— Então, a história de "morreu, acabou" não é verdadeira? – perguntou o conde.

— Não. Continuamos a existir da mesma forma que antes, apenas sem o corpo físico.

— Como não percebi isso antes? Devo estar aqui em meu gabinete há muito tempo.

— Você estava preso aos seus negócios, apenas às coisas materiais. Nem se deu conta do que se passava com você durante esse tempo todo; sequer notou que já não estava mais entre os vivos. Agora que se cansou disso e percebeu que toda essa sua preocupação não o está levando a lugar nenhum, abriu seu coração e eu pude entrar aqui.

— Por que a morte levou você tão cedo? Tínhamos tudo para ser felizes. Quanta saudade eu senti de você, *ma petite*. Quanta falta você me fez.

— Eu sei... também senti saudades suas, mas não pense nisso agora. Eu parti no momento que precisava ir, da forma que precisava ir. Você entenderá com o tempo, *mon amour*.

Belmont transformara-se como num passe de mágica. Estava muito emocionado com tudo o que via e ouvia. A presença de

*ma petite*
minha pequena

Constance lhe trouxera uma paz tão grande que ele começou a falar o que realmente sentia em seu coração:

— Fui tão egoísta. Tão inconsequente. Tão vaidoso e orgulhoso, não admitindo minha esterilidade e impotência. Escondi-me em minha fortuna, em minha posição social. Não deveria nunca ter casado novamente, enganando aquelas mulheres e provocando a morte prematura delas. Como me arrependo! Como fui leviano! Por isso fico aqui enterrado nesses papéis, trabalhando para esquecer o mal que causei a elas e a tantos outros. E o que ganhei com tudo isso? Nada! As pessoas falaram e debocharam de minha situação assim mesmo. Continuei sendo o homem que era. Nem a mim mesmo consegui enganar.

— Esqueça tudo isso. Não adianta ficar remoendo o que passou, Belmont. Terá novas oportunidades de reparar tudo o que for preciso.

— Não tente me consolar, Constance. Você sempre sendo boa comigo... Elas estão mortas por minha causa. Não poderei reparar todo esse mal. O que será de mim?

— Engana-se. Enquanto você estava aqui tentando fugir de sua consciência, a vida continuava lá fora. Suas outras esposas, de alguma forma, precisavam passar por aquilo. Elas entenderam a situação e o perdoaram. Só aguardam que você se recupere e se prepare para uma nova chance de reconciliação entre todos nós.

Constance tinha os olhos brilhando de emoção com a possibilidade da nova oportunidade que seria dada a eles.

— Mas como? Não sei como fazer para redimir todo o mal que causei.

— Nós renasceremos numa mesma família.

— Renascer?

— Nós seremos marido e mulher outra vez numa nova vida. Não teremos grandes posses, mas teremos uma vida tranquila. Suas duas ex-esposas nascerão como nossas filhas. Elas terão problemas de saúde desde a mais tenra idade e precisarão do nosso amor de pais e de nossos cuidados constantemente. Com isso, você conseguirá aprender o amor paternal, que tudo suporta, que tudo faz por quem se ama. Você já começou a experimentar esse sentimento. Agora depende apenas de você querer assumir essa tarefa. Isso tomará muito do nosso tempo e atenção para com as duas, mas será benéfico para o crescimento de todos nós e reparo de falhas e enganos passados.

— Não sei se conseguiria, não sei se sou merecedor dessa chance.

— Conseguir, vai depender somente de você. Eu estarei ao seu lado para ajudá-lo, para encorajá-lo. Merecer, todos nós merecemos quantas novas chances forem necessárias para melhorarmos.

— E Anne? Eu a matei de outra forma. Desposei-a tão jovem, enganando-a também. Tirei a possibilidade de ela ser feliz, com quem ela realmente amasse. Matei sua juventude e seus sonhos.

— Anne teve oportunidade de recusar a se casar com você, Belmont. Até mesmo de fugir, se assim desejasse, mas ela preferiu a obediência ao pai e a você. Ela teve seus enganos, como você também teve os seus. Ela lhe deu os herdeiros que tanto você desejou, mesmo não sendo de seu sangue. Soube ser discreta e respeitá-lo dentro da situação que ambos criaram e foram coniventes. E você também a respeitou, deixando-a livre para manter um relacionamento com alguém que realmente ela amou, e ele também soube ser discreto.

— Ela é uma mulher muito especial. Realmente, nunca soube quem foi esse homem e não consigo imaginar quem possa ser.

— Isso pouco importa. O importante é que você, assumindo os filhos de Anne como seus, fez um grande bem a eles e a você.

— De que maneira poderia ter feito um bem? Não fui um bom pai, rejeitando-os de uma forma velada. Apenas usufruí do título de pai para alimentar minha vaidade e orgulho de homem.

— Você se redimiu com aqueles três ao aceitá-los como filhos legítimos e criando-os sob seu teto. Noutra vida, eles eram uma família: pai, mãe e filho. Você, em outra existência, com sua ganância e influência, enganou-os furtando todos os bens deles, deixando-os numa situação tão precária que não conseguiram se reerguer mais. O pai ficou tão desnorteado, sem ter como sustentar a família, que adoeceu seriamente, morrendo poucos anos depois, deixando a esposa e o filho pequeno sem recurso nenhum. Deixando sua herança desta vida para eles, você, de certa forma, quitou seu débito com eles. Eles cuidarão bem de sua fortuna, que era de direito deles noutra vida.

— É muito estranho o que está me dizendo.

— A França, e mais para frente, a Europa e o resto do mundo passarão por momentos difíceis, política e financeiramente, por motivo de conflitos e guerras. Eles saberão ultrapassar essas crises, deixando para as suas gerações futuras uma sólida empresa.

Constance parou de falar, sorriu para Belmont e completou:

— O mais importante, realmente, não é a fortuna em si, que lhes restituiu, mas ao acolhê-los em sua família sanguínea, proporcionando-lhes educação e um lar de certa forma harmônico, teve a oportunidade de amenizar o mal que outrora causara a eles, desestruturando a família que tinham. E eles puderam aprender a amá-lo como pai, mesmo com certa reserva. O perdão entre vocês virá com o tempo.

— Quanta coisa maluca você está me dizendo! Mas tudo isso parece ter lógica, parece ser justo. É estranho, mas mesmo sabendo que não eram meus filhos, sempre me preocupei com eles. É como se eu, de alguma forma, tivesse a necessidade de cuidar deles, independentemente de qualquer coisa. Lá no fundo, algo me impelia para deixar todos os meus bens para eles.

Belmont parou um instante e, meio envergonhado, disse para Constance:

— Devo confessar-lhe que tinha certo ciúme de Anne. Muitas vezes a via como uma filha, mas me doía pensar que ela amava outra pessoa. Por isso exigi que ela não se casasse novamente, sob pena de perder o direito de tudo, até mesmo dos filhos.

Constance apenas olhava para o conde, ouvindo-o.

— Sabe, Constance, fui muito mesquinho e egoísta. Sei que Anne, mesmo não se casando com quem amava, continuou com ele. Apenas impedi que eles fossem felizes, obrigando-os a continuar com um relacionamento secreto.

— O que aconteceu já foi. Cada um pode fazer as escolhas que ache serem as melhores ou mais adequadas. O resultado vem com o tempo. O que precisar ser acertado, será no tempo certo e da maneira necessária. O reconhecimento dos enganos e falhas, e também o arrependimento são os primeiros passos. O perdão e a reconciliação vêm depois. As chances sempre são dadas, basta querermos recomeçar e tentar mudar sinceramente. Sempre seremos amparados e intuídos por muitos amigos que nos amam e querem nosso crescimento.

— Eu me sinto confortado com essa ideia que você diz de termos novas chances de repararmos nossos erros e males.

— É a lei de Deus. Não existe lei mais justa que a Dele – disse Constance.

— Essa papelada já não me interessa mais – ele disse, empurrando os papéis para um canto da mesa, deixando alguns cair ao chão. – Gostaria de ir embora daqui, Constance. Sinto que tenho muito a fazer antes de voltarmos.

— Então vamos, *mon amour*. Realmente, temos muito trabalho pela frente, muito que nos preparar para nossa nova tarefa.

Belmont deixou aquele local ao lado de Constance. Teriam alguns anos para reverem suas dificuldades, estudar e planejar seu regresso à vida terrena para um novo recomeço.

Depois de algumas horas lendo relatórios e atualizando-os, Anne parou seu trabalho e foi até seu cravo para tocá-lo. Era seu passatempo preferido e, ultimamente, a música lhe trazia conforto e paz. Por meio da música conseguia externar seus sentimentos e tranquilizar seu coração. Sem que soubesse, harmonizava o ambiente de seu lar com as vibrações das notas musicais.

Estava tão envolvida na música que nem notara o serviçal que batera na porta e entrara na sala, acompanhado de outro homem. Ela assustou-se com sua presença inesperada.

— Senhora, perdoe-me pelo modo que entrei, mas este mosqueteiro acaba de chegar de Paris e diz que traz uma correspondência do senhor Jean-Luc urgente para a senhora – o serviçal se desculpou, indicando o mosqueteiro que o acompanhava.

— Não se preocupe, atenderei o soldado. – Ela levantou-se e dirigiu-se ao rapaz que estava sobressaltado e ofegante, perguntando-lhe: – O que o traz aqui? Por que toda essa agitação? Aconteceu algo com meu filho?

— Senhora, o tenente Gauthier pediu-me que lhe trouxesse esta carta e aguardasse sua resposta – disse o rapaz, entregando-lhe o envelope.

Anne pegou-o e viu que a letra era de seu filho, mas o selo era do comandante Durand. Jean-Luc não tinha o costume de escrever-lhe e muito menos usaria o lacre de Alain. Abriu-o rapidamente, preocupada com seu conteúdo. Começou a lê-la:

Querida mamãe, saudações,

Estou lhe escrevendo para que tenha notícias minhas de meu próprio punho e não fique tão preocupada. Estou em Paris e encontro-me bem no momento.

Tivemos um confronto muito sério, há algumas semanas, em que vários companheiros ficaram feridos e ocorreram muitas baixas, infelizmente.

Fui ferido com certa gravidade e, por sorte, tive a felicidade de ter sido socorrido prontamente. Estou recuperando-me bem e espero ser liberado em breve.

Fique tranquila, se é que a senhora consegue. O pior já passou. Não mandei notícias antes, pois queria deixá-la a par pessoalmente para que tenha certeza de que estou bem.

Como escrevi anteriormente, tivemos muitas baixas e, infelizmente, dentre elas está o comandante Blanc. Ele foi gravemente ferido e não resistiu. Não teve tempo nem de ser socorrido, morrendo no campo de batalha.

Não a avisaram, pois a senhora não teria como vir a tempo para o enterro, e sei que ficaria aflita. Também não pude comparecer, já que estava impossibilitado de levantar-me do leito.

A senhora também não poderia ter feito nada por mim aqui, apenas preocupar-se sem necessidade.

Pedi para que o comandante Durand selasse esta carta para mim, apenas como formalidade. Em breve terei meu próprio selo.

Aguardo notícias suas e de todos de Vichy.

Lembranças a todos.

Com amor, seu filho saudoso.

— JEAN-LUC GAUTHIER

Anne leu a carta, não acreditando nas notícias que seu filho lhe dava. Sua mão começou a tremer e achou melhor dispensar o soldado, antes que começasse a chorar ali mesmo na frente dele.

— Por favor, podem ir ao alojamento para se trocarem e descansarem um pouco da viagem. Não há ninguém por lá. Pedirei que levem algo para comerem.

— Por favor, senhora, não se preocupe comigo e meu parceiro.

— Fiquem tranquilos. Vão descansar. Depois alguém lhes levará a refeição. Responderei ao meu filho com calma e amanhã poderão retornar a Paris.

— Agradecido, senhora. Com licença – o soldado agradeceu com uma reverência e retirou-se da sala acompanhado pelo serviçal.

Anne sentou-se na poltrona com a carta na mão. Relendo-a, tentou entender o que Jean-Luc lhe escrevera. Seu filho fora gravemente ferido há algumas semanas e só agora recebia notícias? E o pior era sobre a morte de Michael.

Ela não conseguia acreditar que isso podia ser realidade. Seu amigo e confidente partira, deixando-a completamente só. Não pudera vê-lo, não pudera despedir-se dele. Começou a chorar com a carta entre as mãos. Um novo vazio abria-se em seu coração.

MICHAEL RECOBRAVA OS SEUS SENTIDOS LENTAMENTE. ESTAVA AINDA ATOR-doado e sentia uma fisgada aguda no peito. Sentou-se com dificuldade. Seu corpo estava todo dolorido. Olhou em volta e percebeu que ainda estava no local do confronto. Pelo menos foi o que achou.

Muitos mosqueteiros encontravam-se pelo chão, alguns andavam cambaleando a esmo, outros gemendo. Um deles olhou em direção ao comandante Blanc, suplicando:

— Comandante, ajude-nos, por favor. Tire-nos daqui. Precisamos de socorro.

Michael ergueu-se com dificuldade e caminhou em direção aos soldados feridos que gemiam e se lamentavam.

— Ninguém veio nos socorrer? – Michael perguntou.

— Não, senhor. Estamos aqui há muito tempo. Às vezes, aparece um pequeno grupo de pessoas e socorre alguns poucos soldados, levando-os em macas. Depois, ficamos um longo tempo novamente abandonados.

— Por que nos largaram aqui se estamos feridos? – indagou Michael, procurando entender a situação.

— Não temos ideia, senhor. Não imaginamos quais os critérios que essas pessoas têm para socorrer os feridos. Por favor, ajude--nos. Só o senhor pode nos tirar daqui.

Michael não sabia o que fazer. O local estava escuro, parecendo que anoitecia. Não conseguia ver muito além de alguns metros ao redor de onde se encontravam. Tinha a sensação que o local se restringia apenas àquele do confronto.

Ele caminhou angustiado entre os mosqueteiros, por não saber como ajudar aqueles homens. Ele mesmo necessitava que viessem socorrê-lo. Seu uniforme estava sujo e todo ensanguentado. Sentia-se cansado, fraco, dolorido, com fome e sede. Não fazia ideia de quanto tempo ficara desacordado.

Michael sentou-se no chão de terra batida, com os braços nos joelhos, apoiou sua cabeça nas mãos e começou a chorar baixinho. Sentia-se impotente, sem ter como auxiliar seus homens.

Como há muito não fazia, rezou, entre lágrimas. Pediu aos céus que o ajudasse com aqueles homens, que sofriam e dependiam dele.

Depois de um tempo, Michael sentiu que alguém lhe tocava suavemente em seu ombro. Ergueu a cabeça, limpando os olhos e não acreditando no que via.

Uma bela jovem trajando vestes claras lhe sorria. Ela transmitia uma serenidade tão grande que Michael teve vontade de chorar novamente, mas ele se conteve e levantou-se rapidamente. Estava sem palavras diante de tanta beleza e paz que ela transmitia. Uma sensação que a conhecia de algum lugar tomou conta dele por um breve instante. Não conseguia imaginar o que tão formosa moça fazia num local daqueles. Foi a jovem quem começou a falar:

— Michael, estou aqui para ajudar-te. Vim buscar-te. Não precisas mais ficar aqui neste local.

— E meus homens? Como levará todos eles?

— Vem comigo, Michael. Os outros ficarão aqui por enquanto.

— Não posso ir e deixá-los. Você não entende? Sou o comandante desta companhia e responsável por eles. Tenho que ajudá-los.

— Entendo, sim. Por isso vim buscar-te. Teu coração é bom. Tens a consciência de tua responsabilidade e acima de tudo ages assim porque é da tua natureza ser bom.

— Então por que eles não podem ser auxiliados também?

— Todos serão auxiliados. Tu mesmo ouviste: alguns já foram levados. Cada um terá seu momento para ser resgatado. Agora é chegada a tua hora.

— Minha hora? Como assim?

— Tua oração veio de dentro do teu coração, que traz muitas coisas sublimes e belas. E foi ouvida. Eu fui incumbida de auxiliar-te. Sempre pensaste e agiste assim. Até quando teu melhor amigo, cego de ciúme, não conseguiu enxergar tua atitude de se afastar de quem tanto amavas, para não interferir na vida deles, continuaste admirando-o como amigo e irmão de espada. És uma pedra preciosa que necessita ser lapidada, acertar teus equívocos, rever tuas dificuldades, melhorar teus sentimentos.

— Como sabe tudo isso sobre mim? Eu nunca a vi antes.

Michael estava confuso com as palavras tão precisas da jovem sobre ele. Parecia que ela lia seu coração e a sensação de conhecê-la o deixava mais confuso.

Ela sorriu com tamanha candura que Michael foi pouco a pouco se sentindo melhor, mais calmo, mesmo não conseguindo entender o que se passava com ele. Por aqueles instantes, em que conversava com a jovem, não ouvia os gemidos e lamúrias dos soldados. Era como se apenas os dois estivessem ali.

— Nunca me viste ou não te lembras, mas eu sempre te protegi e te guiei durante tua vida toda. Em vários momentos, estive ao teu lado, aconselhando-te e incentivando-te. Algumas vezes, até chorando pelas escolhas não tão acertadas que fizeste. Mas sempre acreditei na tua capacidade, por isso aceitei acompanhar-te durante a tua jornada nesta vida, para auxiliá-lo quando necessário.

— Eu devo estar sonhando. Ou devo ter levado um golpe tão violento que desmaiei e estou delirando – Michael disse para si mesmo.

— O que você está me dizendo não tem cabimento, moça – ele continuou. – Parece que estou falando com meu anjo da guarda – disse em tom irônico.

Ela lhe sorriu e falou:

— Mas eu sou teu anjo da guarda, Michael. E vim buscar-te para que possas recuperar de teus ferimentos; para que possas continuar em teu aprendizado.

— O que você está me dizendo? Olhe, você é uma moça bonita, não deve fazer brincadeiras desse tipo. Este lugar não é para essas coisas, nem para uma moça como você. Veja quanta gente sofrendo, precisando de um médico – ele falava e apontava para os soldados espalhados por todo canto.

— Michael, não estou brincando. Olha para ti mesmo. Não te

sentes diferente, apesar de estares ferido mortalmente? Este lugar não te parece estranho ao do combate onde estiveste?

Michael ficou observando o local. Olhou-se, tocou-se, até que perguntou, assustado:

— Eu morri? É isso que você está querendo me dizer?

Ela sorriu e lhe explicou:

— Podes dizer que teu corpo morreu após receberes aquele golpe fatal da espada de teu adversário. Mas estás falando comigo, tens sensações. Não é?

— Sim, desde que despertei neste local sinto-me vivo, apesar de não estar passando muito bem.

— Pois as pessoas ainda estão muito equivocadas sobre a morte. Nós somos Espíritos. Os Espíritos são imortais. Apenas o corpo físico, que temos enquanto estamos na Terra, é que morre. Então continuamos nossa verdadeira vida deste lado, onde estás agora. Depois de um tempo de recuperação, entendimento, estudo e preparação, retornamos à Terra, num ir e vir constante entre acertos e recaídas. Melhorando e evoluindo pouco a pouco.

Ele olhava abismado, incrédulo com o que ouvia daquela jovem. Nunca fora um religioso fanático, participando de cultos e eventos religiosos apenas por mera formalidade e necessidade social. Aquelas ideias, que ela lhe mostrava, eram diferentes de tudo que ouvira na vida.

— Vamos, Michael. Irás para um posto de socorro, por ora. Depois, com o tempo, compreenderás tudo e o porquê de muitas coisas em tua vida. Teus soldados serão resgatados e os outros também. Tranquiliza-te. Todos são socorridos, sem exceção, cada qual dentro de seu desejo sincero e de seu merecimento.

A jovem começou a caminhar e Michael ficou, por um instante, a observar os homens ao seu redor. Olhou para ela, que deixava um rastro de luminosidade por onde passava. Ajeitou seu chapéu e a seguiu através da neblina que se fazia à frente.

OS DOIS MOSQUETEIROS VOLTARAM A PARIS COM A CARTA-RESposta de Anne, na manhã do dia seguinte. Anne fizera uma carta curta, apenas para informar ao filho que iria a Paris nos próximos dias para vê-lo, ajudar e cuidar dele pessoalmente no que fosse preciso. Não deixaria seu filho sem seus cuidados maternos.

Ela se organizaria para ir à corte, dentro de poucos dias. Iria ao encontro do filho o quanto antes. Sua preocupação não permitiria ficar distante sem ver como ele estava realmente.

Era a primeira vez que Jean-Luc se ferira mais seriamente, desde que entrara para a Guarda Real, e ela ficara bastante preocupada e assustada, principalmente, com a notícia da morte de Michael em combate. Lembrara-se das várias vezes que Antonie se ferira e ela nada pôde fazer.

Iria para Paris também por outro motivo: queria visitar o túmulo de Michael. Precisava ver pessoalmente onde seu amigo estava enterrado. Só assim conseguiria acreditar no que Jean-Luc lhe contara na carta.

No túmulo de Michael, prestaria sua última homenagem como forma de agradecimento por todos os anos que conviveram, pela amizade que construíram. Anne sentia seu coração amargurado e triste. Seu círculo de amigos verdadeiros se resumia a Michael e Alain, e esse círculo estava se desfazendo.

Mesmo mantendo-se reservada em muitos assuntos durante sua vida, com seus amigos, a confiança e segurança que eles lhe passavam era o que lhe bastava, e agora, com a morte de Michael, via-se cada vez mais só.

O que acontecia em sua vida terrena era o que ela conseguia e podia perceber. Seu verdadeiro círculo de amizade estava muito além do que imaginava e era muito maior que pudesse supor. Muitos amigos espirituais sempre a acompanhavam, fortalecendo-a e protegendo-a em diversos momentos de sua vida. Quantas mãos e ombros amigos havia nas situações de dificuldade e desânimo!

A palavra amiga, o abraço terno, o olhar de cumplicidade, o

sorriso sincero, as alegrias e as lágrimas divididas são elos que unem as almas irmãs. Um amigo, por mais que discorde do outro, ouve, compreende, aceita suas dificuldades e erros.

A amizade é o que mais se aproxima do amor verdadeiro, depois do amor das mães para com seus filhos. É através da amizade, como na maternidade e paternidade, que vamos aprendendo o amor incondicional.

Com os amigos aprendemos o perdão pelos nossos erros e a perdoar os erros do outro; a humildade ao pedir auxílio quando necessitamos, e a caridade na ajuda sem esperar nada em troca; a tolerância ao respeitar diferenças de opinião e teimosias.

A alegria ao ver um amigo superar dificuldades e conquistar seus objetivos é indescritível. Não nos causa inveja nem nos faz sentir menos capazes ou menos dignos das mesmas conquistas. Apenas nos alegramos, dando-nos a certeza e esperança que temos a mesma chance de alcançá-las.

A amizade também está no seio familiar e deve ser igualmente cultivada nos lares. Não são apenas desafetos que se encontram ligados pelos laços sanguíneos, e é nesse recanto que devemos começar a apurar as mais sublimes virtudes.

O amor materno, muitas vezes, ainda é carregado de egoísmo, ciúme e posse para com o outro. Estamos em aprendizagem e por isso os sentimentos são confundidos. Onde deveria haver apenas amor, há ciúme e egoísmo. É a condição humana.

Com esses amigos verdadeiros, sempre estará à nossa espera um ombro, um abraço, um sorriso, uma mão estendida quando cairmos, estejam onde estiverem. E sempre teremos a nossa mão estendida para essas almas tão especiais para nós, que caminham conosco ora ao nosso lado, ora em outros rumos, mas sempre na certeza de que estarão por perto, mesmo que em pensamento, mas dentro de nosso coração.

Almas amigas se reconhecem quando se reencontram e, sem perceberem, reacendem a chama da amizade cultivada por tantas vidas. Como irmãos, unem-se pelo coração e a distância física ou temporal não desfaz este elo.

Com Antonie, Michael, Alain e Anne era assim. A força que os unia pela amizade crescera através dos tempos.

ANTONIE DESPERTOU COM O CORPO TODO DOLORIDO, PELA POSIÇÃO EM QUE se encontrava. Ainda estava recostado no mesmo tronco seco à beira da estrada. Ajeitou-se como pôde e ficou observando ao redor.

O grupo de mosqueteiros e soldados machucados continuava do outro lado do caminho. Alguns pareciam, pelos uniformes e trajes, soldados de outras regiões da Europa e até de épocas passadas.

Sua boca estava ressecada novamente, mas não sentia mais o gosto de sangue. Tateou em sua faixa à procura do frasco de água que ganhara. Pegou-o e tomou todo o conteúdo de uma vez. Tampou e o guardou novamente. Toda a sensação de desconforto, dor e gosto de sangue tinham amenizado na primeira vez que tomara aquela água fluidificada. Quando a sede, o desconforto ou a dor retornavam, era só tomá-la novamente para sentir-se melhor em poucos instantes.

Viu um grupo de peregrinos mal vestidos que vinham lentamente em sua direção. Andavam cabisbaixos, arrastando-se, como se carregassem grandes pesos nas costas. Quando o grupo chegou bem próximo a ele, assustaram-se, juntando-se uns aos outros. Olhavam assombrados para Antonie, como se vissem algo terrível. Um deles apontou para o comandante e disse:

— É aquele mosqueteiro assassino!

Do outro lado surgiu outro pequeno grupo de homens mal encarados e em frangalhos, que riam debochadamente. Um deles tomou a palavra:

— Estão assustados por quê? – perguntava dirigindo-se ao grupo de peregrinos. – Ele apenas fez o que precisava ser feito. Vocês não queriam se vingar de Gastón, assim como nós? Aproveitamos a oportunidade, sugerindo-lhe que tirasse a vida dele, depois que induzimos Gastón a passar perto de onde os dois enamorados estavam se divertindo. Foi mais fácil do que pensamos – ele deu outra gargalhada. – O que precisamos fazer agora é apenas encontrar Gastón para terminarmos nossa vingança.

— Não queremos mais encontrá-lo. Não queremos mais nos vingar. Estamos cansados de procurá-lo por todos esses anos em vão. Ele já escapou de nós ao reencarnar novamente – respondeu um dos maltrapilhos. – Para nós basta! Queremos sair daqui. Sair dessa vida de dor e sofrimento.

— Pois nós continuaremos atrás de Gastón. Ele pagará por tudo que nos fez passar nessa e em outras vidas. Não será reencarnando que se esconderá de nós. Temos informação que ele está novamente desencarnado. E não tenham medo deste pobre mosqueteiro – disse apontando para Antonie. – Ele não lhes fará mal nenhum. É um coitado. Apenas o usamos para trazer Gastón para este lado um pouco mais rápido – e tornou a gargalhar alto, seguido dos outros que o acompanhavam.

— Mesmo assim, ele continua sendo um assassino frio e covarde – completou o andarilho do outro grupo.

Antonie sentiu uma enorme angústia em seu peito. Estava de alguma forma sendo julgado por aquelas pessoas que não conhecia e travavam uma conversa estranha entre si sobre ele e Gastón.

Não precisava ser lembrado daquele ato que cometera contra Gastón. Sua consciência fazia com que aquela atitude o perseguisse constantemente desde aquele dia, não deixando esquecê-la, principalmente depois que se estava naquele local esquisito.

Cada grupo seguiu seu caminho e Antonie, depois de um tempo remoendo suas amargas lembranças, resolveu montar em seu cavalo e sair daquele local lúgubre.

Precisava esquecer o que fizera a Gastón. Precisava encontrar a estrada de volta para Vichy. Precisava reencontrar Anne.

Por uma mera circunstância do destino, Jean-Luc e Edmond se encontraram em uma festa. Edmond estava em Paris para resolver alguns negócios e fora convidado para participar do mesmo evento em que o mosqueteiro estava.

Depois de um tempo, Edmond aproveitou que Jean-Luc se encontrava sozinho e se aproximou com uma garrafa de vinho na mão. Sentiu um impulso inexplicável de ir conversar com o primo distante. Mostrando a garrafa a Jean-Luc, Edmond perguntou-lhe:

— Podemos compartilhar este vinho?

Jean-Luc surpreendeu-se com o convite. Nunca conversavam. Edmond sempre fora muito reservado e arredio a qualquer situação social, mesmo familiar. O rapaz nunca se sentira bem com a situação da saúde de sua mãe e a rejeição de Antonie. Sentia-se culpado pelo que acontecera com os pais, fechando-se para tudo e todos.

— Claro! – respondeu o mosqueteiro.

O rapaz serviu o vinho e os dois beberam em silêncio. Jean-Luc observava. Sabia que Edmond queria abordar algum assunto mais pessoal e estava preparando o terreno para começar a falar.

— Aceita mais um pouco? – ofereceu Edmond.

— Obrigado, ainda tenho.

— Este é o melhor vinho da França, não?

— Com certeza. Principalmente porque foi feito com as uvas dos vinhedos de meu avô! – respondeu Jean-Luc.

Os dois riram. Edmond bebeu sua taça e a encheu novamente. Criava coragem para iniciar a conversa.

— Não acha esquisito sermos parentes e parecermos dois estranhos? Temos praticamente a mesma idade e somos tão diferentes e distantes.

Jean-Luc pensou um pouco, antes de responder. Edmond isolara-se ou fora isolado, desde pequeno. Fora uma criança quieta e triste. As poucas vezes que Edmond tivera contato com os filhos de Anne não brincou, não conversou. Ficava atrás da tia que o criava, sempre calado e assustado.

— Fomos criados longe. Praticamente nunca nos víamos. E na verdade, sua mãe era sobrinha do conde. Não acho estranho. Somos parentes mais pelo sobrenome, não? – respondeu Jean-Luc sabendo que não tinham nenhum parentesco sanguíneo.

— É. Acho que sim. – Edmond encheu sua taça, bebeu um pouco e continuou: – Você pode achar ridículo, mas sempre tive ciúme e inveja de você.

— De mim? Por quê? – admirou-se o mosqueteiro.

— Você teve pais presentes, irmãos...

Jean-Luc deu um sorriso e disse:

— Não se engane pelas aparências. Nem sempre as coisas parecem ser o que realmente são.

— Como assim?

— O conde não foi o pai que você imagina. Sempre foi distante. Raramente ficava conosco. Era o jeito dele. Talvez até pela idade que tinha. Agora devo admitir que eu só posso elogiar minha mãe – as palavras de Jean-Luc escondiam mais do que realmente ele dizia.

— Sabe o que mais me deixava enciumado?

— Não, o quê? – perguntou Jean-Luc curioso.

— Meu pai conviver mais com vocês e nunca ir me ver. Principalmente com você, que é um mosqueteiro também, e passava bom tempo com ele. Na verdade, eu vi meu pai apenas quando minha mãe morreu e, mesmo assim, ele nem falou comigo. Nós nos encontramos uma ou duas vezes, em algumas reuniões, apenas de relance. Acho que ele tinha raiva de mim.

O tom de voz de Edmond era de amargura e puro sentimento de rejeição. Seu semblante demonstrava sua tristeza interior.

— Sempre achei que ninguém se importava comigo. Para dizer a verdade – continuou Edmond – além de meus avós e tias, a única pessoa que ia nos visitar às vezes e demonstrava algum interesse comigo era o senhor Jean-Pierre. Você deve lembrar-se dele. Era um homem que gostava de festas e reuniões. Tinha uma boa conversa e era muito simpático com todos.

Jean-Luc assustou-se, por um instante, ao vislumbrar certa semelhança dele com Jean-Pierre. "Que loucura!" – pensou o rapaz, mas apenas comentou:

— Lembro-me muito bem. Sempre que podia, ele aparecia em casa.

— Sabe que uma vez, depois que minha mãe morreu, ele me convidou para passar uns dias com ele em Paris? Fui por insistência de tia Corine, mas devo confessar que foram os melhores dias de minha juventude.

Edmond parou um pouco e ficou olhando para o nada com ar nostálgico, e continuou:

— Minha grande decepção com ele foi quando soube que ele assassinara meu pai. Por isso não confio em ninguém. Para mim todos são falsos, interesseiros. Já pensava assim. Depois desse fato, penso ainda mais que estou certo.

Ele olhou para Jean-Luc e completou:

— Penso diferente sobre você. Por isso estou lhe contando tudo isso. Pode parecer estranho, mas acredite, tive vontade de vir conversar com você. Sinto que posso confiar em você. Não me pergunte por quê – confessou Edmond.

Jean-Luc viu-se em uma situação complicada. Podia imaginar o que Edmond sentia. Como devia ser difícil ter uma mãe doente que nunca tinha cuidado dele, nem o amado, e acreditar que seu pai o rejeitava! Mas o que falar... e como falar?

— Parece-me que você está interessado em saber mais sobre seus pais e você mesmo – comentou com Edmond para sondá-lo.

— Na verdade, estou. Sempre era repreendido por minhas tias quando tocava no assunto. Era um assunto proibido. Apenas queria algumas explicações, saber alguns detalhes que eram importantes para mim. Depois de algum tempo, desisti e apenas guardei essas questões para mim. O pouco que sei foi o que ouvi atrás das portas e percebi nas entrelinhas de conversas que por acaso escutei. Acredito que, de alguma forma, você poderia esclarecer algumas coisas.

— Não creio que eu possa ajudá-lo muito. Pouco sei, também. Como você mesmo disse, parece ser um assunto proibido.

Jean-Luc ficou olhando para o rapaz e a mesma vontade de falar que teve com Claire começou a dominá-lo. Suspirou, tomou um gole de vinho, tentando buscar as palavras mais adequadas. Ele não contaria toda a verdade a Edmond, apenas o que fosse importante ele saber por ora.

— Você não é mais criança e saberá compreender os fatos, mesmo porque deseja saber a verdade, não é?

— Sim. O que você sabe?

— O que sei é que sua mãe foi noiva e sentiu muito quando o noivo dela morreu pouco antes de eles se casarem. Parece que isso foi o motivo do início de toda a sua perturbação e doença.

— Também ouvi algo assim.

— Depois ela teve um namorado secreto e ficou grávida. Como não podiam assumir o relacionamento, ela disse que o filho era do comandante Lefèvre. Sob pressão e influência da família, ele acabou se casando com ela, mas a deixou na noite de núpcias mesmo. Nunca mais se viram. O que sei é isso.

— Você está dizendo que Antonie Lefèvre não é meu pai? – perguntou Edmond indignado.

Jean-Luc sorriu, compreendia muito bem o que Edmond sentia. Já passara por isso.

— Você ri porque não é com você. Não sabe o que sinto, não sabe o que passei todos esses anos querendo respostas para minhas perguntas, querendo um pai que me aceitasse... e você vem me dizer que ele não é meu pai? – Edmond irritou-se com Jean-Luc.

— Calma. Eu te compreendo muito mais do que possa imaginar, Edmond. Eu sei o quanto é ruim sentir-se traído e enganado pelas pessoas que amamos. Mas não podemos fazer nada para mudar isso. O que foi feito, está feito. Cada um tem seus motivos para agir como age e nós acabamos sofrendo as consequências. Com certeza, não é intenção dessas pessoas nos magoar, mas nós nos magoamos mesmo assim. Sua mãe teve os motivos dela para agir assim, mas só ela sabe.

— Nossa! é assim mesmo que me sinto.

— Eu sei, eu sei. Já me senti assim também. Pode acreditar. Eu sei o quanto é ruim. Sei também que o tempo nos faz pensar e ver as coisas de maneira diferente.

Edmond olhou admirado para Jean-Luc. Não imaginava que teriam uma conversa assim.

— Quem será meu pai verdadeiro? Você sabe, Jean-Luc? – Edmond arriscou a pergunta.

Jean-Luc olhava para Edmond, e quando ele lhe perguntou, observou sua semelhança com Jean-Pierre. Nada disse sobre o que pensava, apenas respondeu:

— Acho que somente sua mãe poderia responder a essa questão.

— Não sei o que pensar. Parece que toda a raiva que sentia por Antonie não tem mais razão de ser. Estranho, não? Será que ele tinha raiva de mim, por isso não se importava comigo?

— Não sei. Acredito que não. Que motivo ele teria para ter raiva de você?

— Se eu não tivesse nascido, ele não teria se casado com minha mãe.

— As coisas não funcionam bem assim, Edmond. Elas são mais complicadas. As pessoas complicam tudo e quem não tem nada com a história é quem paga – filosofou Jean-Luc, pensando em sua própria vida.

Sua argumentação não tinha uma boa fundamentação. As pessoas complicam a vida, sim, mas ninguém paga pelo que não tem que pagar.

— Não sei o que pensar direito. Não acho que isso muda muita coisa em minha vida – disse Edmond.

— Muda o que você pensa sobre isso, sobre sua vida. Mudam seus sentimentos em relação às pessoas envolvidas na situação. E não sinta raiva de Jean-Pierre. Naquele dia, ele estava enlouquecido e queria matar minha mãe. O comandante Lefèvre apenas a defendeu e acabou sendo atingido.

— Acho que tem razão. Depois pensarei em tudo que conversamos com calma. Agora não é um momento adequado. Vamos brindar ao nosso encontro e nossa conversa.

Edmond encheu as taças e fez um brinde:

— Aos Gauthier!

Jean-Luc ergueu sua taça, brindando também.

LEONTYNE TINHA O SEU CORAÇÃO EM PAZ. SEU INTENTO DE SERENAR O ESPÍrito atormentado e amargurado de seu filho tinha surtido efeito. Algumas angústias e dúvidas que Edmond carregava desde bem pequeno tinham sido dissipadas.

Há algum tempo ela tentava aproximar-se do filho para ajudá-lo. Com o auxílio de Espíritos simpáticos a Jean-Luc e Edmond e de seus protetores, conseguiram que a conversa fluísse para os esclarecimentos necessários ao momento.

Devido ao estado de desequilíbrio em que se encontrava ao desencarnar, o tratamento de Leontyne demandou um longo período e paciência por parte de todos que acompanhavam sua recuperação, no posto de socorro em que fora acolhida após seu desenlace. Depois de seu tratamento, Leontyne fora transferida para uma colônia. Lá pôde entender um pouco o que se passava em seu coração e reanalisar suas atitudes e pensamentos que teve em vida.

Por meio das conversas que teve com pessoas mais esclarecidas e das palestras que participou, ela compreendeu a perda do noivo e aceitou a separação, que para ela tinha sido injusta e prematura na época. Arrependeu-se do que fizera a Antonie, forjando ser ele o pai de Edmond para encobrir uma leviandade sua e o abandono de Jean-Pierre, quando soube que ela estava grávida.

Doía-lhe o coração por saber que seu filho Edmond, um ente querido de outros encontros na Terra, sofria desde o nascimento, por suas atitudes e desequilíbrio emocional que a impediram de cumprir suas obrigações maternas.

Mais equilibrada e consciente de suas atitudes equivocadas e imaturas, desejava amenizar o sofrimento do filho e fazer com que ele mudasse seus sentimentos em relação a Antonie e às outras pessoas que o criaram, educaram e o amavam verdadeiramente. Devido a seu amor materno sincero e desejo em ajudar Edmond, tinha a permissão de visitar o filho algumas vezes na companhia de seu orientador. Nessas ocasiões, ela se preparava para que pudesse lhe transmitir bons pensamentos e com isso lhe dar mais confiança e aumentar sua autoestima.

Sentindo que sua presença não se fazia mais necessária ali, Leontyne retirou-se com seu orientador, retornando para a colônia.

No meio do trajeto, seu orientador puxou uma conversa com ela. Há algum tempo tentava abordar esse assunto e achou que chegara o momento propício. Ele começou:

— E então, Leontyne? Já passou tantos anos aqui conosco. Pensou sobre sua última encarnação, suas fraquezas, aprendeu tantas coisas e está trabalhando, tentando colocar em prática os ensinamentos de nosso Mestre. Não estaria na hora de voltar à Terra para pôr em prática tudo isso?

— Como? – perguntou assustada.

— Não acha que está na hora de reencarnar?

— Ainda não pensei nessa possibilidade. Não é cedo?

— Sinto certo receio de sua parte.

— Tenho medo de não estar preparada, de não conseguir e pôr tudo a perder novamente.

— Medo? Não deve pensar assim.

— Sinto que ainda carrego muitos sentimentos e desejos inadequados. Em alguns momentos parecem muito mais fortes do que minha vontade de mudar e melhorar.

— Você deve ter calma e paciência. As mudanças são lentas, graduais. Na natureza nada dá saltos. Cada ser vivo tem o seu tempo para cada etapa de sua existência. Com o ser humano não é diferente. Não é porque não conseguiu uma vez, que deve desistir. Errar, cair, fraquejar faz parte do aprendizado. É preciso ter consciência de suas falhas, ver o que pode mudar e como poderia fazê-lo e preparar-se para sua nova tentativa.

— Não me sinto preparada para um novo recomeço. Acho que perdi tempo com meu egoísmo e sentimento de abandono, pelas diversas situações que passei e que também criei.

— Pois acho que está apta a tentar. Lembra-se de como chegou ao posto de socorro? Quanto já conseguiu melhorar e reequilibrar-se, minha amiga!

Leontyne recordava, emocionada, daqueles tempos difíceis que passara no posto de socorro, como uma continuidade de sua loucura e processo obsessivo que tivera por anos em vida.

— E isso não é uma coisa que será feita assim de imediato – continuou seu orientador. – Demandará ainda certo tempo para o planejamento e todos os ajustes necessários, para que sua nova reencarnação possa ter o melhor aproveitamento possível, não só a você, como também às outras pessoas que farão parte dela também. O que me diz?

— Não sei, meu bom amigo, mas posso lhe dizer que hoje foi um dia muito especial e gratificante para mim. Sinto-me feliz, mais leve, em ter a oportunidade de ajudar Edmond. Tudo o que não pude fazer em vida por ele tenho a oportunidade agora. Sei que meu filho será um homem menos amargurado e triste daqui para frente. Terá a chance de deixar que pessoas se aproximem dele, que o conheçam como realmente é, sejam suas amigas e o tenham como um bom amigo também.

Ela olhou para seu acompanhante e completou:

— Pensarei em sua proposta. Prometo.

— Sei que pensará com carinho e logo, logo, organizaremos seu retorno. Dará tudo certo. Não deve ter medo de recomeçar.

❦

ANTONIE CAVALGOU POR UM LONGO TEMPO SEM RUMO. ESTAVA EXAURIDO E deixara o cavalo caminhar a esmo, por aquela estrada que parecia não ter fim nem levar a lugar nenhum. Qualquer direção que tomasse não o levava a nenhum local conhecido. Sua sensação é que muitas vezes andava em círculos.

Aos poucos foi se aproximando de um bando de seis ou sete homens e rapazes mal-encarados e encrenqueiros. Eles xingavam e batiam num rapazinho de seus dezessete anos. O coitado se encolhia no chão, protegendo-se das agressões com as mãos e os pés, como podia.

Sem entender o que acontecia, Antonie apiedou-se do garoto que implorava a seus atacantes que parassem de torturá-lo com palavras e agressões físicas.

O comandante desceu do cavalo, desembainhou sua espada e dirigiu-se ao grupo, ordenando energicamente:

— Parem já com isso! Deixem o pobre menino em paz! Não se envergonham de agredir um rapaz indefeso?

— Não se meta onde não lhe diz respeito, mosqueteiro – retrucou um dos homens que chutava o garoto.

— Eu não sei o que ele lhes fez, mas não creio que mereça tão duro castigo – rebateu o comandante.

— Não se meta! Ele pode parecer um pobre coitado, mas nos tapeou nos jogos e apostas, roubando nossas economias e fez muitas outras coisas conosco quando estávamos vivos.

— E para completar ainda reencarnou para se esconder de nós – completou outro rapaz.

— Quis nos enganar voltando à carne, mas depois de tanto procurá-lo o encontramos fazendo com outras pessoas as mesmas coisas que fazia conosco. Continua o mesmo safado.

— Agora que está de volta e o pegamos, este fedelho terá o que merece – foram contando o que se passava.

As histórias e os termos daqueles homens soavam de forma estranha para Antonie, mas a preocupação em livrar o garoto das mãos daquele bando não o deixava perceber o que estava acontecendo com ele mesmo naquele lugar.

— Deixem-no em paz! – Antonie repetiu de forma mais enfática, empunhando a espada.

O grupo parou o que fazia por um momento e todos olharam espantados para o mosqueteiro.

Antonie aproveitou que pararam de agredir o rapaz e ordenou:

— Venha logo para cá, rapaz! Eu o protejo.

O rapaz levantou-se desajeitadamente e, meio cambaleante, foi em direção a Antonie, escondendo-se atrás dele.

— Olha só quem veio socorrer esse malandrinho! – observou um homem do grupo, reconhecendo Lefèvre.

— Ah! eu o reconheço. É aquele mosqueteiro que encontramos tempos atrás – completou outro do grupo.

— Como são as coisas! Justamente você vem querer salvar esta criatura – diz outro em tom irônico a Antonie.

— Vão embora! Chega de atormentar esse menino.

— Vamos deixá-lo por hoje, mas o encontraremos novamente. Agora que sabemos que ele está de volta, será mais fácil achá-lo por aí.

O grupo se afastou rindo do comandante. Antonie guardou a espada, irritado com as maneiras daqueles homens.

— Puxa, capitão! nunca imaginei que o senhor me ajudaria algum dia – comentou o rapaz todo feliz.

— Por que me diz isso? Nem o conheço.

— Ora, não está me reconhecendo? – perguntou com um sorriso sarcástico.

Antonie o observou tentando buscar na memória alguma lembrança até que sentiu um baque ao passar uma suspeita por sua cabeça.

— Você deve ter uns dezessete anos apenas, não poderia ser...

— Pois é, o que é o destino, não é capitão? Sou eu mesmo: Gastón, para você.

— Não pode ser. Eu matei Gastón há muito tempo... – pensou em voz alta.

— Sim, sou eu. Fiquei um tempo perdido pelas margens do Allier sem entender o que tinha acontecido comigo até que fui trazido para cá.

— Você deve estar de brincadeira comigo, garoto – retrucou Antonie.

— Não estou, não. Depois que vim para cá, fiquei pouco tempo por aqui. Como as pessoas que trapaceei e roubei não paravam de me perseguir vindo ao meu encalço, pedi para voltar à Terra. Consentiram que eu retornasse e procurasse mudar meu jeito. Aceitei, mais para me ver livre dos meus perseguidores do que com a intenção de melhorar.

— E como está aqui de volta? E com a aparência de um rapazinho?

— Sabe como é, capitão. Essa vida de engodo é algo muito forte em mim. Não consegui resistir. Assim que atingi uma idade que podia de alguma forma trapacear e enganar os outros, senti essa vontade incontrolável novamente, e mesmo sem saber direito por que, comecei tudo de novo.

— Você fala igualzinho ao Gastón. Mas não estou entendendo como está aqui. – Antonie não conseguia assimilar o que estava acontecendo.

— É porque dois homens não gostaram de ser enganados por um garoto. Foram ao meu encalço e numa emboscada me pegaram e me bateram muito. Não era a intenção deles me matar, mas não aguentei a surra e acabei morrendo depois de horas de grande agonia. Há poucos dias, aqueles homens que o senhor viu me acharam e começaram a me perseguir e agredir.

— Não é possível. Isso é uma brincadeira sua. Você não é Gastón, além de falar coisas muito estranhas.

— Sou Gastón sim e posso provar.

— Então prove – desafiou o comandante.

— O senhor me matou pelas costas com sua adaga, porque o encontrei com a condessa D'Auvergne na beira do Allier. Temeram que eu contasse o que vi. No dia seguinte, voltou até lá e jogou meu corpo no rio para que ninguém descobrisse o crime e o criminoso.

Um mal-estar percorreu o corpo do mosqueteiro. A revelação de Gastón teve o efeito de um soco no estômago de Antonie. Ninguém sabia daquele fato, apenas ele e Anne.

A cabeça de Antonie começou a latejar. Estava ficando cada vez mais confuso e as revelações do rapaz o ajudavam a se conscientizar de sua condição e por que estava naquele local.

As conversas e situações que vivenciava ali eram muito estranhas para Antonie, e começavam a fazer sentido. Isso o apavorava. Ele estava andando há muito tempo por aquelas terras, sentia cansaço, dores, conversava com as pessoas que encontrava pelo caminho. Não queria crer que poderia estar morto.

— Você me diz coisas estranhas, todos aqui dizem e fazem coisas estranhas. Falam e agem como se estivessem mortos.

Gastón riu, divertindo-se com o comandante Lefèvre, ao perceber que ele não tinha consciência que desencarnara.

— Não percebeu ainda, capitão? Todos aqui estão mortos. Você está morto também – falou sem rodeios para Antonie.

— Não pode ser! Isso não é possível! Eu estou falando com você, eu sinto que estou vivo – retrucou o comandante, não querendo acreditar no que ouvia.

— É a mais pura verdade. Seja bem-vindo ao mundo dos mortos, capitão Lefèvre! – respondeu Gastón fazendo uma reverência.

Lefèvre ficou sem ação, olhando para Gastón, que se ajeitava, preparando-se para ir embora.

— Vou andando, capitão. E não se preocupe porque me matou naquele dia. Se não o tivesse feito, mais dia, menos dia, outro o faria com certeza. Era algo inevitável pela vida que eu levava. Ah! e muito obrigado por me livrar daqueles homens. Até qualquer dia.

Lefèvre seguiu Gastón com o olhar até ele sumir numa curva do caminho. Não conseguia pensar em nada, não queria aceitar o que acabara de ouvir, não queria acreditar que aquele rapazinho poderia ser Gastón. Tinha vontade de gritar, xingar, sair correndo, sentar ali mesmo e chorar, tudo ao mesmo tempo. Ficou apenas prostrado, olhando ao redor daquele lugar tão sombrio em que estava há vários anos.

Finalmente, sentou-se e ficou pensando que, se fosse verdade que estava morto, deveria estar no inferno e ele nunca mais conseguiria sair dali. Nunca mais encontraria Anne.

Tentou desviar aqueles pensamentos que traziam mais angústia ao seu coração. Aquilo não poderia ser real. Levantou-se e, montando em seu cavalo, saiu a galope.

Correu o mais que pôde, sem rumo, tentando fugir do que acabara de saber.

၈၅

GASTÓN PARECIA NÃO SE IMPORTAR EM TER SIDO ASSASSINADO POR LEFÈVRE. A ideia de morrer e poder retornar se mostrava interessante e conveniente para ele. Uma hora escapava dos vivos, outra dos mortos. Pelo menos era no que acreditava. Não sabia que, na verdade, não era bem isso o que estava acontecendo. Desconhecia a lei de ação e reação.

Ele criava uma situação muito difícil para sua própria existência. Em pouco tempo seria chamado para a realidade, não viveria naquela ilusão por muito mais tempo. Perceberia que não reencarnava ao seu bel-prazer e, suas desencarnações, de forma violenta, acarretavam sérios transtornos em seu perispírito, que iriam refletir em seu corpo físico em futuras reencarnações.

Gastón não reencarnara apenas porque pedira, prometendo mudar de conduta da boca para fora. Voltara como forma de poupá-lo da perseguição de seus algozes; para que tivesse tempo de ficar longe dos ataques de raiva e desejos de vingança desses seus inimigos que o atormentavam e viviam no seu encalço no umbral.

Enquanto desfrutava os primeiros anos de sua infância, estava protegido dos seus desejos negativos e de seus inimigos.

Como desencarnara com pouca idade, ele não tivera a chance de perceber que seu corpo físico trazia os primeiros sinais das mortes violentas, que vinha sofrendo. Não chegou a desenvolver o problema de pulmão que desencadearia com a idade, apenas tendo crises esporádicas de asma. Seria consequência da punhalada que levara de Antonie.

De volta ao mundo espiritual, mantinha seu mesmo modo de pensar e agir, achando-se esperto, julgando que levava vantagem sobre os outros. Não ligava para o clima de ódio que criava para si, mesmo com as perseguições e ataques de seus desafetos. Sentia-se imune a essas vibrações, tanto dos encarnados como dos desencarnados. Foi com esses sentimentos que Antonie o encontrou e o ajudou sem saber que era ele.

Em sua próxima experiência na Terra, desenvolveria, além dos problemas pulmonares, gravados em seu perispírito, alguns problemas locomotores, devido à sua última desencarnação violenta, onde tivera várias fraturas e órgãos vitais danificados.

Ele não tomaria conhecimento dessas limitações em seus primeiros anos de vida, sendo suas dificuldades de saúde agravadas com o passar da idade, sem uma explicação médica. Dores musculares e nas articulações com atrofiamento e diminuição de movimentos iriam se agravar com o tempo, levando a quase uma paralisia total. Esse sofrimento era uma forma de também fazer com que Gastón se desviasse do desejo incontrolável de prejudicar os outros e sentir-se superior ao enganar os bons de coração. Mesmo assim, enquanto pôde, ele ludibriou e roubou quem deixou se enganar por ele. Desencarnou com seus trinta anos, sofrendo de dores insuportáveis pelo corpo deformado e problemas pulmonares.

Gastón passou vários anos no umbral, sentindo os reflexos de seus problemas de saúde. Andava coxeando e de forma desengonçada, tinha dificuldade em respirar, cansando-se facilmente da mesma forma quando encarnado. Seus inimigos continuavam a persegui-lo e insultá-lo, fazendo pouco dele e rindo de sua situação. Ficaria por lá, perambulando e fugindo de seus desafetos por longo tempo. Da mesma forma que nas suas encarnações anteriores, Gastón voltaria à Terra compulsoriamente. Como ele não modificara sua índole nem demonstrara arrependimento ou desejo em fazê-lo, apesar de todas as provações e sofrimentos, em sua próxima reencarnação, ele retornaria com suas dificuldades físicas e motoras aumentadas. Era o preço que pagaria por suas atitudes levianas. Os sofrimentos e privações que passou e passaria não eram castigos ou uma condenação divina, mas a lei de causa e efeito sendo manifestada e aplicada. Quando seu tempo de retorno à vida terrena se aproximou ele foi encaminhado ao Departamento de Reencarnação para ser preparado. Em nenhuma dessas vezes, ele soube como seria sua nova vida ou participou do planejamento de sua reencarnação.

Ao nascer, Gastón tinha o cordão umbilical enrolado ao pescoço, prejudicando a oxigenação cerebral no momento do parto. Logo nos primeiros meses de vida, as sequelas puderam ser percebidas pelos seus pais e pelas pessoas que conviviam com ele.

Era um bebê com dificuldades para sugar e engolir, seu tônus muscular era fraco, não conseguindo nem sustentar a cabecinha. Com o passar dos anos, obteve poucos progressos em seu desenvolvimento motor, mal conseguindo ficar sentado ou segurar algum objeto nas mãos. Dependia dos outros para realizar as tarefas mais corriqueiras do dia a dia. Não se alimentava, não se trocava, nem andava. Para comunicar-se com os outros emitia alguns grunhidos e sons ininteligíveis.

Com os poucos recursos médicos da época, ele recebia apenas os cuidados necessários para sua sobrevivência, sem nenhuma estimulação física, intelectual ou mesmo o amparo e amor da família, que o rejeitava pela sua condição física.

Gastón vivia escondido dentro de casa, pois era uma vergonha para a família ter uma pessoa como ele. As poucas vezes que saía à rua era motivo de olhares de curiosidade, comentários ao pé do ouvido e demonstrações de repulsa.

Fora uma existência de grande sofrimento e provação para Gastón e seus familiares. Ele tinha consciência e percepção de sua condição limitada, pois sua capacidade intelectual fora preservada em boa parte. Isso ocorreu para que ele sentisse as restrições do corpo físico dificultando a manifestação do seu espírito através de atos e palavras. Com essas dificuldades e limitações físicas ele não teria oportunidade de praticar antigos erros que o desviavam do caminho justo. Teria a chance de pensar em seus atos passados e consequências que colhia nesta encarnação.

Ele viveu no cárcere da carne por quase vinte anos, desencarnando ao se engasgar com a própria saliva.

Ao encontrar-se novamente no umbral, Gastón, finalmente, percebeu que se equivocara todos esses anos. Nada tinha construído de bom, nada tinha feito em seu próprio favor ou de seu próximo. Perdera-se na vaidade e no orgulho de considerar-se superior em astúcia, ludibriando as pessoas.

Gastón ficaria um bom tempo num posto de socorro e depois numa colônia para recuperar seu equilíbrio emocional e criar condições para um novo regresso, em que as novas dificuldades por que passaria seriam lenitivos para as mudanças que começariam a ser feitas em sua vida.

# CAPÍTULO V

O INÍCIO DAQUELA TARDE ERA DE UMA TRANQUILIDADE que há muito não se via em Paris. O céu estava claro sem uma nuvem e apresentava um mesmo tom de azul por onde quer que se olhasse.

O capitão Jean-Luc Gauthier chegara de sua viagem, com parte de seus soldados, para mais uma reunião no *château* de Versailles. Seguiria direto para o palácio, juntamente com alguns outros mosqueteiros que estavam em Paris, aguardando-o.

*château*
castelo

As reuniões importantes com o rei sempre aconteciam em Versalhes, mas o capitão estava particularmente preocupado com aquela em que o ministro da Guerra também participaria. Ele desconfiava do seu teor e isso o preocupava profundamente. Sua vida e a de todos da corporação daria uma enorme reviravolta, se seus temores fossem confirmados.

Há algum tempo as coisas não corriam bem na França, tanto na área financeira como na política.

O rei assumira a coroa há pouco mais de um ano, nos seus vinte anos de idade, e parecia que suas prioridades eram voltadas apenas para a área econômica, devido à crise por que passavam na França. Assim mesmo, não demonstrava grande interesse no que acontecia com a população, que era quem realmente vinha sofrendo por longa data. A França era rica e ao mesmo tempo pobre.

Jean-Luc estava com trinta anos, era um dos principais responsáveis da Guarda Real e por isso tinha sido convocado para a reunião.

O capitão Gauthier chegou ao *château* de Versailles no meio da tarde, sendo recebido pelas sentinelas. Entrou acompanhado de dois de seus mosqueteiros. Os três seguiram direto para o salão de reuniões, onde já os aguardavam.

Ele sentou-se depois de cumprimentar os presentes. Quase não conseguia conter e disfarçar sua ansiedade. Seus companheiros também estavam tão ansiosos quanto ele.

Jean-Luc não disse nada o tempo todo, apenas ouviu o que o rei e o ministro da Guerra da França diziam. As suas palavras pareciam não entrar nem se encaixar em sua cabeça. As argumentações pareciam sem fundamentação alguma para ele, mas mesmo assim nada disse, só ouviu incrédulo.

Assinaram toda a documentação em silêncio, formalizando a decisão da reunião. Jean-Luc e seus homens se despediram dos presentes e se retiraram. Os três saíram do palácio sem trocar nenhuma palavra ou olhar. A tristeza e o sentimento de derrota tomavam conta do coração daqueles três soldados. Nada poderiam fazer contra aquele inimigo: era o próprio rei.

— E então, capitão Gauthier? O que aconteceu lá dentro? – perguntou um dos mosqueteiros que aguardavam do lado de fora do palácio.

— Vamos para o alojamento em Paris. Reunirei a corporação lá e conversaremos – respondeu o capitão de uma maneira mais séria e formal que de costume.

Todos permaneceram calados durante o retorno a Paris. Sabiam, no íntimo, o que tinha acontecido dentro do *château*.

༺༻

CHEGANDO A PARIS, JEAN-LUC PEDIU PARA QUE TODOS OS MOSqueteiros que estivessem na cidade fossem convocados para uma reunião no alojamento na manhã seguinte.

Fora a reunião mais difícil de sua vida. Ele sabia que nenhum mosqueteiro queria estar em sua pele naquele momento. Passou a noite pensando em seu pai e em Michael. Eles estariam sentindo a mesma tristeza que ele, se estivessem presentes.

Informar à sua tropa que o rei extinguira o grupo dos mosqueteiros foi muito doloroso para Jean-Luc. Aquilo era sua existência, sua razão de ser. Sua vida tinha desabado. Perdera o chão, perdera o futuro. Sabia que para a maioria dos soldados o sentimento era o mesmo.

Dispensara a todos e fora organizar sua viagem de retorno a Vichy. Pretendia sair de Paris em dois ou três dias. Teria que mandar informar aos demais soldados que estavam pela França por diversas circunstâncias e fazer outros acertos antes que a corporação fosse desativada definitivamente.

Durante toda a viagem de volta a Vichy, Jean-Luc continuou pensando na reunião que acabara de ter dias antes com o rei e os militares. Ao refletir sobre as atitudes do rei, ele sentiu um arrepio na espinha e um mau presságio tomou conta de seus pensamentos. Temia que aquela decisão do rei, para com a Guarda Real, trouxesse severas consequências para a corte no futuro e nada pudesse ser feito.

Uma tristeza, como nunca experimentara, invadia seu coração, e seus pensamentos iam e vinham, passando por vários momentos de sua vida.

Lembrou-se do dia que ganhou sua primeira espada do comandante Lefèvre. Estava com oito anos e Lefèvre o presenteara com um exemplar de madeira, com o cabo todo entalhado. Era uma verdadeira obra de arte. Seus olhos brilharam de tanta alegria ao tomá-la nas mãos. Ele saiu pelo castelo empunhando-a, desferindo golpes em inimigos imaginários por todo lado que ia. Madeleine e a irmã eram seus alvos preferidos.

Recordou o dia que sua mãe chegara nervosa ao alojamento encontrando-o numa de suas primeiras aulas de esgrima com Antonie e de como o comandante a convencera a deixá-lo continuar nos treinos.

No meio de tantas lembranças, ecoaram em sua cabeça as palavras do capitão Michael Blanc, ditas no dia em que ele, num momento impensado, quis largar a corporação. Essas palavras o fizeram refletir sobre seu futuro: "Se deixar a Guarda Real, o que pretende fazer na vida?" Estava sendo obrigado a deixar a Companhia dos Mosqueteiros, o que sempre amara e quisera fazer em sua vida. E agora? O que faria?

COM A DISSOLUÇÃO DA COMPANHIA DOS MOSQUETEIROS, CADA soldado seguiu seu caminho. Era a única coisa que poderiam fazer. Para muitos, o que mais importava era a vida de mosqueteiro. Por vaidade, por *status*, pela atração que as armas proporcionavam, por servir ao rei e à sua pátria, por poder ou por destaque que tinham perante a sociedade. Deixar aquele mundo foi sofrido e triste para todos os integrantes da Guarda Real. Cada um tinha seu motivo para amar e dedicar-se de coração à corporação.

Alguns deles optaram por ingressar no exército, principalmente os que estavam começando sua carreira e possuíam patentes iniciais. Praticamente transferiram-se de uma companhia para outra, perdendo privilégios que tinham como mosqueteiros da Guarda Real. Isso não os incomodava, queriam continuar como combatentes servindo à França.

Outros iriam buscar trabalho e colocação em algum ofício, o que era difícil para a maioria que apenas sabia usar as armas.

Uns perderam-se na vida sem saber que fazer e para onde seguir, enveredando-se por caminhos que os fariam arrepender-se amargamente um dia.

Muitos dos que vinham de famílias nobres e abastadas voltaram para suas terras, com o prestígio que conquistaram quando mosqueteiros do rei.

Jean-Luc foi um deles. Mesmo sentindo-se sem direção, com o coração angustiado e temendo consequências funestas para a realeza, voltara para Vichy, onde ficou na companhia da mãe e de seu irmão caçula. Tentaria refazer sua vida, a princípio sem saber como.

Com o tempo ele foi se inteirando da rotina no *château* D'Auvergne e da mansão de Paris. Ainda que não se afinasse com os negócios ele participava à sua maneira, acompanhando sua mãe nas viagens, reuniões e encontros informais, auxiliando Patrick em alguns contatos e em viagens.

Sua personalidade inquieta e de comando não o deixava ficar parado, e acompanhar a mãe e o irmão o agradava.

A amabilidade, o bom trato com as pessoas e os modos refinados que ele aprendera de pequeno eram de grande auxílio nas relações com os parceiros e clientes das empresas, e sua presença, ao lado de Patrick e Jacques, tornara-se de suma importância.

A afeição e o carinho entre Jean-Luc e Anne puderam ser estreitados ainda mais, mesmo após ele ter se casado algum tempo depois. Anne sempre tratara e amara seus filhos de forma igual, mas tinha uma especial ligação com o primogênito, não sabendo explicar por quê. Era algo tão natural e espontâneo entre mãe e filho que os irmãos de Jean-Luc não se sentiam menosprezados nem enciumados. Sabiam e sentiam que também eram amados e queridos.

Jean-Luc dizia, com orgulho, que era o guarda exclusivo de sua rainha exclusiva, embora não usasse uniforme nem exercesse mais as funções de mosqueteiro.

Todo o amparo e conforto familiar não apaziguavam o coração do mosqueteiro desejoso da companhia dos companheiros e das missões. Como seu pai, o amor às armas e às batalhas corria por suas veias e era praticamente impossível sufocar essa paixão antiga. Os anos em que teve que lidar com essas sensações e angústias foram de grande aprendizado para Jean-Luc. Porém o benefício de seu afastamento forçado da Guarda Real e da nova vida a que teve que se adaptar, ele iria ver apenas numa nova encarnação.

Alguns anos mais tarde, a Guarda Real seria restituída novamente. Jean-Luc e seus parceiros não retornariam. Novos homens serviriam ao novo líder francês, mas por pouco tempo.

Anne acordou sobressaltada com a presença de alguém em seu quarto. Tentou descobrir quem era, forçando a visão na penumbra.

— Michael? – Anne assustou-se ao reconhecer o vulto.

— Eu mesmo – respondeu o mosqueteiro com um sorriso.

Ele estava trajado impecavelmente com sua roupa de gala e segurava o chapéu adornado com uma enorme pluma branca. Aparentava ter trinta anos apenas.

— Como pode estar aqui? Devo estar sonhando – ela perguntou passando as mãos pelos olhos.

— Não, Anne, você não está sonhando nem está ficando louca.

Ela sentou-se na beira da cama, e mesmo com a pouca iluminação que havia no quarto, conseguia vê-lo nitidamente. Ficou, por algum tempo, olhando o mosqueteiro sem entender o que estava acontecendo. Michael não lhe disse nada nem se mexia.

— É você mesmo? – perguntou novamente incrédula.

— Sou. Não está me vendo? – respondeu com seu jeito maroto, abrindo os braços mostrando-se.

— Mas você morreu!

— Mais ou menos. E não tente entender, não seria capaz, ainda.

— Mais ou menos? Como é isso?

Michael não lhe respondeu, apenas sorriu e ela continuou com suas indagações:

— Por que está aqui?

— Estou esperando você estar pronta para acompanhar-me.

— Estar pronta? Acompanhá-lo? Para onde?

— Quando estiver pronta e chegar a hora, saberá. Não se preocupe por enquanto.

— É você quem tem vindo à noite aqui nesses últimos dias? – perguntou curiosa.

— Sim. Venho vê-la para saber como está. Anda muito triste, com ideias tolas na cabeça. Não deve ficar assim, Anne.

— Como você sabe? Não tenho conversado com ninguém.

Ele apenas lhe sorriu novamente.

— Não se preocupe tanto. Tudo está saindo como deve ser. E o que não estiver certo, se acertará no devido tempo.

— Sobre o que está falando? Não estou entendendo.

— Apenas não se preocupe. Eu cuidarei de você.

Ele se aproximou dela e tomou-lhe a mão, beijando-a.

— Tenho que ir. Adeus, Anne.

Uma sensação estranha de leveza e bem-estar tomou conta de todo o corpo de Anne, e sem que percebesse, Michael desaparecera. Ela não sabia o que pensar. Imaginou estar delirando, embora tudo fosse tão real. A doença a estaria enlouquecendo?

Anne deitou-se pensando no que acabara de acontecer. Adormeceu entre seus pensamentos e sonhou a noite toda. Na manhã seguinte, não se lembrava de nada do que sonhara. Apenas ficara uma vaga sensação de bem-estar e que estivera com pessoas queridas.

༺༻

JEAN-LUC SUBIRA ATÉ O QUARTO DA MÃE QUANDO SOUBE QUE ELA não descera nem para fazer suas refeições daquele dia. Ao entrar, deparou-se com Henriete, a dama de companhia da condessa, sentada ao lado da cama, com um prato na mão, tentando, em vão, convencê-la a tomar o caldo que lhe trouxera:

— A senhora precisa se alimentar. Acabará ficando fraca e adoecendo ainda mais. Isso não é bom para a senhora.

Anne não ouvia o que a mulher lhe dizia. Ela continuava recostada na cama, com seus pensamentos e coração longe.

— O que aconteceu? - perguntou Jean-Luc à Henriete.

— Ah, senhor! ela se recusa a comer – explicou a mulher.

— Pode deixar que eu fico com ela, Henriete – disse Jean-Luc estendendo a mão para que ela lhe desse o prato.

— Como desejar, senhor.

Ela lhe entregou o prato sem contestar, levantou-se e saiu. Jean-Luc sentou-se na cadeira onde Henriete estava.

— Então, mãe, não quer comer hoje?

Anne olhou para o filho e balançou a cabeça negativamente. Ele colocou o prato no criado-mudo, aproximou mais a cadeira da cama e, segurando a mão de sua mãe, disse:

— Está bem. Então vamos conversar. O que está acontecendo?

— Filho, acho que estou ficando louca.

— Por quê?

— Têm acontecido umas coisas estranhas. Tenho tido uns sonhos esquisitos.

— Estranhos e esquisitos como? - quis saber Jean-Luc.

Anne não lhe respondeu. Ficou olhando para o filho, imaginando o que ele pensaria se lhe contasse o que vinha acontecendo com ela. Como iria dizer-lhe que Michael vinha visitá-la, enquanto ainda estava acordada?

Ele não insistiu para que ela falasse. Pegou o prato de volta e o ofereceu:

— Tome um pouco. Por mim.

— Você me pedindo, eu tomo – ela achou melhor ceder.

Anne pegou o prato das mãos do filho com um sorriso amarelo. Deu algumas colheradas a contragosto enquanto pensava nas visitas e conversas de Michael.

ANNE PASSOU A MADRUGADA TODA SE SENTINDO MAL. NÃO CONseguira dormir quase nada e tossiu praticamente o tempo todo. Seu peito doía pelo esforço que fazia para respirar e de tanto que tossira nos últimos dias.

Ninguém comentava nada, mas ela sabia que seu estado não era nada bom e só vinha piorando dia a dia. O médico ia visitá-la quase todos os dias e ficava bom tempo auscultando seu peito e coração. Ele não falava, mas ela percebia a sua preocupação, principalmente depois que ela voltara a tossir e expelir sangue.

Claire viera a Vichy com os filhos há quase um mês e não tinha previsão de quando voltaria para sua casa. Ela queria ficar perto da mãe para ajudá-la enquanto ela não melhorasse.

Anne não havia conciliado o sono e começava a amanhecer quando uma claridade entrou pela janela de seu quarto. Ela fechou os olhos para protegê-los da luminosidade e, ao abri-los um pouco, deparou-se com Michael ao lado da cama.

— Desculpe-me se a assustei, não era minha intenção – ele sorriu.

— Faz tanto tempo que não vem aqui. Pensei que não viria mais, Michael.

Ao terminar de falar, ela assustou-se, pois não conseguia expressar-se com facilidade nos últimos dias e estava conversando normalmente, com Michael. O cansaço e as dores eram grandes fazendo com que pausasse várias vezes, enquanto tentava falar, mas naquele momento tinha a impressão que conversavam pelo pensamento.

— Anne, chegou a hora. Virei buscá-la à noite, quando todos estiverem dormindo.

— Mas estou muito fraca. Mal consigo respirar. Não deixarão que eu saia. Para onde pretende me levar?

— Já lhe disse outro dia: não se preocupe. Já está tudo acertado. Apenas procure ficar tranquila. Passe o dia com seus filhos e netos.

Michael se dirigiu à jarra d'água que estava no criado-mudo, ao lado da cama, e estendeu a mão direita sobre ela. Anne apenas observava sem compreender o que acontecia e teve a impressão que algo saía da palma de sua mão em direção à água.

— Tome essa água durante o dia. Ela ajudará você a se sentir melhor – ele lhe disse ao terminar de fluidificá-la.

Um facho de luz surgiu no meio do quarto e Anne deixou os olhos semicerrados para poder ver o que acontecia.

— Alguém veio visitá-la, Anne – disse-lhe Michael.

Anne pensou em Antonie, mas viu um garotinho de uns dois anos surgindo no meio da claridade que se fez, muito parecido com Jean-Luc e cabelos iguais aos de Patrick, quando pequenos. Ele abriu um grande sorriso e com os bracinhos abertos correu cambaleante em direção a Anne, dizendo:

— Mamãe!

Num impulso, ela o pegou no colo. Ele se enroscou em seu pescoço, pegou um cacho dos cabelos de Anne entre a mãozinha e colocando o dedo na boca, recostou a cabecinha no ombro dela.

Anne caiu em prantos, abraçando o menino. Depois de um tempo, ainda chorando, ela olhou para Michael e lhe disse:

— Isso não pode estar acontecendo, Michael. Ele não pode ser quem estou pensando.

— É sim. Seu coração de mãe está certo.

— Ninguém sabe sobre ele. Não contei nem a Antonie sobre essa gravidez. Madeleine desconfiava, mas a enganei com algumas histórias.

— Ninguém sabe mesmo.

— É minha culpa de ele não ter nascido – ela o apertou no colo e tornou a chorar.

— Não se culpe. Ele teve o tempo que precisou ter.

— Patrick esteve tão doente naquela semana. Ele era pesado para seus quatro anos e eu o carreguei direto no colo, para cima e para baixo, todos aqueles dias. Ainda não tinha certeza da gravidez, mas abusei muito para um início de gestação. Até que passei muito mal e quando a hemorragia veio, tive a confirmação, mas era tarde. Poderia ter evitado o aborto, se tivesse tomado mais cuidado.

— Engana-se, Anne. Não poderia ter evitado. O máximo que teria acontecido era essa gravidez ter durado mais uns poucos dias, apenas isso. Era o tempo dele. Ele foi concebido com amor, como todos seus filhos foram. Foi aceito e desejado por você. Era o que ele precisava: sentir-se amado e esperado. Acredite! Um dia compreenderá. Por isso não se culpe – explicou-lhe Michael.

— Nem tive tempo de ter certeza que o esperava!

— É o que pensa. Você sabia e o aguardava. Por isso ficou tão triste quando teve a confirmação com o aborto. Quando alguém se prepara para vir ao mundo, na maioria das vezes, seus futuros pais consentem em recebê-lo. Antes mesmo da concepção, ele já sabe se é desejado e aguardado na nova família ou não. E ele sabia o quanto era esperado, por isso, quis vir vê-la e se apresentar dessa forma, como você o imaginava.

O menino largou os cabelos de Anne, tirou o dedo da boca e pôs as duas mãozinhas no rosto da mãe segurando-o bem apertado. Seu rostinho estava a poucos centímetros do dela.

— Amo mamãe – ele lhe disse dando um beijo na ponta do nariz dela.

— Eu também te amo, meu amor! – ela lhe respondeu, ainda em lágrimas.

Um novo ponto de claridade surgiu no centro do quarto e a figura de uma jovem toda de branco pôde ser notada. Ela estendeu a mão em direção ao menino e lhe disse:

— Venha pequeno. Precisamos ir agora.

O menino escorregou entre os braços de Anne e foi em direção à jovem, pedindo-lhe colo. Anne ficou observando com o coração acelerado de emoção.

— Michael, isso tudo é loucura! Não pode estar acontecendo de verdade, é impossível! – ela disse para Michael, depois que a jovem e o menino sumiram em meio a uma névoa que se fez no quarto.

— Para Deus, nada é impossível. Não tente entender. Tudo vai se esclarecer em seu devido tempo. Eu também demorei a acreditar no que estava acontecendo comigo. Mas você verá quão maravilhoso é tudo isso. Entenderá muita coisa e será grata por tudo.

Ele tomou sua mão, beijando-a, e lhe disse:

— Voltarei à noite. Amanhã verá como estará bem melhor.

Anne sentiu uma leve fraqueza e, quando recobrou as poucas forças que lhe restavam, viu-se só em seu quarto.

Aquela tarde foi particularmente especial. A temperatura estava agradável para um início de inverno, com um céu límpido. Anne passou o dia relativamente bem, tossindo pouco, na companhia dos filhos e netos que fizeram de tudo para reorganizar seus compromissos pessoais para estarem lá com ela naquele final de semana.

Eles não sabiam explicar o porquê, mas uma vontade grande de estar em Vichy com a mãe, naquela semana, fez com que largassem compromissos do dia a dia.

No início da noite, um torpor tomou conta de Anne e ela adormeceu tranquilamente, e por um longo período, como há muito tempo ela não conseguia descansar nem dormir direito, ninguém a perturbou, deixando-a só no quarto durante a noite toda.

QUANDO A MADRUGADA ESTAVA SILENCIOSA E TODOS DORMIAM NO *CHÂTEAU*, Anne foi acordada com o barulho de relinchar e pisar de cavalos em seu quarto. Ainda atordoada e com a cabeça levemente doendo, ela abriu os olhos e viu ao seu lado apenas Michael, trajando seu uniforme de gala.

*château*
castelo

— *Madame*, é chegada a hora. Podemos ir? – ele lhe fez uma reverência e estendeu-lhe a mão.

*madame*
senhora

— O que está acontecendo, Michael? Sinto-me estranha, mais leve. Parece que estou sonhando. Não sinto mais tanta dificuldade para respirar e praticamente não tenho mais as dores que sentia nos últimos dias.

— Venha. Ficará tudo bem – ele lhe sorriu com a mão ainda estendida.

— Não posso ir assim. Preciso me trocar.

— Não precisa. Olhe-se.

Ela se olhou e viu que não usava mais sua camisola. Estava com um vestido de seda em tom pastel. Olhou para a cama e viu seu corpo inerte, deitado nela. Cada vez entendia menos o que lhe acontecia.

— Mas eu estou deitada na cama e ao mesmo tempo sentada, conversando com você! Como isso é possível? Estou sonhando? Estou enlouquecendo de vez?

— Não, você não está enlouquecendo nem sonhando. Não precisa mais daquele corpo doente. Uma nova realidade começa, a partir de agora, para você. Não precisa ter medo, Anne. Estou aqui para ajudá-la e com o tempo entenderá o que é tudo isso.

Ela ficou parada um tempo, pensando em tudo que estava acontecendo nas últimas semanas. Como podia falar com Michael se ele morrera há alguns anos? E lhe pareceram normais essas conversas com o velho amigo, que mantinha a aparência da juventude. Apesar de toda a confusão que se fazia em sua mente, sentia que Michael lhe passava a mesma segurança de sempre e confiava nele.

Anne não conteve a curiosidade há tanto reprimida e perguntou a Michael:

— Por que Antonie nunca veio me ver? Tenho tantas saudades. Nesses anos todos tenho sentido tanto a falta dele.

— Ele ainda não está preparado para vê-la. Ainda não pode vir aqui. Precisa ter paciência e confiança, Anne.

— Como não está preparado? Você está aqui, por que ele não pode vir também?

— Cada um tem seu tempo para se recuperar, para se preparar. Não se preocupe. Ele está sendo cuidado. No tempo certo, você o verá.

— Você só me diz "não se preocupe... não se preocupe" – ela retrucou, demonstrando certa irritação pela situação.

Michael sorriu e nada respondeu. Não adiantaria tentar explicar-lhe. Ela se comportava como as pessoas de sua época: não conheciam nem acreditavam na vida do espírito após a morte; pelo menos, não enquanto encarnados.

— Venha, Anne. Precisamos ir. Estão esperando você.

— Quem está me esperando e onde, Michael? – ela lhe perguntou confusa.

Michael nada respondeu. Uma claridade surgiu no ambiente e uma carruagem negra e reluzente com três parelhas de cavalos pretos se fez perceptível no quarto. Outras pessoas, em volta da carruagem, podiam ser vistas como tênues vultos irreconhecíveis. Elas emanavam uma singela paz e harmonia por todo o ambiente. A porta do coche abriu-se e uma sensação de bem-estar tomou conta de Anne.

Ela sentiu como se flutuasse em direção a Michael e realmente flutuava. Ao segurar na mão dele, uma leve sonolência caiu sobre ela que mal percebeu quando entrou na carruagem e os dois seguiram viagem.

Muita coisa Anne compreenderia, de muita coisa se arrependeria, e outras tantas precisaria perdoar. Teria muito tempo para aprender e rever sua última existência, assim como algumas das vidas anteriores.

Poucas pessoas conseguem realmente modificar-se em vida levando adiante seu compromisso assumido antes da reencarnação. A tarefa não é fácil, mas também, não é impossível. Novas oportunidades de recomeço sempre são dadas a todos, basta querermos progredir e modificarmos com sinceridade.

Tudo que fazemos é aproveitado para acertos e reajustes. Todo nosso esforço para melhorarmos é sempre reconhecido e recompensado. Essa é a lei para todos. Não seria diferente com Anne.

**A**NTONIE CAVALGAVA POR AQUELAS PARAGENS HÁ MUITO TEMPO. MUI-tos anos se passaram desde que chegara lá, quando desencarnara, sem que ele percebesse, ou melhor, reconhecesse e aceitasse o que lhe acontecia.

Sofria naquele lugar, não compreendendo onde estava nem por que estava lá. Ele tinha capacidade e discernimento suficientes para saber o que se passava com ele. Apenas não queria enxergar sua nova realidade. Sua descrença nas coisas divinas, seu orgulho e arrogância o mantinham naquela situação, perdido nas trevas de sua ignorância.

Sofria não tanto por suas atitudes autoritárias, escolhas equivocadas que fizera e mortes que cometera em vida, mas por seu orgulho e vaidade em não reconhecer e admitir seus erros e falhas;

pela sua falta de humildade em pedir ajuda, quando precisou e, principalmente, por não conseguir pedir perdão a tantos que fizera mal, muitas vezes sem intenção, mas movido por paixões, caprichos e dificuldades que teria de superar uma a uma, por não perdoar quem o prejudicara, por não ter sido grato às oportunidades de resgate e reajuste que tivera em vida.

Mesmo sentindo-se só e abandonado naquele lugar, Antonie não conseguia perceber que muitos corações queridos o seguiam e o protegiam, na medida em que lhes era permitido. Vibravam amor e encorajamento para que ele prosseguisse, para que ele se mantivesse confiante em sua capacidade de superação.

Antonie não sabia que o pensamento e amor de Anne por ele o alimentavam em sua perseverança e fé, ainda pequenas, fazendo com que ele não desistisse nem desanimasse em sua jornada que parecia interminável e insuportável.

De quando em quando, encontrava algumas pessoas andando sem destino como ele ou pequenos agrupamentos de casas, ou do que restavam delas, com seus habitantes também em frangalhos, não só nas vestes, mas principalmente nos sentimentos.

Não suportando mais toda aquela situação em que se encontrava e se envolvera, ele parou seu cavalo e desceu de sua montaria. Desceu também de todos os seus sentimentos negativos e difíceis que trazia no coração até então. Numa mescla de desespero e muitos sentimentos e sensações que não saberia descrever, começou a falar:

— Ó meu Deus, o que está acontecendo comigo? Estou exausto. Não suporto mais toda essa situação, não suporto mais este lugar. Devo ter enlouquecido. Não sei onde estou, não tenho para onde ir e não chego a lugar nenhum. Encontro pessoas que já morreram. As pessoas falam coisas estranhas e me tratam com se eu também estivesse morto. Preciso encontrar meu caminho, preciso achar a saída deste lugar. Nem sei há quanto tempo cavalgo a esmo nestas terras desconhecidas. Tenho a sensação de estar há muitos anos vagando entre estas pessoas tão miseráveis e sofridas quanto estou me sentindo.

Seu desespero era tanto que falava sozinho num misto de desabafo, súplica e prece. Ele tinha chegado ao limite da sua negação pelo que passava, pelo sentimento de arrependimento e vergonha pelos atos injustos que cometera. Não podia mais suportar fingir não saber o que sabia, há muito em seu íntimo.

— Não, não posso estar morto. Este não pode ser o fim. A morte não pode ser isto aqui. Isto parece o inferno. Se for verdade, eu não sairei nunca deste lugar. Não poderei encontrar Anne. Tudo que fiz em minha vida, tudo em que acredito estaria perdido, teria sido tudo em vão. Quanta coisa que fiz e gostaria de ter feito diferente! Estarei pagando pelos meus erros? – dentre tantos fatos, pensou em sua vida com Anne e em Gastón.

— Ajude-me, Senhor, ajude-me – continuou em súplica. – Nunca me senti tão perdido, só e necessitado de Sua ajuda. Meu Deus, se realmente existe, mostre-me o que devo fazer, mostre que caminho tomar. Tire-me desta agonia que consome meu coração cansado e desolado, disso tudo em que estou, nem sei há quanto tempo. Isso me dói mais que a ferida que tive em meu peito.

Antonie sentou-se no chão, encolheu-se escondendo o rosto entre as pernas e braços e chorou. Chorou por um longo tempo. Tudo que guardava em seu coração deixou sair com as lágrimas que brotavam sem cessar de seus olhos. Não se importava se o vissem ali naquele estado. Precisava aliviar seu coração. Queria apenas que alguém viesse em seu auxílio.

Depois de chorar tudo que precisava, ele continuou na mesma posição, imóvel, ainda por um bom tempo. Sua cabeça latejava e não conseguia conciliar seus pensamentos.

Quando estava quase adormecendo, Antonie sentiu que alguém tocara em seu ombro. Levantou-se sobressaltado, desembainhando a espada e tomando a posição de guarda instintivamente.

— Não lhe farei mal algum, Antonie. Pode guardar sua espada, não precisa dela – respondeu com um sorriso o homem que estava à sua frente.

— Você por aqui? – perguntou surpreso ao reconhecer o homem que lhe entregara o frasco d'água tanto tempo atrás. – Como me achou? – quis saber olhando em volta para ver se encontrava mais alguém com o homem. Guardou a espada.

— Vim atender suas preces e levar você daqui. Eu não lhe disse na primeira vez que nos encontramos que quando fosse o momento você seria ajudado? Você está pronto. Este é o momento. O seu momento de ser ajudado e de se ajudar.

— Eu passei todo esse tempo aqui, andando a esmo. Sem saber onde estou e por que estou aqui, e parece que perdi meu tempo por nada – disse em tom de desânimo.

— Não, Antonie, não perdeu seu tempo como imagina. Foi o tempo que precisou para entender o que se passava com você, para aceitar você como realmente é, reconhecendo seus defeitos, seus erros e suas dificuldades. Para ver e sentir o que outras pessoas, como você, passam e sentem pelas coisas que fazem, pelas escolhas que tomam, para querer deixar esses sentimentos difíceis e tomar outro rumo em sua existência.

— Isso tudo é muito doloroso, você não pode calcular.

— Pois isso tudo terminou, vamos embora daqui. Levarei você para um local onde será tratado e medicado. Poderá se recuperar de todos esses anos em que esteve por estas paragens.

— Não creio que eu consiga me recuperar. Não tenho forças para mais nada. Olhe meu estado. Nem eu me reconheço mais – falava mostrando seu péssimo estado físico que apenas refletia seu íntimo.

— Claro que consegue. É um soldado, um guerreiro. Precisa apenas de um tempo para as coisas voltarem ao seu lugar. E terá ajuda de outras pessoas. Veja – o homem apontou para uma senhora que se aproximava deles.

Antonie observou-a incrédulo e lágrimas correram por sua face.

— Não creio no que estou vendo. Não é justo que ela me veja assim.

Antonie cobriu seu rosto com as mãos e chorou como uma criança. A senhora chegou bem perto dele e, num abraço acolhedor, lhe disse:

— Não precisa ficar assim, meu filho. Não me importo como você esteja. Estou aqui para ajudá-lo. Não precisa mais sofrer desse modo.

Os dois ficaram naquele abraço por um tempo, até Antonie acalmar-se um pouco e conseguir olhar para sua mãe e dizer-lhe:

— Sinto vergonha de mim mesmo. Eu a decepcionei tanto! Omiti tantas coisas. Fui tão arrogante e orgulhoso de minha influência e posição na Guarda Real.

— Deixe tudo isso para lá. Esqueça, por enquanto, do que fez em vida. Você já passou longos anos com essas lembranças difíceis. Vamos sair daqui. Terá muito tempo para reavaliar seus feitos – sua mãe lhe dizia com o amor e carinho que sempre sentira por ele.

— Venha, Antonie. Tome um pouco de sua água. Ela fará com que adormeça e, quando acordar, estará em outro local e se sentirá melhor com o passar do tempo.

Antonie obedeceu ao homem que o auxiliara quando se viu perdido ao despertar no umbral. Uma sonolência começou a tomar conta de seu corpo e ele foi levado para um local não muito distante dali, mas bem diferente.

O velho mosqueteiro despertaria dias mais tarde, para novas experiências, com o coração aberto, recebendo todo o amor e apoio que precisaria para a continuação de sua marcha.

Finalmente, Lefèvre encontrara a saída daquele lugar.

BELMONT GAUTHIER SENTIA-SE INSEGURO. MESMO APÓS TODOS AQUEles anos que passara se recuperando e, depois de todo tempo realizando cursos e assistindo a palestras na colônia, não acreditava que estaria pronto para uma nova encarnação em que pudesse ter algum crescimento significativo.

Sua grande ansiedade fazia com que ele acreditasse que precisava melhorar em praticamente todos os aspectos numa só encarnação. Esse era seu maior engano. Isso não o deixava perceber o que realmente seria necessário reajustar na nova chance que recebia.

— Belmont, você está ansioso e preocupado demais. Não é assim que precisa ser, não é assim que terá de ser. O reajuste necessário, por ora, é com suas duas esposas apenas – Constance tentava apascentar o seu coração.

# CAPÍTULO VIII

Constance, com toda a calma e paciência que tinha, tentava fazê-lo perceber o que seria acertado entre ele, ela e suas outras duas ex-esposas. Belmont sabia o que deveria acontecer, apenas temia novo fracasso. Sentia-se envergonhado por não obter o êxito esperado por ele até aquele momento. Não via os pequenos acertos que tivera até então como algo positivo. Estava se cobrando demais.

Sempre que alguém consegue retornar ao plano espiritual com um mínimo de melhora já é passo dado rumo ao progresso. É uma pequena conquista que se somará a outras. E se não consegue avançar, que fazer? Lamentar-se não resolverá nada. É preciso olhar para frente, no que se poderá fazer no futuro.

— Você voltará primeiro, Belmont. Sua família passará por dificuldades devido ao processo político-econômico que a França estará atravessando, mas terá um lar de amor e respeito entre todos. Eu nascerei quatro anos depois, num lugarejo próximo ao seu. Conhecer-nos-emos ainda bem jovens, casaremos e receberemos suas duas esposas como nossas filhas queridas e amadas. Como você já sabe, elas terão a saúde debilitada e, devido aos poucos recursos financeiros e desconhecimento da medicina de nossa época, padecerão entre o leito e infindáveis tratamentos. Necessitarão do nosso amor, carinho e todo apoio necessário no seio familiar. A resignação e paciência, por parte delas, também serão imprescindíveis.

Belmont olhava atentamente para Constance, tentando absorver o que ela dizia.

— Cada um de nós – continuou Constance – terá um importante papel e o nosso progresso dependerá, não só das decisões e mudanças individuais, mas também das atitudes e modificações morais dos outros três, pois cada decisão que tomarmos terá reflexo na vida dos demais. Claro que a experiência e o crescimento são particulares, mas também estaremos entrelaçados para o resgate necessário. Será um aprendizado para nós quatro.

— Não acho que eu seja capaz. Não recordaremos os nossos acordos feitos antes do regresso à carne. Como poderei tomar as decisões certas? Como saberei estar no caminho correto? – Belmont não conseguia esconder sua insegurança e receio.

— Estaremos juntos. Um dará força e incentivo ao outro. Se tivermos Jesus no coração e a firme intenção de ajudá-las e amá-las, conseguiremos. Nossa consciência será nosso guia. Não pode ter esses pensamentos derrotistas antes mesmo de iniciar a jornada.

— Não é derrotismo, só acho que é algo que não está ao meu alcance.

— Lembre-se do que lhe disse, quando fui buscá-lo no seu gabinete? Todos nós merecemos novas oportunidades de acerto, mas conseguir superar as dificuldades depende somente de cada um. Para isso é preciso tentar, é preciso ter coragem de enfrentar suas próprias fraquezas para superá-las, é preciso exercitar o amor, a caridade. Quer melhor oportunidade para isso que receber suas ex-esposas como filhas?

Belmont a olhava pensativo. Sabia que Constance tinha razão. Já haviam conversado muitas vezes sobre o assunto. Ele sentia vontade de redimir-se com elas, mas seu receio do fracasso era maior.

— Você teve uma chance com Anne e os filhos dela, e não pode dizer que fracassou de todo – Constance tentava encorajá-lo, lembrando-o das conquistas que tivera.

— É verdade. Mas devo confessar que quase desisti algumas vezes. No fundo acho que meu orgulho e vaidade falaram mais alto. Por isso me mantive firme. A vergonha de ser desmascarado me perseguia e aceitei ficar calado com a situação.

— Acho que não está sendo sincero consigo mesmo – observou Constance.

Belmont surpreendeu-se com a observação da esposa. Como poderia fazer tal afirmação?

— Você carregava orgulho e vaidade, sim, e ainda tem um pouco disso em seu coração. Tinha ciúme de Anne e seus filhos e achava que era posto de lado em algumas situações. Mas a preocupação e cuidados que tinha por eles eram sinceros. Teve progressos, melhorou em alguns pontos. Você sabe e reconhece isso. Não está sendo justo consigo mesmo quando diz que nada conquistou, que em nada mudou. Sempre conseguimos conquistar algo. Dificilmente, temos uma encarnação que seja de toda perdida. Não deve desistir antes de começar. Você não diz que quase desistiu, mas continuou? Não desistiu só por orgulho e vaidade. No fundo sabia que era o certo a fazer.

— Tentarei porque está me pedindo e ficará ao meu lado.

— Fico muito feliz com sua decisão, *mon amour*, mas tente por você, pela sua evolução.

*mon amour*
meu amor

Constance sabia o quanto era importante para todos, especialmente para Belmont, que ele aceitasse essa reencarnação. Belmont também tinha consciência da necessidade de sua mudança íntima para o seu progresso.

৩৩

TUDO CORRIA DENTRO DO PROGRAMADO PARA O VELHO CONDE E suas esposas. Belmont nascera novamente na França como previsto e crescia como qualquer criança de sua época e sua atual situação social e econômica.

Sempre que era solicitado, ajudava sua mãe. Com seus irmãos, ajudava nas tarefas da casa e o pai, nas lides do trabalho. Contava com uns doze anos nessa época.

Muitas vezes, o menino trazia um inconformismo com a condição de sua família que, como a maioria da população, sofria com as mudanças e adaptações nesses primeiros anos da Revolução.

Não sabia explicar nem entendia por que não se sentia bem naquela condição e se revoltava com a maneira de pensar dos pais e irmãos que se conformavam com a vida que levavam.

Ele sempre dizia que seria rico e teria terras e prestígio quando ficasse mais velho, deixando aquela vida de penúria. Começava a deixar transparecer suas inclinações antigas e sua verdadeira personalidade de soberbia. Precisava modificar seus sentimentos, deixando a revolta, a inveja e a cobiça de lado, e isso dependeria apenas dele mesmo.

Sem alternativa, Belmont levava a vida junto à família até conhecer Constance, no início de sua juventude. Ela também nascera numa família simples, que se mudara para o mesmo vilarejo onde vivia Belmont, em busca de melhores chances. Ele se encantara com a beleza, o jeito meigo, calmo e caseiro da moça, que não demorou em lhe retribuir o interesse. Namoraram, noivaram e quando ele estava com vinte anos e ela com dezesseis, casaram-se.

Pouco mais de um ano de casados, nascia a primeira filha do casal. Era uma menina franzina e desde bem pequena adoecia por qualquer coisa. Vivia sempre resfriada, com tosse, peito cheio e febre. A qualquer mudança de temperatura, a menina já ficava febril, caindo acamada facilmente.

Constance dedicava muito de seu tempo cuidando da filha, quando ela tinha suas crises, o que acontecia frequentemente. Belmont até que fora participativo e compreensivo com a esposa, nos primeiros meses após o nascimento da filha, mas pouco a pouco foi se afastando das obrigações paternas com desculpas esfarrapadas. Em seu íntimo ele sentia-se mal por não ter condição de ajudar sua filhinha e via-se incapaz de apoiar a esposa nos cuidados com a saúde da pequena e nas tarefas da casa.

Belmont, na verdade, se fechava cada dia mais em si mesmo, entristecendo-se e sentindo-se impotente, não percebendo o grande papel que tinha perante esses seres que estavam sob sua responsabilidade de pai e esposo.

A segunda filha do casal nasceu quando a mais velha completou três anos. Nascera prematura e quase não vingara, devido à fragilidade de sua saúde e falta de recursos médicos.

Graças à dedicação e imenso amor que Constance dispensava às suas pequenas joias que recebera para cuidar, ensinar e amar, as duas meninas cresciam entre períodos de escassa saúde e de longa doença. Quando a filha mais velha do casal completou dez anos, contraiu uma gripe muito forte. Devido à sua saúde delicada, ao inverno intenso que fez naquele ano e à precariedade da residência da família, a gripe transformou-se numa grave pneumonia que a levou deste mundo, em pouco mais de um mês.

A menina foi se apagando como uma lamparina sem óleo. Os intensos cuidados e as preces fervorosas de Constance não bastaram para que a filha recuperasse a frágil e tênue saúde, trazendo uma grande tristeza à família com seu desenlace.

Ao contrário do que Constance imaginava, suas preces eram ouvidas e sua pequena joia era cuidada e preparada para o retorno ao mundo espiritual por amigos tão afetuosos para com sua família quanto com ela.

A pequena enferma era socorrida também pela bisavó materna desde o início de sua derradeira doença, com emanações de fluidos e sentimentos do mais puro amor. Era como se ela fosse, pouco a pouco, sendo acolhida num abraço de aconchego e alívio para seu sofrimento tão necessário e purificador até seu derradeiro suspiro.

A tristeza de Constance pela perda da filha teve que ser guardada junto com toda sua dor em seu coração de mãe. Ela não encontrou apoio e consolo no companheiro, que sofria tanto quanto ela, mas fechara-se ainda mais não compartilhando com a esposa a dor da perda e da separação precoce da filha querida.

A culpa que Belmont sentia por nada poder fazer em auxílio à família o corroía e o fazia julgar ser a situação financeira em que viviam a culpada por não ter os recursos para tratar, adequadamente, as filhas e propiciar o que desejava à sua família. Uma revolta pela pobreza que rondava sua vida, crescia a cada dia.

Ele não conseguia enxergar que a melhora da saúde frágil das filhas não dependia unicamente de recursos monetários. O mais importante para aquele lar, para aquelas pessoas que se reuniam novamente sob um mesmo teto, era o amor, a compreensão, a presença fraterna de amparo e o auxílio nos momentos de dor; sentimentos, entre outros, tão importantes para a reparação, reconciliação e estreitamento de laços de amor e amizade além da carne.

Constance continuou em suas lides de esposa e mãe dedicada

que era, mesmo com a barreira que seu companheiro erguia a cada dia entre eles. Deixara de ser a pessoa otimista que era, embora continuasse a confiar na bondade do Pai Celestial e manter suas preces regularmente.

Oito anos após a desencarnação da filha, Constance adoecera. Sua filha caçula, que contava com quinze anos nessa ocasião, cuidou dela e da casa. Belmont não conseguira se reerguer do desânimo e falta de perspectiva que o perseguiam desde o nascimento da primeira filha. Culpava-se, cada vez mais pelos infortúnios da família e pouco obtivera de ganhos durante esse tempo, trazendo apenas o mínimo para a sobrevivência deles.

Depois de vários meses de sofrimento e piorando cada vez mais, Constance desencarnou deixando o esposo e a filha caçula.

A mocinha, sem escolha, assumira os cuidados da casa e do pai, que entrara em profundo estado depressivo. O desânimo e a depressão trouxeram mais dificuldades a Belmont que com a saúde enfraquecida não conseguia trabalhar como antes e, por isso, ganhava menos.

A jovem viu-se obrigada a procurar alguns servicinhos para ajudar o pai. Os dois foram levando a vida com mais dificuldades que antes. Belmont revoltava-se internamente mais ainda por não conseguir cumprir a promessa de enriquecer feita a si mesmo.

Via-se injustiçado. Amara a esposa, amara as filhas, embora não conseguisse externar seus sentimentos, procurou honrar o trabalho. Sua vida piorava cada vez mais. Perdera a esposa, a filha mais velha, a esperança em dias melhores e agora via sua filha tão nova assumindo grandes responsabilidades.

Belmont desencarnou três anos após a passagem de Constance, num ataque de coração fulminante, deixando a filha, com apenas dezoito anos, só e desamparada no mundo.

Sem parentes próximos que a acolhessem, a moça, para sobreviver, teve como opção recolher-se num convento.

Sua saúde frágil, somada à tristeza pela perda da família, tomava conta de seu espírito, e todas as vicissitudes que passara nesta encarnação deixavam-na cada vez mais debilitada tanto física quanto espiritualmente.

Ela viveu pouco mais de dez anos após a morte do pai quando seu espírito e seu corpo não suportaram mais a solidão e sensação de abandono. A atenção e carinho que as freiras lhe dedicavam não eram suficientes para acalentar o coração tão sofrido da jovem. Fechada em seu egoísmo, não conseguia perceber a oportunidade de aprendizado e redenção que lhe escapava das mãos.

༺༻

BELMONT FORA ACOLHIDO POR CONSTANCE ALGUNS MESES APÓS SUA DESENcarnação. Como morrera de forma repentina, ele demorou um pouco para que tomasse consciência do que havia ocorrido.

O velho conde ficou por um tempo perdido sem saber para onde ir, vagando sem rumo pelas ruas de sua cidade até encontrar-se com Constance.

Depois que se recuperara, no posto de auxílio, de seus transtornos espirituais e das sensações físicas que sentia, voltara à colônia, juntamente com Constance reencontrando sua ex-esposa que desencarnara desta vez aos dez anos.

Ocupavam-se com suas tarefas conjuntas e individuais até a outra ex-esposa de Belmont vir juntar-se a eles alguns anos mais tarde, recuperando-se também de suas dificuldades e de seus sentimentos negativos.

Os quatro iriam se reprogramar para uma reencarnação na qual constituiriam nova formação familiar. Era preciso que eles aparassem as arestas que ainda restavam.

Belmont sentia-se inseguro devido à sua última experiência reencarnatória, considerada por ele um fracasso inconcebível. Estava sendo muito severo consigo desde que recobrara a consciência de sua situação e recusava a ideia de uma nova reencarnação com ás suas antigas esposas.

— Por favor, Belmont, isso é muito importante, especialmente para você – implorava uma de suas esposas. – Não basta que nos arrependamos, que perdoemos uns aos outros, mesmo que seja sincero e de coração. Precisamos retornar à vida terrena e conviver juntos para pôr à prova nossa modificação. Isso é necessário. Não há o que temer, Belmont. Se acaso falhar, terá nova chance. Não é isso que está acontecendo? Nós também estamos sujeitas ao insucesso.

Elas sabiam que ele poderia negar a se reencarnar com elas, mas não para sempre. Os reajustes precisam ser feitos um dia.

As pessoas são respeitadas nas escolhas que fazem, mas é chegado um tempo que a necessidade de acertos e perdão fala mais alto nas almas. É quando, mesmo parecendo contra a vontade, esses Espíritos são colocados lado a lado, em situações das mais diversas e inimagináveis.

Belmont ergueu a cabeça. O sentimento de impotência e derrota envergonhava a si mesmo. Com os olhos marejados, disse às mulheres:

— Sinto-me envergonhado por não ter conseguido, por ter sido fraco em não continuar firme em meu propósito e recuado ante a primeira dificuldade que surgiu à minha frente. Deixei-as só, sem amparo e auxílio, fechando-me em minha covardia, em meu egoísmo. Se eu tivesse sido rico...

— Não, Belmont. Não era o dinheiro que resolveria aquela situação – interrompeu Constance. – Você pode não ter conseguido realizar tudo o que planejou, nem da forma que imaginou, até pelas dificuldades e limitações que a carne nos obriga, mas teve um avanço. Basta analisar com calma. Está sendo muito exigente e rígido consigo mesmo. O que todos nós precisávamos era compartilhar, mutuamente, a compreensão, o carinho, o amor e atenção nas nossas dificuldades, não das posses.

A mulher, recém-chegada, estava cabisbaixa, pensativa. Sentia-se mal ao recordar de sua última existência e dos pensamentos de revolta e raiva que tivera muitas vezes em relação às atitudes de Belmont como seu pai. Não conseguia compreender a indiferença e apatia que ele demonstrava para com a família. Ela começou a chorar baixinho, no canto em que se encontrava, até que Constance percebeu e foi em seu auxílio, perguntando:

— O que aconteceu? Por que está chorando?

— Sinto vergonha ao lembrar meus sentimentos que tivera em vida.

— Por quê? – indagou Constance.

— Achei que tinha perdoado Belmont do fundo de meu coração. Agora percebo que trago resquícios de sentimentos, pelo que ele me fizera outrora. Por ele ter ceifado minha vida em plena juventude.

Ela deu um suspiro, secou os olhos e continuou:

— Fiz uma ideia errada sobre as atitudes de Belmont conosco. Apenas via o que eu queria ver e não o que realmente se passava no íntimo dele. Julguei-o irresponsável, negligenciando com a família que tantos sofrimentos passava. Não conseguia perceber além do que meus olhos viam e meu coração sentia. Fui ingrata e injusta, tachando-o de mau pai e esposo. Minha pequenez não deixou ver seu coração que sofria por nada poder fazer por nós, e fechar-se em seu sofrimento, deixando de demonstrar seu amor e de lutar por dias melhores.

Ela olhou para Belmont e disse:

— Culpava-o por eu não poder constituir minha própria família, tendo que cuidar do senhor, mesmo estando com a minha saúde fragilizada, quando ficamos sós. Percebo, agora, que revivia a mesma sensação de raiva e ódio pela morte precoce a que fui submetida. Peço perdão por julgá-lo e desprezá-lo. Não tinha o direito de fazer isso. Não entendia a real situação e o porquê de tudo aquilo. Fui egoísta e perdi a chance de amar a todos e demonstrar meus sentimentos.

Belmont foi ao seu encontro, abraçando-a em lágrimas, e lhe disse:

— Sou eu quem deve pedir perdão por não ajudá-las e oferecer o que eu tinha de melhor, que era o carinho e afeição que tenho por vocês; por ter sido covarde em não ficar ao lado de Constance, apoiando-a nos cuidados necessários a vocês. Esse era meu dever e eu não o honrei. Preocupei-me apenas com o conforto material que não podia oferecer-lhes e deixei de amá-las como esposa e filhas. Ainda carrego a culpa das mortes de vocês duas em meu coração. Acho que isso faz com que eu bloqueie meus sentimentos. Deixei escapar preciosa chance de resgatar tão penosas faltas.

— Não se atormentem pelo que aconteceu. Apesar de tudo, procuraram fazer o melhor – disse Constance. – Belmont, você quis nos proporcionar uma vida confortável. O bem-estar material era o que parecia ser o mais importante na sua percepção, mas no fundo tinha receio de abrir seu coração e expor seus sentimentos. Você consegue perceber isso agora. Teremos uma nova chance de recomeço.

— Será que conseguirei? – perguntou Belmont.

— Deixe de se preocupar. Vamos concentrar nossas energias para nos prepararmos para um novo regresso – disse Constance, tentando animá-lo.

— Acho que tem razão, Constance – Belmont concordou. – Não será nada proveitoso ficar lamentando o que passou. Eu sei que posso fugir por um tempo, mas terei que enfrentar, mais cedo ou mais tarde, meus erros e não apenas com vocês, também com tantos outros que prejudiquei e causei mal. Minha dor e meu remorso nada fazem para melhorar minha situação. Apenas me enfraquecem e deprimem.

Constance o abraçou de forma maternal:

— Remoer o passado, os erros e fracassos nada trazem de construtivo. Deixemos que tudo isso sirva de lição e aprendizado para nossa nova empreitada. Sigamos em frente, procurando melhorar e superar nossas fraquezas. Sabemos que podemos contar com tantos amigos amorosos deste lado e também na Terra.

Agora o coração desses Espíritos estava mais confortado e esperançoso. Eles compreendiam onde falharam e juntos buscavam o progresso.

☙❧

CONSTANCE RETORNOU À VIDA TERRENA POUCOS ANOS DEPOIS. Seria mãe de Belmont. Daria a ele todo o amor e carinho necessário para que ele, por meio dos exemplos e conselhos maternos, pudesse fortalecer seus bons sentimentos e conseguisse uma real modificação íntima.

Ela o acompanharia não só em seu crescimento quando ainda criança, mas também durante sua vida adulta, apoiando-o e orientando-o quando necessário. Era como seu segundo anjo da guarda.

Outros Espíritos, antigos afetos e desafetos de vidas passadas, se juntaram a eles como filhos ou irmãos.

Belmont conheceu sua futura esposa, apaixonando-se quase que imediatamente. Quando se encontraram, sentiram nascer no coração uma antiga paixão, como se o amor entre eles estivesse adormecido esperando apenas o cruzar de seus olhares.

Os dois se casaram alguns anos depois, construindo um lar e recebendo como filha a outra ex-esposa. Eles trilharam a nova vivência juntos formando uma família como tantas outras existentes no mundo.

Nessa vida, Belmont sofreu de males no estômago e dores constantes e quase insuportáveis na coluna quando atingiu uma idade mais madura. Eram reflexos do mal que cometera intencionalmente contra suas esposas e a outros no passado. Um mal necessário para ele restaurar a tranquilidade de sua própria consciência, ressarcindo suas faltas com o sofrimento no próprio corpo e com os cuidados paternos carinhosos e sinceros de suas antigas vítimas.

Tiveram dificuldades em suas lides diárias, em seus relacionamentos dentro e fora do lar, assim como alegrias e tristezas. Como em toda família, ajudaram-se mutuamente, também se desentenderam algumas vezes, mas encontraram conforto e apoio um no ombro do outro.

Aprenderam com os problemas que a vida trouxe para cada um e com as dificuldades que já traziam no coração. Lapidaram e forjaram seus sentimentos, tornando-se pessoas mais conscientes de suas obrigações e das atitudes que deveriam seguir.

DEPOIS DE CUMPRIR SUA TRAJETÓRIA NA TERRA, BELMONT RETORNOU À ESPIritualidade com o coração mais aliviado e com a sensação que conseguira cumprir quase que totalmente com o que se comprometera.

Belmont regressara à colônia, mas não encontrara nenhuma de suas antigas esposas. Cada uma seguira sua trajetória evolutiva, cada qual trilhava novos rumos de experiências e crescimento.

Ele sentia-se triste por não poder compartilhar a alegria de seu retorno com elas e ao mesmo tempo uma felicidade diferente aquecia seu coração por saber que seus débitos foram findados. Poderiam reencontrar-se como afetos queridos.

Saudoso de Constance, Belmont não aguentou muitos meses sem ter notícias dela e foi à procura de seu orientador.

Evitou rodeios, questionando-o diretamente:

— Estou há vários meses aqui e ainda não vi Constance. Ela ainda não veio ter comigo e não tenho notícias dela. Não tenho a permissão de ser visitado por ela? – Belmont demonstrava desapontamento e saudade em suas palavras.

— Infelizmente, não a verá por um bom tempo, Belmont. Ela está em esferas mais elevadas, em tarefas que não pode deixar por ora. Mas tenha certeza que você está em seu coração e em suas preces, e assim que lhes for permitido, poderão se reencontrar novamente.

— Minha Constance. Minha doce Constance. Só posso sentir-me feliz em saber que ela, com sua bondade e pureza de sentimentos, poderá auxiliar tantas outras pessoas e continuar sua caminhada.

Lágrimas brotavam de seus olhos trazendo um misto de saudade e felicidade. Ele tinha muito que aprender e refazer ainda. Mas a certeza que Constance orava e velava por ele, de onde estivesse, animava-o a continuar em seu trajeto de redenção. Faria o melhor para que pudesse reencontrar com sua amada o mais breve possível.

Belmont encontrara a força e confiança em prosseguir entre acertos e recaídas em busca de seu progresso e da verdadeira felicidade.

C OMO COSTUMAVAM FAZER NOS FINS DE TARDE, LEONTYNE CONVERsava com seu orientador enquanto observavam o movimento típico do local e o horário, sentados numa das praças da colônia.

Entre um assunto e outro acabaram falando sobre Edmond. Leontyne, sempre que tinha oportunidade de ver o filho, voltava com o coração leve e esperançoso com as mudanças que via no rapaz. Nesse dia ela estava com seu coração de mãe receoso.

— Às vezes temo pelo futuro de Edmond. Não sei se é justo tudo o que ele tem passado. Ele não deveria pagar por um erro meu – desabafava sentida com seu orientador e amigo.

— Ele não está pagando por algo que não mereça. Você sabe que Deus é justo e em tudo há uma razão de ser – respondeu-lhe o amigo.

— Então qual é a razão? Você pode me dizer? – indagou.

O homem lhe sorriu docilmente antes de lhe responder.

— Leontyne, Edmond já sabia, antes de reencarnar, que teria muitas dificuldades. Estava consciente que nasceria numa família com bons recursos financeiros, seria querido, bem tratado e criado pelos parentes próximos. Sua maior dificuldade e provação estavam em não ter as figuras materna e paterna presentes. A rejeição, a falta do convívio e o carinho da família nuclear é algo que ele precisava experimentar, por erros cometidos outrora. Fazia-se necessário que ele sentisse e percebesse que bens materiais e conforto não bastam para a felicidade do ser humano. Ter o colo aconchegante e os cuidados da mãe, poder ouvir conselhos e espelhar-se nos exemplos do pai são coisas que ele desprezara e até negara a outrem no passado.

— Mesmo sabendo de tudo isso ele aceitou nascer como meu filho?

— Claro! era para o aperfeiçoamento dele e vocês têm certa ligação afetiva também.

— Mas parece que é tão penoso para ele.

— Nossa jornada na Terra não é nada fácil. Por vezes, alguns querem desistir dos compromissos, muitos falham tomando rumos diversos ao planejado. A perseverança em continuar na trilha escolhida sempre é testada. Muitas vezes nossos desafetos e inimigos nos seguem, fazendo de tudo para que nos desviemos de nosso objetivo e fracassemos.

Leontyne ficou pensativa por um tempo, olhou para seu companheiro e disse:

— Sabe, fico imaginando como foi que não tive um aborto por tudo que passei e fiz durante essa gravidez.

— Você não imagina o amparo que teve durante esse período para que isso não ocorresse. Irmãos desta esfera estiveram constantemente em vigília, protegendo-a e especialmente a Edmond, enquanto crescia em seu ventre, preparando-se para a reencarnação.

Ela olhava seu interlocutor meditando sobre o que ouvia. Parecia que os fatos de sua vida clareavam e começavam a fazer sentido. Seu orientador continuou:

— Não pode esquecer-se que enquanto esteve em Vichy, durante a gestação, todos a protegiam também, velando por sua integridade física. Preocupavam-se com você e seu bebê vinte e quatro horas por dia. Até mesmo Anne, de quem você tinha ciúme e até tentou prejudicá-la tantas vezes, tomou conta de você e cuidou de seu filho quando ele nasceu até ser levado para Dijon.

Leontyne estava emocionada. Não imaginava que mesmo com todo o desequilíbrio físico e psíquico em que se encontrava era amparada e protegida com tanto carinho e amor.

Surpreendia-se a cada dia com as descobertas que fazia, entendendo melhor seus sofrimentos e consequências, não só das escolhas e atitudes que tomara, mas também das que foram feitas pelas pessoas que conhecera e com quem convivera.

— Toda essa energia de amor e carinho criada em torno de vocês dois dificultou a interferência negativa de Espíritos que queriam prejudicá-los. Foi um período muito difícil para todos, mas graças ao nosso Grande Pai e ao empenho de toda a equipe responsável pela sua gestação, conseguimos vencer essa etapa e Edmond pôde nascer saudável.

Leontyne estava cabisbaixa, com lágrimas a rolar pela face.

— Como vê, minha amiga, nada é aleatório. Tudo é aproveitado e encaixado para que todos possam se beneficiar e aprender, redimir-se e evoluir enquanto estão encarnados. O erro de um é o remédio de outro.

Seu orientador continuou:

— Com a conversa que Edmond tivera com Jean-Luc, algumas ocorrências de sua encarnação foram esclarecidas e agora ele poderia mudar os sentimentos em relação a você, a Antonie e até ao pai biológico, mesmo não sabendo de quem se trata. Mudou sua sintonia e a partir daí construirá novos conceitos sobre família. Isso o ajudará para uma mudança positiva, que o fará crescer e rever alguns enganos ao formar sua própria família daqui a alguns anos.

Leontyne, que até então apenas ouvia emocionada e avaliava suas próprias falhas, disse:

— Gostaria de alguma forma poder reparar o que fiz impensadamente e de forma leviana e egoísta com Edmond. Sinto-me mal ao me lembrar de tudo. Fui fraca em não lutar por superar minhas angústias e dificuldades. Quis parecer quem não era, humilhei e desprezei os sentimentos das pessoas. O que consegui foi apenas fazer sofrer o filho que não desejei e rejeitei. Fiz Antonie sentir ódio de mim ao criar uma situação mentirosa, eu prejudiquei sua vida e ele abandonou-me. Agora vejo quão maravilhosa é a maternidade. Que papel lindo e importante tem uma mãe na vida de uma pessoa. Desperdicei e negligenciei esse compromisso.

— Acho que é hora de você voltar e recomeçar – afirmou seu amigo.

Leontyne assustou-se com a firmeza de suas palavras. Estaria pronta para o retorno?

— Não deseja reparar seus erros? Terá a chance da maternidade novamente, Leontyne, mas irá experimentar outra forma de maternidade.

— Como outra forma de maternidade? – Leontyne perguntou sem entender.

— Há outras maneiras de exercer a maternidade, além de trazer as criaturas ao mundo e criá-las sob o teto do nosso lar.

Ela continuou olhando-o confusa.

— Será muito importante para seu aprendizado, para treinar e compreender sobre o amor e as formas de amar e, principalmente, sobre a caridade.

— Não consigo imaginar o que está me propondo.

— Confie. É uma oportunidade rica que está tendo. Poderá amar como mãe, cuidar, proteger, educar, orientar sem necessariamente trazê-los ao mundo.

— Vocês gostam de nos confundir. Como eu faria isso?

— Gostaria de tentar? Não será uma tarefa fácil, mas sei que é capaz de realizá-la – seu orientador respondeu com outra pergunta.

— Você tem insistido muito ultimamente para que eu reencarne de novo. E pelo visto, já tem algo pré-programado.

— É mais ou menos o que acabei de lhe dizer. Não quer prosseguir em sua caminhada? Está tendo a chance.

— Sei que não adianta eu protelar. Uma hora terei que regressar e recomeçar o que deixei de fazer.

— Então conversaremos melhor sobre isso amanhã, combinado?

Leontyne concordou com a cabeça. Sentia em seu coração que não podia mais adiar seu retorno à Terra. Estava preparada para novas provas e, com isso, saldar dívidas contraídas há tanto tempo.

෴

COM SEUS DEZESSETE ANOS, LEONTYNE SONHAVA COM UM LINDO amor, um casamento feliz e filhos a rodearem o lar. Ela não era diferente de nenhuma moça de qualquer época.

Estavam em plena Revolução Francesa, vivendo todas as dificuldades econômicas, sociais e políticas que a França atravessava. Sua família sentia, como todos, os problemas desse período, tendo, praticamente, o mínimo necessário para sobreviver.

Com irmãos pequenos e sem ter como ajudar financeiramente seus pais, ela fora encaminhada a um convento, numa vila próxima de seu local natal. Assim, a família teria uma boca a menos para alimentar e, seus pais, a certeza que ela estaria bem cuidada, sem sofrer os apertos por que passavam.

A princípio, Leontyne se entristeceu. O início de seu noviciado foi quase que uma tortura para ela. Sentia a falta do lar, dos irmãos e familiares queridos. Muito chorou escondida, achando que era rejeitada, sentindo-se só. Pouco falava com as outras noviças e freiras ou qualquer outra pessoa que por lá estivesse.

Com o passar do tempo, o que começou a consolar seu coração de jovem desiludida era o fato de o convento manter um prédio anexo onde abrigava crianças com idade inferior a dez anos. Eram órfãos e crianças sem um lar, por diferentes motivos.

Ela foi se apegando aos pequenos e, com o tempo, sua tarefa principal era no orfanato, no trato direto com aquelas crianças.

Passou a residir lá e com isso o contato que tinha com as crianças era em tempo integral. Pela sua pouca idade tinha uma energia especial, participando com entusiasmo do dia a dia deles, levando mais alegria àqueles coraçõezinhos ainda tão pequenos e tão sofridos.

A afinidade entre Leontyne e os órfãos tornou-se tanta que ela os considerava seus filhos e eles sua mãe. Era assim que ela os via e sentia em seu coração.

Algumas vezes, em sua juventude, na solidão de seu pequeno aposento, ela sentia falta de ver realizado seu sonho de casar-se e ter os próprios filhos. Mas quando via aqueles desafortunados abrigados lá sempre felizes e no carinho de mãe que buscavam nela, sentia-se grata por poder estar lá e amá-los. Eram sua família e com quantos filhinhos tinha sido agraciada!

Com o passar do tempo, a necessidade de abrigar as crianças que atingiam uma idade além da que o orfanato acolhia fez com que um novo prédio fosse erguido nas proximidades. O esforço e dedicação da freira para que as crianças não ficassem perdidas no mundo foi dando frutos.

Muitas delas, quando cresciam, entravam para a vida sacerdotal, desejando seguir o exemplo das "mães" em dedicar a vida ao Cristo. Algumas construíram a vida fora dos muros do lar da infância quando se tornaram adultas. Outras continuaram vivendo lá, por escolha, auxiliando nos cuidados com a instituição, na criação e educação das crianças que chegavam.

Quando Leontyne retornou ao mundo espiritual, estava com sessenta e três anos e tornara-se a avó daquelas crianças e muitos dos filhos daqueles que ajudara a criar e educar também a consideravam como sua avó.

Deixou saudade e exemplo no coração dos que conviveram com ela em vida e era recebida com alegria por seus companheiros espirituais, que nunca a abandonaram e sempre a ampararam em momentos difíceis.

Seu coração estava em paz. Cumprira seu papel com devotamento e sincera alegria. Compreendia a grandeza da maternidade na evolução das almas. Agora estava preparada para, no futuro, poder gerar seus filhos, ajudando almas sedentas da oportunidade de regeneração e redenção a retornarem à Terra. Leontyne ainda tinha dificuldades e tendências a serem superadas, mas um grande passo havia sido dado em seu próprio benefício.

**M**ESMO DEPOIS DE ALGUMAS SEMANAS EM QUE SE ENCONTRAVA EM recuperação no posto de socorro, a tristeza de Antonie ainda era nitidamente perceptível. Seu novo amigo, que o resgatara do umbral, fora conversar com ele. Sentia que Antonie precisava falar sobre o que angustiava e entristecia sua alma e ele já estava preparado para receber algumas informações.

— Podemos conversar, Antonie? De uns dias para cá, você tem estado muito calado e distante. Talvez eu possa ajudá-lo.

— Ainda é difícil aceitar que estou morto. É tão estranho, tão diferente do que me ensinaram, do que acreditava. Tenho a impressão que a qualquer momento despertarei de um terrível pesadelo.

O homem sorriu e lhe disse:

# CAPÍTULO X

— Você não é o único que pensa assim e passa por isso. É o que as pessoas acreditam sobre a vida e a morte. Você não morreu, nós não morremos. Apenas deixou de habitar a Terra. Não precisa mais daquele corpo material que utilizou enquanto esteve encarnado. Isso que é complicado para muitos aceitarem, pois vai contra tudo o que lhes foi ensinado desde pequenos, como você mesmo disse.

— Eu entendi isso e de certa forma fico feliz em ver que continuamos vivos, que a morte do corpo não é o fim. Mas fui tirado da vida corpórea de uma forma repentina. Deixei minha mulher, meus filhos, meus planos para o futuro. Não sei o que aconteceu com Anne, se ela está bem.

Seu interlocutor continuou com a mesma calma de sempre:

— Não somos ainda capazes de compreender muitas coisas que acontecem conosco. Achamos que somos injustiçados, que sofremos sem merecer, mas na verdade não é assim. Deus é nosso criador e quer o melhor para nós. Se sofremos é porque buscamos em algum momento de nossa existência por esse sofrimento. Ainda é cedo para você saber de algumas coisas. Quanto a Anne, ela está bem. Você a defendeu daquele tiro.

— Por isso estou aqui, não é? – respondeu, fazendo referência à sua situação. – Mas prefiro que tenha sido assim. Não suportaria viver caso eu não tivesse feito nada e ela morresse. Foi algo instintivo. Eu precisava fazer aquilo.

No momento que saltou sobre Anne, Antonie não pensara no que poderia acontecer, apenas queria que ela não fosse atingida, que nada de mal lhe acontecesse.

A lembrança do seu sorriso maroto, dizendo querer ser salva por um bravo cavaleiro, mas que deveria ser por ele, voltou à sua mente. Antonie não pôde conter sua emoção e segurou ao máximo as lágrimas que teimavam em se formar em seus olhos. Ele cumprira seu dever, sua promessa de protegê-la. Morrera para salvá-la.

— Procure não sofrer com essas coisas. Aproveite que está aqui para novos aprendizados e se preparar para novas tarefas tanto aqui como numa nova encarnação.

Antonie o olhou e arriscou uma pergunta:

— Poderei estar com Anne novamente?

Seu amigo o olhou por um tempo. Buscava palavras que pudessem lhe trazer alento, mas sem falsas esperanças.

— Temos todo o tempo do mundo, a eternidade, à espera de nossas conquistas. Quantos encontros e reencontros nos aguardam em nossa trajetória! Quantos afetos e amigos cultivamos e quantos desafetos a resgatar também criamos! Reencontramos quem nos é caro e quem é necessário para o reajuste. Quando? No momento adequado saberemos.

Antonie sentiu a resposta como uma negativa e o desânimo tomou conta de seus pensamentos.

— Devemos ser gratos sempre por todos nossos aprendizados e pelas dificuldades que encontramos no caminho. As pedras que precisamos remover, as montanhas que temos que escalar é que nos fortalecem e nos fazem melhores. Vocês terão outros encontros.

O mosqueteiro ficou imaginando se ele lia seus pensamentos. O orientador continuou:

— Ainda está se recuperando de todos esses anos que ficou nas trevas. Dê um tempo a si mesmo. Veja os novos horizontes que surgem à sua frente. Será muito mais fácil e gratificante prosseguir. Tudo acontecerá naturalmente. As nossas expectativas apenas atormentam a alma e nos desviam de nossas metas. É um gasto desnecessário de tempo e de energia.

— Está bem. Tentarei dar um tempo a mim mesmo e vou procurar me conformar por enquanto. No fundo sei que tem razão. Preciso aprender a lidar com meus sentimentos e baixar minha ansiedade.

Antonie não parecia muito firme, mas demonstrava estar mais calmo. O tempo resolveria tudo.

DEPOIS DE ALGUNS ANOS DE ESTUDO E PREPARO, ANTONIE RETORnou à vida na Terra para novas provas e aprendizados. Sua maior dificuldade seria lidar com a sensação da lembrança de Anne, por mais guardada que estivesse em sua memória.

Desde pequeno, foi muito reservado e calado, pouco demonstrando para as pessoas seus sentimentos e o que pensava. Parecia viver sempre longe da realidade, num mundo à parte.

Quando completou a idade que poderia ingressar no exército, não pensou duas vezes. As armas e batalhas sempre o atraíram. Era o que almejava desde a mais tenra idade. Disso não podia fugir.

Tornou-se um grande militar em pouco tempo. Era um homem justo com todos, independentemente da posição hierárquica que seus companheiros pudessem ocupar. Essa sua conduta ante as pessoas o fazia respeitável e admirado por seus parceiros e superiores.

Antonie foi um homem sempre de pouca conversa e poucos amigos, mas os amigos que fizera eram mais que irmãos para ele, e não media esforços para ajudá-los e defendê-los em qualquer ocasião ou circunstância.

Dedicava todo o seu tempo e suas forças para sua tropa, sublimando a solidão que levava na alma.

A solidão e a falta de uma companhia feminina não eram suficientes para que Antonie pensasse em casamento ou ter um relacionamento amoroso com alguém.

Em nenhuma mulher encontrava a companheira que sonhava ter. Era como se ele buscasse alguém especial dentro de cada olhar, além de cada sorriso das moças que conhecia. Muitas o amaram e quiseram viver ao seu lado para formarem um lar, mas Antonie sempre as evitava e recuava diante da mais remota possibilidade de um compromisso amoroso sério.

Seus amigos e companheiros o questionavam sempre sobre sua atitude arredia ante o matrimônio. Nem ele sabia explicar o que se passava em seu coração. Não sabia por que se sentia assim e fugia dos relacionamentos afetivos.

O que lhe importava na vida eram seu trabalho e suas obrigações e para isso não media esforços.

Antonie morreu em batalha antes de alcançar os quarenta anos de idade, defendendo sua pátria e seus ideais militares. Deixou para seus amigos e soldados o exemplo da dedicação e amor ao seu dever, do trabalho sério e com respeito, de ética e companheirismo.

⁂

ALGUNS MESES DEPOIS QUE ANTONIE RETORNARA AO MUNDO ESPIRITUAL, A lembrança de Anne voltou à sua mente, e com a lembrança a saudade dela. Ele resolveu tentar encontrá-la.

Vestiu-se novamente como mosqueteiro e, em sua montaria, foi à procura de quem tanto sentia falta e saudade.

Passou muito tempo à sua procura por diversos lugares no umbral e na crosta terrestre, em vão. Sua atitude apenas fazia seu coração sofrer ainda mais pela separação. Separação que era necessária para aqueles dois corações que estavam ligados por sentimentos puros, mas precisavam trilhar caminhos diferentes, por ora.

Em tempos remotos, os dois foram movidos por paixões e desejos terrenos por diversas vidas, levando-os a atos impensados e a situações difíceis, precisando de reajustes e resgates em novas encarnações, ora juntos, ora separados.

Por fim, sem sucesso, Antonie desistiu de sua busca, voltando para as tarefas que precisaria realizar na colônia. Não podia deixar se levar pelo impulso de encontrar Anne, mesmo sendo difícil e doloroso para ele ficar longe e sem notícias dela. Estava prejudicando sua evolução, perdendo um precioso tempo em algo que não o levaria a nada construtivo naquele momento.

Seu coração estava entristecido, mas a responsabilidade e a consciência que tinha em relação ao seu trabalho e estudo eram maiores e sabia que eles eram importantes para ele e para outras pessoas.

Era imprescindível que ele mantivesse sua mente equilibrada e a consciência tranquila para poder ajudar quem ainda era necessitado de seu tão precioso auxílio.

COM O CORAÇÃO CONFUSO, ANTONIE FOI PROCURAR SEU ORIENTADOR, A QUEM contou suas angústias e tristezas. Diferentemente das outras vezes em que trocavam ideias e o homem o ajudava a refletir, desta vez, ele o olhou com sua maneira paternal e lhe disse:

— Está na hora de você entrar em contato com alguns fatos, Antonie. Amanhã o levarei a um local específico para estudos e pesquisas pessoais. Começará a entender o que aconteceu em sua trajetória pela Terra. Prepare-se que virei buscá-lo logo cedo.

Na manhã seguinte, seu orientador apareceu bem cedo para pegá-lo, como combinado. Os dois seguiram em silêncio até uma parte da colônia que Antonie ainda não havia estado.

Embora curioso, Antonie permanecera calado por todo o percurso dentro do prédio de alguns andares até chegarem à porta de uma sala. O homem entrou convidando-o a fazer o mesmo:

— Entre, Antonie, não tenha receio.

Antonie estranhou a sala em que entraram. Era diferente de tudo que tinha visto até então na colônia. Simples e, ao mesmo tempo, emanava uma vibração muito intensa. Era ampla, com as paredes brancas, sem nenhum quadro ou outro adorno, tinha uns aparelhos estranhos que Antonie não saberia descrevê-los nem para que serviam, e algumas cadeiras largas e almofadadas.

Ele sentiu uma paz percorrer todo seu corpo e uma emoção muito grande o envolveu todo. O local transmitia uma tranquilidade diferente do resto da colônia.

— Sente-se e relaxe. Entrará em contato com suas próprias reminiscências, fatos que viveu em outras encarnações. Como em tudo em nossa vida, você tem a liberdade de escolha e pode parar de ver no momento que quiser, basta apenas desconcentrar-se.

Da mesma forma, poderá pausar o que estiver vendo, caso sinta necessidade.

— Verei todas minhas vidas passadas? – perguntou apreensivo.

— Não. Não é necessário. Até porque são inúmeras. Verá apenas fatos mais relevantes de algumas poucas vidas mais recentes.

Os dois se acomodaram nas cadeiras e Antonie começou a sentir sua mente mais leve, até entrar numa vibração de quase meditação. Um dos aparelhos proporcionava aquele relaxamento necessário, facilitando a emersão de suas lembranças arquivadas.

As cenas começaram a passar em sua mente e pareciam projetar-se à sua frente, como se acontecessem naquele instante. Ele ficou abismado com a realidade das cenas.

Um casal de jovens andava apressadamente de mãos dadas por um caminho de terra, onde uma ou outra casinha perdida cortava algumas plantações. Os dois entraram numa construção abandonada um pouco afastada da estrada principal. Parecia um galpão ou um depósito desativado.

Antonie virou-se para seu acompanhante e comentou:

— Não os conheço, mas me parecem familiares.

— Apenas observe.

Depois de quase uma hora, a moça saiu sozinha do galpão, olhando assustada para os lados, com medo de ser vista, e seguiu pelo caminho de volta a passos largos.

Ao abrir a porta de sua casa, ela deparou-se com o marido, em pé no meio da sala, à sua espera. Ela assustou-se com a presença dele em casa naquele horário da tarde.

— Onde estava? – ele perguntou nervoso.

Ela ficou estática, sem reação e nada respondeu. Sentiu o sangue sumir e as pernas bambearem.

— Procurei você por toda a propriedade e ninguém soube dizer onde poderia encontrá-la.

A jovem olhava apavorada para o marido. Não sabia o que lhe dizer. Fora pega de surpresa e ele demonstrava estar transtornado. Ela conhecia bem o gênio extremamente ciumento e agressivo do esposo.

— Com quem estava? Você estava me traindo? – começou a perguntar sem esperar pelas respostas.

Ele aumentou o tom de voz, agredindo-a com palavras e insultos. A moça começou a chorar de pânico com a transformação do marido, que passou a agredi-la fisicamente sem medir suas forças.

— Vou descobrir com quem anda saindo e acabarei com vocês dois – ele lhe dizia enquanto a espancava e xingava.

O homem só parou quando a mulher estava desfalecida no chão. Ele saiu de casa batendo a porta, deixando-a no chão com alguns dentes quebrados e muitos hematomas pelo corpo todo.

— Anne! – exclamou Antonie com os olhos arregalados, não acreditando na cena que via. – É minha Anne? Aquele rapaz com quem ela estava era eu? – perguntou ao seu orientador.

Antonie sentia como se estive no local, revivendo toda aquela situação e seu coração disparou.

— Continue observando por enquanto – respondeu-lhe, deixando que as cenas prosseguissem.

Aquele homem era perverso e abusava do poder que tinha no vilarejo. Sempre maltratava e humilhava os pequenos agricultores e comerciantes, fazendo e desfazendo de todos a seu bel-prazer.

O fato correu pela pequena vila e todos queriam saber quem seria o amante jurado de morte pelo marido traído. Fatos como aquele eram raros e sempre agitavam os habitantes e era assunto para as alcoviteiras falarem por dias a fio.

O jovem conversava com seu irmão sobre o escândalo de semanas atrás.

— O senhorio está possesso. Só fala em achar o amante da mulher para matá-lo. Quem poderia ser? – perguntava seu irmão mais velho.

— Eu sei – respondeu o rapaz.
— Você sabe? Quem é?
— Sou eu.
— Você? – perguntou com um riso irônico, não acreditando no irmão. – Deixe de brincadeira, isso é sério.
— Eu sei que é muito sério. Não estou brincando. Sou eu mesmo. Nós nos apaixonamos e temos nos encontrado há alguns meses. Não posso imaginar como ele descobriu. Quem contou poderá me entregar no momento que quiser.
— Não pode deixar isso acontecer.
— Não? E como? Não sei quem possa ter contado.

Alguns dias depois, o irmão fora até a casa do senhor com a intenção de poupar a vida do rapaz.

Ele apresentou-se ao senhor como o amante da esposa, querendo conversar com ele. O homem ficou furioso com a ousadia dele, agredindo-o verbalmente. A esposa, ainda com marcas da agressão que sofrera, dizia ser mentira dele, que ele não era seu amante. Ela implorava que a ouvisse. O marido não quis ouvi-la, empurrou-a de lado e partiu violentamente sobre o rapaz.

No meio da briga, o homem sacou de sua arma e atirou em seu adversário. A essa altura dos acontecimentos outras pessoas chegavam à casa, atraídas pela notícia da presença do rapaz e da gritaria.

O amante da esposa também fora até lá ao saber da atitude do irmão. Ao ver o irmão baleado mortalmente, partiu com raiva para cima do homem. Os dois travaram uma luta acirrada até que o rapaz encontrou um objeto longo, um castiçal, acertou-o na cabeça de seu adversário, com toda a força que pôde. O que ele não contava é com a arma que o outro conseguira recarregar antes da sua chegada. O homem disparou certeiramente no rapaz, antes que caísse desacordado ao chão.

A sala estava toda destruída e ensanguentada pelas brigas. As pessoas começaram a correr em socorro aos três homens. Os dois irmãos estavam mortos e o homem, que esvaía em sangue, morreu poucos minutos depois, não resistindo ao golpe na cabeça e à hemorragia provocada pelo ferimento.

No meio da confusão, apenas um homem observava em pé, ao lado da porta de entrada, com um sorriso de satisfação. Ele era um homem de confiança do senhor, sendo seu confidente e conselheiro. Muito perspicaz e aproveitador das situações, sabia tirar proveito de qualquer chance para obter vantagens políticas ou financeiras.

Fora ele quem descobrira sobre o romance da moça. Como sempre a cobiçara, tramou a intriga, contando ao marido ciumento. Esperava por algum desfecho que o favorecesse. Imaginou que, ao saber da traição, algum tipo de duelo ocorreria entre os dois homens e que pelo menos um sairia morto. Caso o rapaz sobrevivesse, com certeza seria preso, deixando o caminho livre para ele.

O que não contava era com a atitude do rapaz, que foi até lá em defesa do irmão, e com o desenrolar daquele episódio. Não podia ter um desfecho melhor para ele.

Ao ficar só, a jovem viúva não teve outra escolha e acabou casando-se com o homem que armara tudo. Sendo ele quem sucedera ao marido dela na política local e apossando-se das propriedades e bens do casal, ela teve que aceitar a imposição dele.

Ele não a amava, apenas queria satisfazer seus caprichos e desejos masculinos e beneficiar-se dos bens materiais que ela herdaria. Passou a tratá-la com desprezo e rudeza, como se ela fosse um objeto de sua propriedade, exibindo-a ao seu lado como mais um troféu, dentre as diversas mulheres que possuía.

Antonie continuava atônito com tudo o que via. Não conseguia acreditar naquilo tudo. Eram pessoas com características físicas diferentes, em uma época diferente, início do século XVII, mas ele conseguia reconhecê-los pelos sentimentos e atitudes.

— Como isso é possível? É Michael, eu, Anne, o conde e Jean-Pierre! Estamos todos reunidos! Não posso dizer que seja mentira ou impressão minha. Tenho a sensação de estar revivendo tudo novamente.

O seu companheiro permanecia calado. Antonie continuou com sua reflexão em voz alta:

— Nossos sentimentos eram diferentes. Os meus pelo menos. Eu era movido por pura paixão e egoísmo, sem pensar ou medir nenhuma consequência de meus atos.

Nesse ponto ele parou de falar e apenas ficou com seus pensamentos e reflexões. Relembrou de sua vida como mosqueteiro com Anne no século XVIII. Ainda tinha sentimentos parecidos, embora tivesse mudado em algumas atitudes e pensamentos. Ainda era ele, com suas dificuldades, suas tendências. Outras lembranças, daquela época, afloraram em sua mente. Ele olhou para seu orientador e tentou colocar em palavras o que sentia:

— Não tenho mais esses sentimentos ruins, esse ódio e desejo de vingança dentro de mim, não com essa força que vejo à minha frente. Eu me reconheço, mas não daquela forma. E isso me assusta.

— As mudanças acontecem paulatinamente. Você não planta uma semente e, no dia seguinte, tem uma frondosa árvore carregada de frutos. Ocorre o mesmo conosco. Modificamo-nos aos poucos, à medida que percebemos nossas falhas e enganos. Relutamos em algum ponto, reincidimos em outros, não aceitamos mudar alguns. É essa mudança que está percebendo em você. Já não é mais daquele jeito, mesmo reconhecendo que ainda carrega dentro de si certas dificuldades.

— Por que Michael agiu daquela forma, passando-se por mim? Não havia por que fazer isso.

— Você estava começando na carreira militar. Um escândalo como esse não seria nada bom para você, e se não fosse morto seria expulso, e seu irmão, Michael, quis poupá-lo. Sua família orgulhava-se de ter um militar em seu meio, era algo importante para eles. Seu irmão foi até lá com a intenção de conversar e tentar um acordo com o marido de sua amante, na época, passando-se por você; infelizmente não foi o que aconteceu. Existem outros fatos mais antigos entre vocês três, que não entenderia por ora, que levaram Michael a agir daquela forma.

Antonie ficou parado. Não sabia em que pensar. Era tudo novo e ao mesmo tempo familiar para ele. Algumas coisas e sentimentos, que não soubera explicar em sua última vida, começavam a fazer sentido.

Os dois ficaram em silêncio por um tempo e como nada era dito, o orientador perguntou a Antonie:

— Gostaria de continuar ou quer parar?

— Tem mais coisa desta vida? – perguntou admirado.

— Não, desta não. Verá outra encarnação.

— Podemos continuar sim. Não foi para isso que eu vim até aqui? – respondeu determinado.

Era estranho. Entrar em contato com aqueles fatos e sensações o chocou e emocionou, mas o faziam tomar ciência do porquê das coisas que aconteceram em suas duas últimas encarnações. Não se sentia mais injustiçado e percebia a razão de sentimentos ruins em relação a algumas pessoas sem uma justificativa. Os rancores, desamores e até impulsos e paixões inexplicáveis que sentia, vinham guardados de algum lugar do seu passado.

Os novos fatos que veria trariam mais clareza e compreensão às suas inquietações e aos sentimentos negativos que não sabia por que ainda os tinha.

A SENSAÇÃO DE LEVEZA VOLTOU A TOMAR CONTA DE ANTONIE E OUTRA CENA começou a se formar à sua frente. Ele não conseguia precisar onde era, nem quando, mas pelos trajes das pessoas era em algum país na Europa, provavelmente no século xv.

Um homem e uma mulher conversavam em tom de voz baixa e bem próximos, apesar de estarem a sós naquele canto, escondidos à beira da estrada.

O homem olhou para os lados, confirmando se ninguém se aproximava do local. Abriu o casaco e retirou um pequeno frasco de um bolso interno, entregando-o à mulher. Ela pegou o frasco meio assustada e disse algo a ele, que insistiu para que ela o guardasse rapidamente. Ela enfiou o frasco entre os seios, ajeitou seu xale nas costas, fechando-o sobre o peito, olhou em torno. O homem a beijou rapidamente e saiu do local apressado.

Poucos instantes depois, ela também se retirou e seguiu por outro caminho estreito e deserto. Chegou a uma pequena casa e foi direto ao quarto, guardando o frasco no fundo de uma gaveta, entre algumas peças de roupas femininas de uma grande cômoda.

A mulher passou o resto da manhã preparando o almoço e fazendo outras tarefas domésticas, com o pensamento distante e preocupado. Seu marido chegou para o almoço e ela apenas ficou observando-o, enquanto ele fazia a refeição rapidamente. Ela estava sem apetite, com os pensamentos ainda confusos. Teria que tomar uma decisão séria, mas deixaria para a noite.

À tarde, depois de preparar o jantar, voltou a pegar o frasco e o segurou firmemente entre as mãos, pensando no que faria. Decidida, foi até a cozinha e pingou algumas gotas na bebida que o marido tomaria à noite.

Na manhã seguinte, ele acordou queixando-se de mal-estar, mas saiu para o trabalho como sempre. A mulher tornou a colocar o veneno na bebida do marido para que ele a tomasse no jantar. Ela repetiu isso por vários dias e a cada manhã o marido queixava-se e piorava ainda mais, até finalmente cair de cama. O homem que lhe entregara o frasco a procurou algumas vezes para saber como as coisas iam.

Antonie olhou para seu orientador angustiado e com o coração cheio de remorso. Ele adivinhava quem eram aquelas pessoas e o triste desfecho que se aproximava.

— Quer parar de ver? – perguntou-lhe.

Ele balançou negativamente a cabeça e voltou a observar os acontecimentos.

Depois de algumas semanas, o homem morreu e ninguém descobriu ou soube explicar a causa de sua morte.

Passado o período de luto, os dois amantes casaram-se, não levantando nenhuma suspeita.

O novo parceiro sempre precisava ausentar-se de casa devido ao seu trabalho, passando várias semanas e, por vezes, meses longe de casa.

A mulher sempre recorria a um dos amigos do marido quando precisava de algo para alguma tarefa mais pesada ou difícil. Os dois acabaram se envolvendo emocionalmente e numa das vezes que o marido se ausentara por muitos meses, ela engravidou.

Desesperada, com medo de sua leviandade ser descoberta, pois com a longa ausência do marido não teria como explicar aquela gravidez, ela recorreu à ajuda de uma parteira do local, implorando por uma solução e por discrição.

A parteira aceitou realizar o aborto e ficar em silêncio por troca de um bom punhado de moedas.

As complicações e consequências dessa atitude não tardaram a acontecer. Consequências físicas, pela brutalidade do ato e precariedades higiênicas e médicas da época, e consequências espirituais pela transgressão de uma lei divina, interrompendo a oportunidade de regresso de um Espírito ao mundo.

No mesmo dia, ela começou a sentir fortes dores abdominais e teve uma intensa hemorragia que não cessava, que a levou a óbito no dia seguinte.

Ao retornar de viagem, o marido soube do ocorrido. Desolado ao saber da traição e do aborto, foi desabafar à procura de consolo com o amigo.

Seu amigo, mesmo arrependido, nada contou de sua ligação no caso. Sentia-se muito mal com o que fizera. Sua traição ia além do envolvimento com a mulher de seu melhor amigo. Ele traíra a confiança e a amizade de anos entre eles. Não imaginara que uma atitude aparentemente inocente fosse trazer tantas consequências trágicas.

Não suportando esconder a verdade do amigo, ele saiu da cidade sem falar com ninguém, não deixando nenhum contato.

— Meu Deus! como fui inconsequente! Provoquei a morte de uma pessoa para ficar com quem amava e ainda levei minha amada a cometer tantos erros e a morrer ao tentar reparar seus atos da maneira mais equivocada.

Seu orientador deixou Antonie falar o que estava sentindo. Suas reflexões em voz alta eram suficientes para ele organizar seus sentimentos e compreender o que se passara com eles.

— Até minha amizade com Michael foi sacrificada. Há muito que refazer. Preciso reverter tudo isso, mas não sei o que fazer nem por onde começar – disse como se estivesse tentando planejar, preocupado.

Seu mentor apenas lhe sorriu, deixando-o pensar um pouco mais antes de falar:

— Tem razão, Antonie. Há muito que refazer, pedir perdão e perdoar. E você pode reverter esses erros. Pense um pouco em sua vida. Será que já não deu o primeiro passo? Será que não começou a modificar seus pensamentos e sua forma de agir?

Antonie ficou olhando para seu orientador pensativo por um tempo até que concluiu:

— É. Pelo que vejo já comecei a retificar alguns desses erros, embora seja muito difícil. Sei que vacilei várias vezes e outras talvez não tenha ido pelo caminho mais correto, mas não posso voltar, tenho que continuar indo em frente.

— Fico feliz por você, Antonie. Consegue vislumbrar possibilidades de modificação e sabe das dificuldades que terá de enfrentar. Depende apenas de seu esforço, de sua vontade, de não desanimar com possíveis fracassos no caminho.

— Eu sei – respondeu confirmando os conselhos de seu companheiro.

— Acho que já vi o suficiente por ora. Podemos ir? Tenho muito em que pensar – Antonie pediu.

Seu semblante estava tristonho e seus olhos marejados. Antonie tinha entrado em contato com seus mais profundos sentimentos, revivera fatos marcantes e pesados de seu passado. Sabia que as experiências que tivera no umbral o ajudariam naquele momento tão necessário de reclusão e reflexão.

Agora precisava estar consigo mesmo para repensar, refletir e entender o que se passara com ele e com as pessoas com quem convivera. Só assim conseguiria colocar as ideias e emoções em equilíbrio novamente, para poder continuar com confiança e determinação em seu propósito de regeneração.

**D**EPOIS DE SEUS AFAZERES ROTINEIROS, ANNE RETORNAVA À SUA CASA. Sua mãe já a estava esperando particularmente ansiosa. Sabia que aquela seria uma tarde especial para sua filha, com algumas revelações e emoções.

Anne encontrara, sobre a mesa da sala, um grande ramalhete de flores perfumadas para ela com um bilhetinho escrito com letra de criança: "Que nosso Pai Celeste a abençoe e ilumine sempre. Amo mamãe".

Uma emoção tomou conta de seu coração e ela sentiu saudade daquele pequenino apertando-lhe o rosto e beijando-lhe a ponta do nariz.

— Por que ele me mandaria essas flores? Faz tanto tempo que nos encontramos e nunca mais nos vimos – Anne perguntou para a mãe.

— Ele está se preparando para uma nova reencarnação e mandou-lhe essas flores como forma de despedir-se de você e demonstrar o quanto a ama, e que mágoas do passado foram superadas.

— Como pode. Não convivemos praticamente nada juntos e sinto a mesma coisa em relação a ele. É um carinho e um amor muito grande. Não sei explicar esse sentimento nem de onde poderia vir.

— O tempo que conviveram na Terra não importa. O que fizeram juntos, um ao outro, e os resgates cumpridos é que fortalecem as relações de amor e amizade. Esses laços são eternos.

Anne a olhava sem compreender o que ela lhe dizia. Dona Augustine, percebendo, continuou:

— Vamos nos sentar e conversar. Contarei algo a você que a fará entender o que sentem um pelo outro e por quê.

Sua mãe contou-lhe sobre a encarnação em que ela planejara a morte do marido juntamente com o amante e, depois de algum tempo, novamente casada, deixara ser levada pela solidão que sentia com a frequente ausência do novo companheiro, entregando-se aos desejos físicos de outro homem. Contara sobre a sua gravidez indesejada, o aborto como forma de esconder o fruto de um ato impensado e a consequente morte dolorosa e prematura.

Enquanto sua mãe narrava todos aqueles acontecimentos, Anne sentia e via tudo intensamente. Um arrependimento e vergonha tomaram conta dela e ela começou a chorar e soluçar copiosamente.

— Eu tirei a vida de várias pessoas, mãe. Destruí a vida de outras que eu amava com as coisas que fiz. A troco de quê? Quanto egoísmo, quanta maldade! Não consigo crer que fui capaz de fazer essas coisas de forma tão fria e calculista. Como eu era imatura e ingênua acreditando que resolveria meus problemas daquela forma.

Sua mãe aproximou-se dela, abraçando-a ternamente por um bom tempo, enquanto ela continuava em prantos. Depois de um tempo, Anne conseguiu dizer:

— Mãe, eu tirei a vida de um filho, de alguém que deveria nascer por um ato de amor, de amor à vida. Tirei a chance de alguém poder modificar-se, melhorar.

Em lágrimas, ainda nos braços da mãe, ela lembrou-se de seu último dia em Vichy, quando Michael trouxe o menininho para visitá-la.

— Agora sei que aquele bebê que eu perdi era ele. E ele me perdoou, mãe. Perdoou pelo que fiz a ele e veio me ver no dia da minha morte e agora me manda flores. Ainda me emociono ao me lembrar dele dizendo que me amava.

— Anne, agora você pode compreender o que aconteceu. Na época ele ficou muito revoltado por você ter feito o aborto e a sua morte o satisfez na raiva e no desejo de vingança que ele carregava no peito. Só que o tempo é o remédio de todas as feridas. Ele pode entender e perdoá-la e teve a chance de voltar ao seio de outra família, tempos depois, para seguir seu caminho. E você precisou aceitá-lo novamente como filho amado e desejado. Era importante para vocês dois. Para você como mãe, acolhendo-o em seu ventre, alimentando-o com seu sangue e seu amor, e para ele como fruto de amor, sendo acolhido, alimentado e aguardado ansiosamente. Você teria que passar pela dor da perda de um ser amado e gerado por você, antes mesmo de tê-lo em seus braços, como forma de redimir aquele ato cruel e egoísta. Por isso a gravidez durou poucas semanas e apenas você soube e sofreu solitária, sentindo-se culpada pelo aborto que fora natural, pois ainda carregava as lembranças difíceis daquela época remota. Ao encontrá-lo naquele dia, emocionou-se, como agora, sentindo toda a troca de amor e sentimento de perdão mútuo, sem lembrar-se do que tinha acontecido no passado.

— Mãe, não tenho palavras para descrever o que sinto em meu coração. Ao mesmo tempo em que é tão doloroso ver tudo que fiz de mal, sinto-me aliviada e agradecida pela oportunidade de ter passado por esses sofrimentos. Por que agimos de forma tão irresponsável, por que magoamos quem amamos, ou até criamos desafetos com nossas palavras e atitudes? Mesmo assim, acabamos reconhecendo esses enganos e vamos aos poucos perdoando e sendo perdoados.

— Não é nosso destino ser maus, nem sofrer. Não foi assim que fomos criados por Deus. Como disse, um dia percebemos o quanto estamos errados e vamos buscar uma forma de seguir pelo caminho correto. Não é nada fácil reconhecer que falhamos e pedir perdão aos outros.

— Ainda tenho tantos a perdoar e a pedir perdão, mas não me sinto preparada, especialmente para perdoar. Tenho muita mágoa em meu coração. Não guardo ódio ou desejo de vingança, mas tenho muita mágoa.

Ela olhou para a mãe como se pedisse ajuda e completou:

— Até de meu pai, mãe – e voltou a chorar.

Quando parou de chorar, Anne disse à mãe:

— O que eu ainda lembro, claramente, do dia do meu casamento com Belmont, é de entrar na igreja com meu pai e ele me entregando ao conde no altar. Senti como se fosse um objeto. Naquele momento, eu era parte de um negócio, de um acordo financeiro, que nem sabia qual era.

— Seu coração está bem magoado ainda, não? Apenas lembre-se que muitas coisas são reajustes necessários e temos a liberdade de interferir nos acontecimentos. Se você não o fez é porque achou que seria a melhor escolha na ocasião. Tenha certeza que teve ganhos, embora parecesse injusto na época.

Sua mãe lhe deu um beijo na testa e continuou:

— Seu pai sofreu muito até o dia em que morreu. Foi uma decisão bem difícil para ele tomar e eu precisei apoiá-lo, mesmo não concordando com ele. Ele nunca mais foi o mesmo homem depois que você saiu de Dijon. Por muito tempo, ele evitou falar sobre o assunto e preocupava-se em saber se você estava bem. Evitava ir vê-la com receio de sua reação, que o acusasse pelo que fizera a você. Gérard não comentava nada com ninguém, nem comigo, mas eu sentia que em seu íntimo ele se culpava por tê-la feito casar-se com o conde, não permitindo que escolhesse com quem casar. Várias vezes peguei-o sentado no jardim, com o olhar perdido sobre os vinhedos. Não falava nada, mas imagino que pensava em você e no acordo dele com o conde. Você é muito querida por ele, considerando-a como uma joia, e sentir que a fizera infeliz doía-lhe o coração.

Anne ouvia com os olhos cheios de lágrimas e com o coração confuso. Amava o pai e trazia aquela velha mágoa no peito. Aquele era o momento de abrir seu coração e falar do que sentia:

— Mãe, é tão estranho e confuso o que sinto. Tenho essa mágoa por meu pai, mas sempre o amei e muitas vezes parei para pensar que se isso não tivesse acontecido eu não teria me encontrado com Antonie. Minha vida teria sido totalmente diferente.

Ao dizer essa última frase, Anne olhou admirada para a mãe e completou:

— A minha vida e de muitas pessoas!

Sua mãe sorriu carinhosamente, dizendo-lhe:

— Há muitas coisas que não somos capazes de compreender, porém, as escolhas que fazemos não implicam consequências apenas para nós. Muitas pessoas dizem: a vida é minha, faço o que quiser dela e ninguém tem nada com isso! Infelizmente não é simples assim. O que fazemos ou deixamos de fazer reflete de algum modo na vida de outros também.

Dona Augustine não iria entrar em novos detalhes, mas continuou:

— Não é isso que viu que aconteceu em uma de suas vidas pretéritas e nesta última? Atos impensados e levianos afetaram outros e trouxeram sérios débitos e reajustes necessários, enquanto que atitudes regadas de amor e caridade aliviaram corações e fortaleceram laços.

— E como agir se não lembramos o que fizemos e não sabemos o que devemos fazer para não errarmos tanto?

— Aí é que está a grandeza da bondade de Deus. Não nos lembramos para evitar que sentimentos e recordações difíceis interfiram em nossas escolhas, no nosso progresso e no relacionamento com nossos desafetos. Devemos tentar melhorar nos pontos que sabemos que temos dificuldades e teimamos em continuar de forma errônea. Devemos agir baseados nas leis divinas com qualquer pessoa, em qualquer situação. Não importa se é resgate, se é apenas desejo de ajudar a quem precisa. Se fizermos o possível para dar o melhor de nós nas coisas que fazemos, se tentamos superar sentimentos não tão nobres que ainda temos no coração, dificilmente erraremos e com certeza iremos pouco a pouco progredindo.

— Acho que consigo entender, mas é complicado. Estou pensando em tudo que me disse, que eu vi e senti. Aliviou-me o coração e sinto que fui injusta em julgar-me a única prejudicada e injustiçada. Agora vejo que não é ao acaso que as coisas aconteceram como aconteceram. Eu tive minha parcela de culpa pelas minhas escolhas e atitudes, e também pude, sem saber, consertar alguns erros do passado.

Anne parou por um instante e terminou de expor seu mais profundo desejo em relação ao pai:

— Gostaria de poder abraçar meu pai, dizer que agora posso compreendê-lo e perdoá-lo. Pode parecer esquisito, mas até agradecer a ele.

— Poderá fazer isso um dia pessoalmente, Anne. Por enquanto, reze e diga o que sente a ele em suas orações. Pela prece sincera, que sai de nosso coração, ligamo-nos não só ao nosso Criador e a outros Espíritos iluminados, mas também com qualquer um que amamos e queremos bem. Foi o que ele fez a você em prece, pedindo-lhe que o entendesse e o perdoasse. Tenha certeza que ele receberá suas palavras com muita alegria.

Anne não conseguiu falar mais nada, apenas abraçou a mãe chorando agradecida pelas descobertas daquela tarde.

As flores que recebera exalavam um agradável aroma enchendo toda a sala de paz e harmonia.

DONA AUGUSTINE FORA VISITAR A FILHA DEPOIS DE ALGUM TEMPO SEM VÊ-LA e a encontrou serena e feliz.

— Vejo que está muito bem hoje, Anne – comentou com a filha.

— Meus dias têm sido muito bons, mamãe. Tenho trabalhado e estudado bastante. Recebi uma visita muito especial que me deixou bem feliz.

— É mesmo? De quem? – quis saber dona Augustine.

— De Michael. Ele veio visitar-me há algumas semanas.

— Michael? E como ele está?

— Ele está bem e muito contente com o planejamento de sua nova reencarnação. Veio se despedir.

— Que bom que está bem. Ele lhe adiantou algum detalhe?

— Sim. Voltará como sacerdote. Acredita? Nascerá aqui na França e depois, já como padre, irá para outro país.

— Michael? Padre? – espantou-se dona Augustine.

— É, mamãe, Michael padre. Precisava ver a forma como contou. Sabe como é o jeito dele. Sempre tem uma maneira espirituosa de dizer as coisas. Imagine-o falando que deixará de ser um soldado do rei para ser um soldado de Deus, que trocará a espada e a pistola pela *Bíblia* e o crucifixo, e o uniforme de mosqueteiro pela batina.

— Parece que posso vê-lo na minha frente – disse sua mãe, imaginando-o.

— É, mas na hora que ele disse que levará, desse modo, os ensinamentos e o amor de Jesus às pessoas sofridas e carentes e irá ajudá-las a ser melhores, ele falava de uma forma séria. Seus olhos brilharam com a ideia do novo desafio, da nova missão, como ele disse.

Essa nova encarnação seria muito importante para Michael como aprendizado e forma de lapidar algumas dificuldades que precisava superar.

Poder ir para outras terras, dividir o seu conhecimento e bons sentimentos, aprender novas lições com pessoas necessitadas de um guia que as conduzissem a Deus, e ajudá-las a compreender o verdadeiro caminho a seguir animava-o e o empolgava. Dessa forma, ele se fortaleceria para poder enfrentar de maneira equilibrada e consciente, mais adiante, a execução de Jean-Pierre, seu maior arrependimento e o que mais lhe pesava na alma.

— Ele me disse, continuou Anne, que com a descoberta das Américas muitos Espíritos estão tendo a possibilidade de reencarnar. Lá encontrando condições materiais e de sobrevivência mais difíceis e diferentes das que já experimentaram. Esses Espíritos poderão progredir e auxiliar os irmãos que dividem a caminhada em vidas futuras.

— É verdade. Muitas pessoas estão indo viver lá e muitas outras nascendo por aquelas terras. Michael padre. Será algo realmente novo para ele – disse dona Augustine, imaginando o mosqueteiro como sacerdote.

— Michael contou-me que precisará dessa vivência, um pouco diferente e até certo ponto com maiores dificuldades do que as outras que tivera até então. É uma forma de crescer, de treinar virtudes e amenizar más tendências longe das pessoas com quem ele tem algum vínculo.

Michael se deparará com dificuldades para poder mudar condutas para consigo e em relação a pessoas que nem conhece, mas que precisam de alguém que lhes traga esperança, fé e confiança em si mesmas, mostrando-lhes Deus. Indo como padre para uma terra de características e hábitos diferentes da Europa, e convivendo com Espíritos de coração ainda endurecido e amargurado, poderá levar-lhes amor, compreensão e uma mão amiga, despertando-lhes a religiosidade pelo evangelho de Jesus. Será como um líder para essas pessoas, orientando e as conduzindo a um novo caminho. Depois, em novas vindas, Michael terá melhores condições e equilíbrio para reajustar débitos e pendências pessoais e antigas.

— Mãe, a senhora precisava ver a alegria e empolgação dele ao comentar sobre essa nova aventura, como ele mesmo se referiu – Anne completou emocionada com a satisfação de Michael pela nova reencarnação.

— Como é bom e gratificante quando nos preparamos para novas jornadas com alegria e entusiasmo. Aumentamos as chances de êxito. Pensamento positivo, desejo sincero de progredir e ser instrumento da seara de Jesus são pontos que alicerçam e fortalecem nossa caminhada, enquanto as lembranças e compromissos assumidos estão adormecidos. Dessa forma teremos, em nosso coração, uma vontade de fazer a coisa certa, sem sabermos de onde ela vem e, ao término da jornada, o prazer de sentir como se tivéssemos cumprido a missão – sua mãe comentou.

Anne ficou pensando nas palavras da mãe e, depois de um tempo, perguntou-lhe:

— Será que algum dia chegarei a sentir isso? Que cumpri minha missão?

— Claro! é para isso que nascemos, para mudarmos e cumprirmos com nossa missão e os compromissos e reajustes assumidos. Você já consegue perceber mudanças em si mesma. Só que as coisas acontecem devagar. Nós, que não temos paciência, queremos tudo pra já. Aprenda observando a natureza. Cada ser tem um tempo, um ciclo. Procure descobrir o seu tempo, mantenha-se firme no caminho que está seguindo e verá que consegue completar o seu ciclo.

— Tentarei fazer isso e espero não esquecer – comentou com ar receoso.

— Não se preocupe. Sempre temos quem nos lembre. Somos nós que fechamos os ouvidos, os olhos e o coração para esses companheiros que estão prontos a nos auxiliar e lembrar dos acordos firmados antes de reencarnarmos.

— Estou muito feliz por Michael. Ele é um amigo muito especial e tem mostrado vontade e esforço para superar suas dificuldades. Ficarei rezando e torcendo para que ele consiga levar a termo tudo que está planejando. Agora como soldado de Deus terá um novo exército bem diferente para orientar e comandar. Terá outras batalhas a enfrentar e vencer.

— Ele irá conseguir. Michael está se preparando e tem companheiros dos dois lados para ajudá-lo e apoiá-lo em sua caminhada. E acima de tudo tem o amparo e as bênçãos de Jesus, seu novo comandante – disse dona Augustine.

— É verdade. Esse amparo e a nossa fé são tão importantes em nossa existência, mas tantas vezes esquecemos – concordou Anne.

— Ainda precisamos aprender e mudar muita coisa, mas estamos no caminho e temos quem nos ajude – concluiu a senhora.

༄༅༅

DONA AUGUSTINE APROVEITARA SUA FOLGA PARA VISITAR A FILHA. HÁ ALGUNS dias Anne estava calada e um tanto distante. Sua mãe esperou a ocasião adequada para conversar com ela e tocar no assunto de sua tristeza.

— Notei que ultimamente tem andado um pouco triste e distante. Há alguma coisa que preocupa seu coração, Anne? – perguntou aproveitando uma brecha entre um assunto e outro.

— Realmente ando pensando muito em algumas coisas que têm me deixado chateada sem motivo.

— O que é? Gostaria de conversar sobre isso? – dona Augustine conhecia o íntimo daquela que um dia fora sua filha e sabia que se não fosse questionada ela não se abriria.

— Acho que nem deveria pensar sobre isso, mas às vezes parece ser mais forte do que eu. É sobre Antonie. Nunca mais tive notícias dele. Não sei como ele está, nem por onde anda. Em alguns momentos sinto como se ele me procurasse e pensasse em mim. Isso me angustia e entristece.

— Pelas suas palavras, parece que vê essa situação como um castigo para vocês dois.

Anne olhava tristonha para a mãe. Ela tinha consciência que não era um castigo para eles, mas isso não fazia com que deixasse de se sentir triste às vezes.

— Você sabe que não é uma punição, a razão é outra. Já tem consciência da necessidade de algumas coisas serem como são e de que ainda não é chegada a hora de saber o porquê de outras coisas. Muitas vezes, precisamos caminhar longe de nossos afetos e de nossos desafetos, também. Não é porque precisamos acertar velhas problemáticas que somos postos frente a frente de nossos adversários de imediato. Há necessidade que nos preparemos, que mudemos nossos sentimentos e nossa forma de agir, que compreendamos o que nos levou a certas decisões e escolhas e suas consequências. A partir daí teremos como fazer uma real mudança e reajuste. Algumas vezes acontece o mesmo em relação às pessoas queridas e especiais para nós. Quando estamos na vestimenta carnal temos maior propensão para confundir emoções, para deixar que as sensações físicas falem mais alto. Quando ainda não estamos com nossos mais puros sentimentos amadurecidos, nossa parte carnal toma conta da razão. É quando nossas escolhas e atitudes não são as mais acertadas. É quando as paixões falam mais alto e colocamos tudo a perder. Amor e carinho transformam-se em ciúme e possessão, dando vazão ao egoísmo e ao orgulho. A inveja, a raiva, o rancor e a mágoa invadem nosso coração despreparado, e uma vida que deveria ser de harmonia e crescimento ao lado de quem amamos corre o risco de acabar de forma trágica para muitas pessoas. Não percebemos que estamos prejudicando nossos amores e nós mesmos, dificultando nosso avanço. Não é isso que queremos para nós. Não é?

— Não, mãe. Não é isso que eu quero. Os erros e enganos que cometi já foram suficientes. Preciso é corrigi-los – Anne respondeu de imediato.

— É para que aprendamos a amar verdadeiramente que voltamos ao convívio das pessoas em diferentes situações. Ora somos pais, ora filhos, outras vezes somos irmãos e em outras companheiros. Afinal, vamos aprendendo a amar a todos igualmente como irmãos que somos, como filhos de um mesmo e único Pai.

Anne observava dona Augustine e por fim comentou:

— Tenho escutado e lido muito sobre isso e outros assuntos desde que comecei a participar das palestras e grupos de estudo aqui. É como se eu tivesse alguém sobre a cabeça a dizer-me: estude, estude, estude, modifique-se, modifique-se, modifique-se.

Sua mãe riu da maneira como ela falou.

— Acho que é um pouco assim mesmo. Se com todo o preparo, estudo e esclarecimento que recebemos antes de reencarnar muitas vezes não conseguimos vencer nossas dificuldades, imagine se não fizermos nada. Nossa caminhada será muito mais longa e penosa. Muitos desistem abandonando-se à própria sorte. Muitos se desviam de seus propósitos seguindo por outros caminhos. São as escolhas que fazemos e as fraquezas que ainda carregamos que fazem parte dessa correção. É corrigindo os erros que aprendemos e progredimos.

— Mas nem todos têm como se preparar ou ser esclarecidos antes de voltarem à vida terrena, não é?

— Realmente. Você está certa. Muitos regressam sem consciência do que realmente é a vida e o que vão fazer na Terra. Mesmo esses encontrarão em seu caminho pessoas que os ajudarão, ensinando-os e orientando-os, dando bons exemplos com seus próprios atos. E mesmo quem se preparou tem seus protetores e incentivadores. Sempre precisamos da mão amiga, do estímulo positivo para prosseguirmos. Depende unicamente de nós querermos ou não.

— É tudo tão complexo e ao mesmo tempo maravilhoso. Ainda não sou capaz de compreender muitas coisas.

— Nenhum de nós que habita este mundo está capacitado para compreender tudo o que acontece neste universo magnífico. Entenderemos à medida que mudarmos intimamente, que avançarmos. E como está se sentindo depois de toda essa conversa? – quis saber dona Augustine.

— Estou melhor – Anne respondeu com a voz contida.

Anne olhou para a senhora e, num tom quase de confissão, disse:

— Eu sei que não deveria alimentar certas preocupações em relação a Antonie, mas é estranha a sensação que sinto e isso me angustia.

— O que sente, Anne?

— Sinto como se Antonie me procurasse e pensasse em mim. Em alguns momentos é como se precisasse de ajuda e fico agoniada sem saber o que poderia fazer ou como ajudá-lo.

— Reze por ele, minha filha – respondeu de pronto. – Se queremos ajudar alguém e não sabemos como ou não temos como fazê-lo naquele instante, apenas rezemos, rezemos de coração. É o melhor que se tem a fazer por quem se ama e se quer bem. Quando oramos nossas vibrações mudam e isso traz muitos benefícios, não apenas para quem oramos, mas para nós também. A oração é pensamento e pensamento é energia. Faça essas energias serem as melhores, as mais salutares com pensamentos e sentimentos bons e sinceros. Suas palavras chegarão a ele onde quer que esteja, como quer que esteja e ele receberá o auxílio que necessita.

Anne prestava atenção e meditava nas palavras de dona Augustine que continuou com um amoroso sorriso:

— Sempre que precisar reze por seus desafetos também, por quem a feriu ou magoou. Ao mudarmos nossa sintonia em relação ao outro nosso coração alivia. A oração é um santo remédio. E não se esqueça de agradecer. Agradeça sempre por tudo, bom ou ruim. Com o tempo verá que sua vida será como uma oração de louvor e agradecimento ao Nosso Pai. Temos tudo para nos auxiliar em nossa existência e em nosso crescimento e melhoria. E é tão simples, não é mesmo?

— É – respondeu à mãe. – Mas sei que tenho muito a aprender, muito a mudar. Preciso me lembrar de conversar mais com Deus e Jesus.

— Esquecemo-nos disso e deixamos nosso egoísmo e nossas preocupações mundanas e inúteis afligirem nosso coração. É quando complicamos e pioramos tudo e, sem perceber, nos afastamos de Deus.

— Sinto-me melhor e mais aliviada. Sei que devo acalmar meu coração e esperar o momento de reencontrar Antonie.

Anne parou por um instante e completou:

— Tenho receio que ele se esqueça de mim com o passar do tempo.

Dona Augustine abraçou Anne, compreendendo o seu temor.

— Você acha que ele a esquecerá? Pode até ser que durante as estadias dele na Terra suas lembranças fiquem bem guardadas, assim como você também poderá ter um esquecimento transitório dele enquanto estiver encarnada. O esquecimento durante a encarnação faz parte do nosso processo de regeneração e crescimento. Isso é normal e necessário. Você sabe disso. Não é isso que apaga os sentimentos entre as pessoas. Nossos entes queridos, amigos e afetos estarão sempre em nosso coração, assim como nós estaremos sempre no deles. Se alguém deixar de ser importante é porque nunca foi realmente. Quem sabe um dia virá a ser?

— Gosto muito de conversar com a senhora. Sabe de tantas coisas e sempre me ajuda com algum conselho.

Dona Augustine sorriu e respondeu:

— Eu não sei de nada, Anne. Apenas estou vendo a sua situação de fora. Sempre é mais fácil perceber o que acontece para quem está observando e não está envolvido emocionalmente. Muito do que lhe digo são coisas que preciso pôr em prática também. Não basta apenas conhecer, é preciso exercitar. Temos sempre oportunidades de aprender e testar se realmente superamos os desafios. Mesmo que percamos a nossa direção sempre oportunidades de retorno à estrada serão dadas lá na frente. Basta querer, basta prestar atenção ao novo caminho e seguir em frente.

ANNE COMEÇOU A SE PREPARAR PARA SEU NOVO RETORNO À TERRA. SUA NOVA vivência seria em um novo país e isso estava lhe trazendo certa insegurança e algumas angústias ao seu coração. Como fazia nesses momentos, foi procurar por conselhos e auxílio junto à sua mãe.

 Dona Augustine já havia percebido há algum tempo o estado de ansiedade da filha e apenas aguardava que Anne viesse à sua procura para conversarem.

 — O que a está preocupando, minha filha?

 — Em breve reencarnarei e dessa vez será noutro país. Nada sei sobre o povo, costumes, língua. Não sei se gostarei de lá, se conseguirei me adequar ao novo local. Sinto que tenho estado intranquila e apreensiva com tudo isso.

 — Sua preocupação é natural. Mas já passamos algumas vezes pela experiência de viver em locais diferentes e em diversas situações. É que não nos recordamos.

 — Mas estou preocupada mesmo assim. Não sei se conseguirei me manter em meu rumo.

 — Toda reencarnação é uma nova experiência, não importa em que local nascemos, com quem compartilharemos essa passagem. Seu desejo de conseguir um avanço em sua evolução faz com que sinta receio da reencarnação, temendo um possível fracasso, principalmente por ser uma experiência totalmente nova para você num país bem diferente. Por isso irá para lá dentro de alguns meses. Toda sua preparação e adaptação serão feitas lá e por um tempo maior para ambientar-se melhor. Será mais fácil, você verá.

 — Acho que estou me preocupando demais e sofrendo sem necessidade – respondeu meio envergonhada.

 Sua mãe lhe deu um sorriso.

 — Terá um grande aprendizado. Em novas terras, com pessoas que ainda não conviveu, ficará afastada das lembranças e sensações difíceis que já experimentou. Isso ajudará para que não esmoreça em seus propósitos. Poderá ampliar seu círculo de afeições também.

Anne ouvia com atenção as palavras de sua mãe. Ela conseguia clarear suas ideias e acalmar seu coração.

— Você sabe que retornarei antes de você, não sabe? – perguntou a senhora. – Ainda tenho coisas a resgatar e muito a aprender. Também irei para as mesmas terras que você. Quem sabe não teremos a graça de em uma nova reencarnação nos reencontrarmos? Alguns de nossos afetos que fizeram parte de outras famílias carnais já estão vivendo por lá e outros reencarnarão naquelas terras também. Reencontrará alguns antigos desafetos também.

— Sei que precisamos ser abertos ao novo para crescermos. Se tenho essa chance, não a perderei nem a recusarei, mesmo com os temores que estou sentindo. Eles passarão – Anne respondeu como se consolasse a si mesma.

— Será recebida numa família que a aguarda com muito amor. Mas não se esqueça de que nossa verdadeira família é a espiritual. Nossas experiências na carne são para acertos, reajustes e fortalecimento dos verdadeiros laços de amor e fraternidade. Em cada encarnação devemos aumentar esses laços afetivos. Não é essa nossa meta? Aumentar nossa família espiritual, nossa verdadeira família?

— Mãe, a senhora é muito boa e paciente comigo. Só a senhora para me acalmar e me animar. Eu a amo muito e sentirei saudades.

— Eu também a amo muito. Temos que ter paciência com todos, amando-os ou não. Eu também tenho quem teve e tem paciência para com minhas dificuldades, e sou muito grata a elas também. Ainda estamos engatinhando em nossa evolução e precisamos de todo o incentivo e encorajamento em nossa trajetória.

HÁ MUITO TEMPO AQUELE ESPÍRITO BONDOSO OBSERVAVA JEAN-PIERre e sempre que lhe era permitido aproximava-se dele, envolvendo-o em vibrações de amor como forma de auxiliar e aliviar o coração tão rude e insensível às coisas do bem, que ele teimava em manter. Ele acompanhava Jean-Pierre por longa data em suas muitas encarnações. Juntamente com o Espírito guardião, tinha uma árdua tarefa em intuir e ajudar Jean-Pierre, um Espírito ainda muito rebelde, egoísta e voltado para as coisas materiais.

Esse Espírito amigo se comprometera em ajudar Jean-Pierre a compreender os erros e auxiliá-lo, devido à grande dificuldade que demonstrava em aprender a amar e deixar ser amado.

Mesmo com todas as dificuldades que encontrava, ele não desistia de seu companheiro, tendo a fé de que, um dia, o coração

# CAPÍTULO XII

insensível de Jean-Pierre reconheceria a grande lei do amor, modificando-se. Ele sabia que todos têm o mesmo desígnio: a perfeição. Jean-Pierre também a alcançaria.

Jean-Pierre demoraria mais em sua trajetória evolutiva por escolher continuar trilhando o caminho do mal, não percebendo as dificuldades e débitos que criava para si.

Era necessário que, em alguns momentos da vida de Jean-Pierre, esse Espírito se afastasse, deixando-o livre, sob a proteção de seu Espírito guardião, um Espírito abnegado e que nutria especial afeição por ele, para experimentar as consequências de suas escolhas e atos praticados contra si e as pessoas.

Finalmente, depois de muito tempo, ele teria a chance de poder conversar com Jean-Pierre e tentar incutir novas questões em seu coração sobre suas atitudes. Sua tarefa era difícil, mas, com amor e dedicação, foi confiante abordá-lo quando o encontrou.

— Como está, Jean-Pierre?

Jean-Pierre olhou intrigado para aquele homem. Não se recordava dele, mesmo assim respondeu:

— Estou bem, mas de onde nos conhecemos?

— Talvez não se recorde, pois há muito não nos vemos. Gostaria de conversar um pouco com você.

— O que você teria para conversar comigo?

— Gostaria de falar sobre sua vida, como você age e trata as pessoas.

— Sobre minha vida? Quem pensa que é para falar de minha vida comigo? – Jean-Pierre respondeu agressivamente.

— Como lhe disse, talvez não se recorde de mim, mas o conheço há muito tempo e muito bem. Há muito vem agindo com desprezo pelas pessoas e aproveitando-se da boa índole delas para enganá-las e se beneficiar. Tem traído pessoas que o julgam amigo sincero, prejudicando-as de toda forma possível e imaginável. Não é isso que Deus espera de Seus filhos. Precisamos amar uns aos outros, tratar nossos semelhantes como gostamos de ser tratados. Suas atitudes não lhe fazem bem. Lembra-se das doenças que teve em sua última encarnação? Foram por causa de seus pensamentos, de suas atitudes. Elas refletiram em seu corpo físico, trazendo-lhe todos aqueles incômodos. Pare um pouco e pense no que tem feito e em como as pessoas o veem. É preciso ser caridoso, não fazer o mal. Perdoar, pedir perdão.

O Espírito falou com ele sem muitos rodeios para que Jean-Pierre não procurasse fugir daquela conversa logo de início. Jean-Pierre admirou-se com o que aquele homem lhe dizia. Como ele poderia saber sobre seus pensamentos, emoções e atos? Ele continuou sendo agressivo em seu modo de falar. Era o que trazia em seu coração:

— Você vem com essa conversa de amor, perdão e caridade pra cima de mim? Quer que eu acredite nessas coisas? A que leva tudo isso? As pessoas só se preocupam com elas mesmas. Cada um cuida da sua vida e que se danem os outros!

— Você acredita mesmo que todas as pessoas pensem assim? Todos precisam de amor, de carinho e atenção de outrem. Por mais endurecido o coração de alguém, sempre terá alguém ou alguma coisa que ele ame. Você não tem nada ou alguém que ame? – insistia o homem, fazendo-o pensar.

— Amar alguém? Olhe para minha vida. Nunca tive isso, nunca ninguém me deu essas coisas e eu nem precisei. Foi com minha inteligência, minha astúcia e influência que consegui o que conquistei e quis. Sempre foi assim e não será diferente. Vê à minha volta? Tenho companheiros que pensam e agem como eu. O que importa é isso: ter dinheiro, poder, prestígio para usufruir a vida. Amor é ilusão. Caridade é perda de tempo. Vá procurar quem está querendo ouvir essas babaquices.

Jean-Pierre não esperou que ele continuasse argumentando, virou as costas e seguiu seu caminho. O Espírito permaneceu vibrando, enquanto Jean-Pierre partia, fugindo daquela conversa. Seu coração ainda estava muito fechado. Não adiantava insistir. Teria de esperar uma nova oportunidade para conversar com ele. Enquanto isso, Jean-Pierre ficaria com aquela conversa martelando em sua cabeça, juntamente com outras lembranças que teimavam em persegui-lo por séculos.

⚜

ALGUNS MESES DEPOIS OS DOIS TORNARAM A SE ENCONTRAR. JEAN-PIERRE assustou-se ao revê-lo e pensou em dar meia-volta para evitar ter de conversar com aquele seu velho conhecido.

Esses encontros e conversas começavam a perturbar Jean-Pierre, que se pegava em momentos de solidão a pensar sobre suas atitudes e as coisas que o Espírito lhe dissera.

— Como vai, Jean-Pierre? Andou pensando sobre nosso último encontro? – perguntou-lhe.

— Você nunca desiste, não? Acha que vai me vencer pelo cansaço? Pois está perdendo seu tempo. Não vou mudar meu modo de pensar e agir. Estou muito bem como estou. Acho bom ir embora.

— Tem certeza que está bem? Não quero vencê-lo pelo cansaço. Quero apenas que acorde para a verdade, que veja a realidade que está à sua frente.

— Você quer que eu veja a "sua" realidade? Você não para de falar de Deus, de bondade. Acredita que possa existir um Deus com toda essa injustiça por aí? O mundo é de quem sai atrás das coisas para sobreviver e conquistar o que deseja, e quem ficar ouvindo as coisas que vocês dizem vai continuar sofrendo e sem ter nada. Olhe em volta. Toda essa desgraça, esse sofrimento. É isso que Deus nos dá?

— No fundo, você sabe que não é assim. O sofrimento que existe é criado pelas próprias pessoas. É a colheita de cada um, Jean-Pierre. Você está tendo a sua. Estou aqui para lhe dar a oportunidade de uma colheita diferente, basta você aceitar novas sementes para um novo plantio. Chega dessas sementes que só geram ervas daninhas! Deixe seu orgulho de lado, esse desejo pelo poder, esse ódio e esse rancor gratuito. As pessoas não o admiram por isso. Está fazendo com que elas tenham apenas mais ódio e rancor por você. Está afastando todos.

— Acho que está enganado. Não vê quantos companheiros tenho ao meu lado? O que me diz disso? – Jean-Pierre o desafiou.

Jean-Pierre sempre tinha uma resposta pronta. Negava enxergar o que realmente acontecia ao seu redor.

— Não são companheiros verdadeiros, você sabe disso. Cada um está voltado para si mesmo, para satisfazer seus desejos mundanos e vaidades pessoais. Ninguém se importa com ninguém, apenas usufruem das energias negativas uns dos outros. Não é isso que você faz?

Jean-Pierre olhou-o pensativo. Era isso mesmo que ocorria naquele lugar que vivia, o umbral. Corações amargurados, com sede de vingança, à espera da oportunidade de aproveitar as energias e fluidos de encarnados e desencarnados. O que importava era a sintonia, a vibração.

Olhou em volta e, pela primeira vez, viu e sentiu toda aquela vibração negativa das pessoas que estavam por lá e incomodou-se com o cenário de sofrimento e horror em que se encontravam. Por um momento, percebeu que não era o mundo de ostentação, fartura e maravilhas que imaginava ter. Iludia-se e percebia o que queria perceber. Tudo e todos estavam escondidos sob máscaras de felicidade e riquezas falsas.

Era assim que acontecia com ele, enquanto esteve encarnado, e era assim, agora também no umbral.

— Já olhou para si, já viu em que estado se encontra realmente? – questionou o Espírito.

Jean-Pierre observou-se assustado. Trajava um sobretudo, calças sociais, camisa branca, sapatos de couro. Estaria alinhado como na época em que viveu na corte francesa se suas vestes não estivessem rotas e imundas. Mais parecia um pobre pedinte de rua em farrapos. Sua aparência era como das outras pessoas à sua volta. Não conseguiu acreditar que estava vestido daquela forma. Imaginava-se de outro jeito.

— Todos seus sentimentos e sofrimentos se refletem em sua aparência. Quando encarnados podemos enganar e ludibriar até a nós mesmos. Aqui não conseguimos esconder nossas verdadeiras emoções. Muitos daqui se encontram nesse estado deplorável, pois a consciência os acusa e as culpas por seus erros lhe pesam n'alma. Quando buscarem o socorro e a ajuda para suas dores morais e físicas, que ainda se refletem em seu espírito, tudo passará e a transformação ocorrerá gradativamente. Com você também pode haver essa transformação. Depende unicamente de você querer.

Jean-Pierre não deu o braço a torcer. Tentou recompor-se e voltou a falar com o velho conhecido de forma agressiva:

— Você acha que cairei na sua conversa? Que acredito no que me diz? Por que deveria ouvi-lo? Não me lembro de você. Não tenho por que confiar em você. Estou muito bem aqui. Já lhe disse da outra vez: deixe-me em paz e vá embora.

— Eu irei. O que tinha pra lhe dizer já disse. Apenas pense no que conversamos e observe melhor as coisas à sua volta. Nós nos veremos outro dia. Adeus, Jean-Pierre e fique com a paz de Deus.

O homem se virou e foi embora, enquanto Jean-Pierre o observava partir. De alguma forma, ele tocara o seu coração gelado.

O Espírito amigo de Jean-Pierre não saíra sentindo-se derrotado, muito pelo contrário, sabia que demandaria muito tempo e paciência para que ele começasse a tomar consciência de tudo que fizera por séculos e começasse a querer mudar realmente.

Essa conversa tinha incomodado muito Jean-Pierre e ele evitou, ao máximo, pensar nas coisas que fora questionado por seu amigo.

Reencarnaria novamente dentro de poucos anos de forma compulsória como tantos outros Espíritos que retornam à Terra. Suas novas experiências e provas seriam planejadas de forma que ele tirasse melhor proveito dessa nova vida que teria. Depararia com situações e pessoas complicadas e difíceis, que mexeriam com sua vaidade, seu orgulho, seu egoísmo.

JEAN-PIERRE DESFILAVA PELA CIDADE DE VICHY SEMPRE ACOMpanhado por outros milicianos com o intuito de intimidar e ajudar a combater os franceses da Resistência.

O uniforme de casaco azul e grande boina da milícia francesa o faziam sentir-se importante e respeitado. Aos vinte e cinco anos, sua postura e olhar deixavam transparecer todo seu orgulho e vaidade causando temor aos cidadãos que o viam chegando, junto com os seus companheiros, de carro ou mesmo a pé.

Jean-Pierre encontrou na milícia o que não conseguira na Guarda Real, quando não fora aceito outrora, como mosqueteiro. Sentia-se como um soldado de um novo líder de uma nação, que combatia contra sua pátria natal, impondo-se pela crueldade. Ele pouco se importava com isso. Sentir-se como o melhor satisfazia seu ego. Sua vaidade, prepotência e crença num falso ideal de poder que pretendia dominar o mundo o levaram a trair seus irmãos compatriotas, torturando-os e delatando-os sem nenhuma piedade. Queria o prestígio de uma posição que apenas existia em sua mente.

Como se iludia! O que conquistara era ódio dos habitantes da cidade. A guerra e suas atrocidades, alimentavam o coração endurecido e cego de Jean-Pierre. Apenas os companheiros da milícia partilhavam os mesmos sentimentos e pensamentos. Pobres jovens que não viam o buraco que cavavam para si mesmos, como tantos outros nessa batalha devastadora.

As reminiscências de suas vidas passadas estavam mais frequentes e fortes. Jean-Pierre se sentia perturbado, principalmente durante suas horas de sono, quando se encontrava com Espíritos que desejavam vingar-se dele pelas coisas ruins que lhes fizera em vida, e outros que se aproveitavam dessas vibrações negativas e pesadas.

Por vezes, ele imaginava que essas lembranças fossem por influências de todos os acontecimentos terríveis que vivenciava naquele período de confronto mundial.

Os franceses que se opunham à dominação germânica se organizavam e se armavam para, de alguma forma, enfrentar seus inimigos. Queriam seu país livre, fora do domínio do adversário, e não se importavam que conterrâneos estivessem contra eles. Muito pelo contrário, era inadmissível tal traição.

Da mesma forma que Jean-Pierre e seus companheiros delatavam e executavam os franceses, estes se reuniam planejando ataques aos milicianos. Numa tarde em que Jean-Pierre deslocava-se de carro com outros homens pelas ruas de Vichy não imaginava que se dirigia a um trágico desfecho. Uma emboscada estava à espera daquele veículo. De alguma forma, os franceses da Resistência ficaram sabendo do seu trajeto e prepararam um ataque à bomba contra o carro. Ao passarem pelo local, a bomba foi acionada e o veículo explodiu, não deixando nenhum rastro do carro, nem de seus ocupantes.

꽃

JEAN-PIERRE APENAS OUVIU O ESTRONDO DA EXPLOSÃO E SENTIU A CABEÇA atordoada. Ao abrir os olhos, viu que algumas pessoas corriam em direção ao carro ou ao que sobrara dele. Outras pessoas corriam e gritavam desesperadas para longe dali.

Ele se viu sentado no chão a alguns metros do acidente. Sirenes começaram a soar e carros de polícia a chegar. A confusão era imensa.

Ninguém se importava com ele e passavam à sua volta ignorando-o. Alguns homens começaram a juntar e recolher partes de corpos e destroços do carro que se espalharam pela rua e calçadas.

Jean-Pierre olhava tudo atônito, quando percebeu que um homem o observava encostado num poste de luz próximo de onde ele estava.

— Nossa! não acredito! – disse Jean-Pierre ao homem. – Escapei desta explosão nem sei como!

— Tem certeza? – respondeu-lhe o homem com ar de deboche.

Jean-Pierre se olhou, olhou os homens que recolhiam os corpos e identificou parte do que restara dele. Um arrepio subiu-lhe pela espinha. Um fino cordão ainda o ligava ao que sobrara do que tinha sido seu corpo em vida. Ele voltou a olhar para o homem, que lhe disse:

— Venha comigo, vou levá-lo daqui.

O homem aproximou-se dele e terminou de desligá-lo do seu corpo material. Jean-Pierre sentiu-se um pouco melhor, embora a sensação estranha permanecesse. Continuou sem entender nada, apenas seguiu obedecendo àquele homem.

Ele foi levado ao umbral. Reunindo-se, novamente, ao antigo grupo por afinidade. Passaria muitos anos por lá, como das outras vezes que desencarnara e voltara ao convívio daquelas almas tão sofridas e ainda empedernidas.

Receberia a visita de seu bom amigo algumas vezes e, a cada encontro, uma pequena mudança seria feita naquele coração.

Jean-Pierre passaria a se questionar por que levava aquela vida, começaria a perceber que não tinha amigos verdadeiros. Todos ao seu redor eram Espíritos egoístas e sofredores. Buscavam alimentar-se com a dor e o sofrimento dos encarnados e dos desencarnados. Em vida, ele também não conseguira construir nada de bom. Pouco acrescentara ao seu aprendizado.

Os questionamentos de seu amigo ficavam martelando em sua mente, juntamente com as reminiscências das vidas passadas e as lembranças de suas mães.

As lembranças das infâncias que tivera começaram a incomodá-lo. Lembrou-se das mães que tivera, cada qual com seu jeito próprio de cuidar e amá-lo enquanto pequeno, que ele sentia falta agora. Cada uma daquelas mulheres o aconchegara em seu ventre, dando-lhe a possibilidade de aprendizado e crescimento como encarnado, mas que ele negara a si próprio, mantendo-se na maldade e no egoísmo. Cada uma ensinou-lhe, a seu modo, o caminho reto e de amor a Deus e ao próximo, que ele recusara a seguir. A semente estava semeada e era regada por aquelas mulheres que o queriam bem.

Por mais que ele tentasse desvencilhar-se de todos aqueles pensamentos e memórias eles o perseguiam como se ele próprio fosse seu promotor e juiz.

Jean-Pierre se desligou do grupo que participava há tanto tempo para vagar pelo umbral só, com sua consciência, por um longo período. Não mais se sentia confortável entre eles. A semente em seu coração se preparava para sair da fase de dormência.

Um dia ele se renderia à verdade, conscientizando-se de seus erros, assumindo-os e arrependendo-se de coração de tudo que praticara de ruim.

Seria auxiliado e encaminhado a um centro espírita, onde receberia todo o cuidado e atenção necessários dos irmãos desencarnados e encarnados. Muitos amigos que o amavam o ajudariam. Até mesmo pessoas que ele prejudicara em outros tempos. Começaria ali sua longa jornada de redenção e mudança.

A NTONIE BATEU NA PORTA E ENTROU NA SALA ONDE ESTAVA O SEU orientador. Solano era uma pessoa experiente, compreensiva e paciente, sabia ouvir e sempre tinha longas conversas com Antonie sobre vários assuntos. Ele era o orientador de Lefèvre desde que ele viera para a colônia estudar e desenvolver alguns trabalhos no umbral.

Os dois tornaram-se bons amigos com o passar do tempo. Solano tinha um carinho especial por Antonie, mas era exigente e até um tanto enérgico com seu pupilo, quando necessário.

Antonie não disse nada, ficou em pé em frente à mesa, apenas esperando que Solano iniciasse a conversa. Já aguardava uma possível e merecida represália por suas condutas nos últimos dias.

— O que está acontecendo com você, Antonie? Tem sumido várias vezes, sem dizer aonde foi e o que foi fazer. Não está participando de alguns grupos de estudos nem de reuniões. Estou sentindo que tem estado meio entristecido e distante das pessoas.

— Peço desculpas. Sabe que não sou de fazer isso, mas tenho me sentido meio confuso com algumas coisas e achei melhor isolar-me um pouco para pensar melhor.

— Sente-se. Vamos conversar, então. Quem sabe não poderei ajudá-lo – Solano convidou, apontando a cadeira que estava à frente de sua mesa.

Antonie pegou a cadeira e sentou-se. Sabia que poderia confiar nele e abrir seu coração.

— Passei alguns dias com a sensação que alguém pensava em mim de uma forma diferente, como se me chamasse quase o tempo todo. Logo imaginei que poderia ser Anne. Há muito tempo não pensava nela. Isso me deixou de certa forma com saudade e preocupado pelas sensações que passei a ter.

— Você a procurou? Entrou em contato? – Solano quis saber preocupado.

— Não! senti imensa vontade e sei que poderia fazê-lo, mas não o fiz. Sei que poderia acarretar consequências indesejáveis para nós dois se agisse de forma arbitrária.

Solano ouvia quieto e observava Antonie, que continuou sua narrativa:

— Mas continuei com as mesmas sensações por dias. Ela tem pensado muito em mim, embora não se recorde de nada. Sente saudades, mas não sabe direito de que, nem de quem, nem por quê. Foi essa sua vibração que percebi e fui à busca em pensamento. Senti que ela tem chorado sozinha algumas vezes, sem um motivo aparente, sem entender a razão. Pelo que pude perceber deve estar com uns dezesseis anos.

— Bendito o véu do esquecimento! E o que você fez? – Solano indagou curioso.

— Fique sossegado. Não fui lá, até porque ela nem está aqui na França. Nem a procurei durante o sono. Sei que ela sentiu minha presença de alguma forma, mas não sabia o que estava acontecendo. Ela não tem uma mediunidade que possa perceber e entender o que se passa além do mundo material. Pelo menos não a tem desenvolvida ainda. Apenas vibrei para que ela se acalmasse e tivesse noites de sono mais tranquilas.

— Vejo que você manteve o seu equilíbrio.

— Acredito que sim. Não iria fazer nada que pudesse prejudicá-la. Nas outras vezes que a encontrei no passado nem pude me aproximar. Sabia na época que não seria benéfico para nós e aceitei a distância. Não pudemos mais nos reencontrar na Terra e não sei quando teremos uma nova oportunidade. Já conversamos muito sobre isso e o senhor sabe como foi e tem sido difícil para mim. É por isso que tenho estado entristecido e distante, como o senhor diz.

— Bem, Antonie, agora que viu, que de certa forma, ela está bem, pode voltar à sua rotina. Verá que as coisas voltarão ao seu rumo – o orientador foi cortando o assunto, pressentindo que Antonie tinha outras ideias em mente.

— Gostaria de falar sobre isso com o senhor.

— Sobre o quê? – Solano fez-se de desentendido. Ele sabia que Antonie não iria lá apenas para conversar sobre sua ausência e sentimentos.

— Sobre minha rotina.

— O que tem sua rotina? No que você está pensando?

— Sei que no próximo mês começaríamos a falar sobre minha futura encarnação. Por isso aceitei vir conversar com o senhor. Não poderíamos adiar meu retorno? Refazer alguns planos?

— Antonie, o que está pretendendo? Você não pode deixar seus compromissos.

— Eu sei. Não quero deixar de cumprir com o que me comprometi, nem deixar de continuar progredindo. – Ele parou de falar, observou seu interlocutor que o ouvia atento e continuou: – Pode parecer estranho, mas acredito que se eu continuar por aqui será mais produtivo para mim. Estive pensando muito sobre isso. Sinto que agora posso fazer algo de bom e não é apenas para mim. Outras pessoas poderiam se beneficiar também. Não sei o que seria exatamente. Por favor, Solano, converse no Departamento de Planejamento Reencarnatório. Peça por mim.

— Não gosta de seu trabalho como socorrista? Não acha que esteja auxiliando as pessoas?

— Não é isso! Amo o trabalho que estou desenvolvendo lá e muitas pessoas são auxiliadas. O que quis dizer é que poderia estar em outra tarefa em que muitas outras pessoas poderiam ser ajudadas. Talvez algo que não precisasse deixar o que faço. Eu não teria necessidade de reencarnar por ora.

— As coisas não são tão simples assim, você sabe. Já pensou se as pessoas mudassem toda hora de opinião e de vontade? Sairiam dizendo a torto e a direito "não quero mais fazer isso", "assim não está bom, dá pra mudar?", "isso está muito difícil, posso deixar para depois?" e suas vontades fossem acatadas? Seria uma grande confusão.

Antonie riu da forma como Solano se expressava:

— De certa forma, as pessoas às vezes fazem isso, mas o senhor faz parecer engraçado e infantil da forma que diz.

— Mas não é nada engraçado. É muito sério. E toda vez que alguém faz uso de seu livre-arbítrio de uma forma não tão adequada é necessário toda uma reformulação. Essas escolhas podem envolver muitas pessoas e algumas vezes até dezenas e centenas, e quem fez o uso errôneo do livre-arbítrio nem tem consciência da dimensão do que ocasionam.

— Eu sei. Infelizmente já tive a oportunidade de observar o que acontece quando atos impensados são cometidos. Mas por favor, Solano – disse Antonie retornando ao assunto – veja o que pode ser feito por mim. Não estou desistindo nem quero outras obrigações por simples capricho. Não sei explicar, mas gostaria de continuar aqui. Dê-me outras tarefas por aqui mesmo no plano espiritual. Estou lhe pedindo, por favor. É importante para mim. Sei que encontrará uma solução – implorava o velho mosqueteiro.

Antonie pedia do fundo do coração e seu orientador não sabia o que lhe dizer. Era algo incomum e, ao mesmo tempo, não impossível de ser acatado. Solano sabia que Antonie era responsável e sempre colocava suas obrigações acima de qualquer coisa. Depois de uns instantes pensando, Solano deu um suspiro e disse:

— Está bem. Aguarde alguns dias, verei o que pode ser feito, mas não lhe prometo nada. E o que o Departamento decidir estará decidido.

— Muito obrigado! sabia que poderia contar com o senhor!

Antonie retirou-se da sala animado com a possibilidade de ter seu pedido aceito. Sabia que qualquer decisão que o Departamento tomasse não seria fácil para ele. Provavelmente fariam algumas exigências, mas ele estava disposto a colaborar. Afinal, era ele quem pedia para continuar trabalhando no plano espiritual.

AS SEMANAS QUE SE SEGUIRAM FORAM DE GRANDE APREENSÃO PARA ANTONIE. Ele continuou com sua antiga rotina e não tocou no assunto da conversa com Solano. Sabia esperar e guardou para si a angústia pela resposta. Paciência, era o que precisava ter, era o que vinha cultivando nos últimos tempos.

Quando Antonie foi finalmente chamado à sala de seu orientador para conversarem sobre o assunto tão esperado, sentiu certa preocupação. Tinha ciência que seu pedido era incomum e que sua argumentação talvez não fosse convincente o suficiente para obter as mudanças que pedia.

— Entre, meu amigo, vamos conversar – saudou seu orientador que estava acompanhado de uma pessoa do Departamento de Planejamento.

Solano o apresentou a Antonie:

— Este é Demétrius, um assistente do Departamento de Planejamento Reencarnatório. Ele participará de nossa conversa.

Demétrius vestia-se com a túnica de tom pastel típica do Departamento. Era de porte mediano, esguio e tinha aparência de um homem de seus trinta e cinco anos. Inspirava calma e segurança em seu semblante.

— Muito prazer em conhecê-lo, senhor – Lefèvre cumprimentou-o. – E então? O que decidiram?

— Calma! sente-se primeiro, Antonie.

— Desculpe-me, mas estou ansioso para saber o que resolveram – respondeu, sentando-se na beirada da cadeira, não escondendo sua inquietação.

— Você sabe que mudanças podem ser feitas em uma pré-programação, mas teremos que fazer um novo planejamento para adaptarmos algumas coisas que você necessita, para seu crescimento pessoal neste momento. E não podemos esquecer que outros também estarão envolvidos nesse processo todo, encarnados e desencarnados. Estamos todos entrelaçados e qualquer mudança afeta não só a quem provoca esta mudança.

— Tudo bem, estou ciente de tudo isso, mas quais seriam essas adaptações mais especificamente? Nem sei qual era o planejamento original.

— Vamos conversar de forma mais geral, por enquanto. Se você concordar daí passaremos para as etapas seguintes.

— Por favor, Solano, pare de enrolar. Está me deixando mais aflito. Quais são as condições que terei que acatar?

Solano riu da impaciência de Antonie e de como encarava a situação, fazendo-a parecer uma troca.

— Um dos pontos é a paciência – disse num tom de brincadeira.

— Acho que venho treinando a minha há um bom tempo...

— Treino nunca é demais, sabe disso, Antonie. Bem, a princípio, você seria um escritor em sua nova encarnação. Por meio de suas obras, levaria diversão e conhecimento às pessoas numa forma de fazê-las refletir e mudar suas atitudes para melhorarem.

— Conversamos uma vez sobre isso e achei a ideia interessante. Gosto de ler, e escrever é algo que me atrai de certa forma, embora não saiba fazê-lo muito bem.

— Então, o que acha de escrever sobre sua encarnação durante o século XVIII, para começarmos?

— Mas eu teria que reencarnar. Não é bem nisso que eu estava pensando – disse meio decepcionado. – E como me lembraria dos fatos para escrevê-los?

— Você não está entendendo. Estou falando de psicografia.

— Psicografia? Eu?

— É. Você. Escrever e depois ditar a um médium. O que acha da ideia?

— Não sei. Nunca pensei em fazer nada com algum encarnado, muito menos escrever alguma coisa... e o senhor propõe um livro para começar? Será que tenho capacidade para isso?

— Não teria que estudar e aprender técnicas de como escrever para poder se tornar um escritor, estando encarnado?

— Sim. Imagino que de alguma forma teria que estudar, me preparar.

— Pois bem, posso garantir que essa tarefa será mais fácil do que imagina, estando deste lado.

Antonie ficou pensando na proposta. Ficou imaginando como poderia escrever sua história e repassá-la através de um encarnado. Já ouvira falar sobre esse tipo de trabalho e até participara de algumas palestras sobre o assunto, mas nunca passara por sua cabeça trabalhar em um. Como levaria esse projeto até o fim? E se não obtivesse sucesso nesse intento?

— Se aceitar, terá que se preparar para essa tarefa – continuou seu orientador.

— E como seria isso? – perguntou, mostrando-se interessado.

— Terá que ter paciência. Será um processo longo. Demandará muito tempo, estudo, cursos, pesquisas e, claro, bastante treino. Além de você se preparar, a pessoa que servirá de médium também terá que se preparar.

— Muito tempo de preparo? Quanto?

— Hum... – Solano olhou para Antonie, analisando-o, e respondeu: – O que acha de uns trinta anos?

— Trinta anos? Parece-me justo.

— Você terá que terminar primeiro as tarefas que começou aqui. Depois, irá para outro país. Desenvolverá esse projeto lá. É um local onde a doutrina espírita está começando a ser mais difundida e aceita. Até o início do trabalho com o médium, já terá um campo mais fértil. Aprenderá sobre os costumes, língua e tudo o que for necessário sobre essa nova terra. Continuará seus estudos sobre a doutrina e aprenderá e treinará psicografia entre outras coisas e trabalhos.

— E com quem irei trabalhar nesse projeto? Vocês já sabem quem será? Eu conheço? – Antonie quis saber.

— Temos uma pessoa em vista, que acreditamos, seria uma boa parceria para você. Ela terá de aceitar a tarefa de intermediar seu trabalho e terá de ser preparada também. E para esse trabalho, outras pessoas estarão envolvidas. Reencontrará velhos amigos que serão de grande ajuda e você também os ajudará. Como lhe disse: estamos entrelaçados.

— Irei sozinho para essa nova terra? Onde ficarei? – Antonie mostrou-se preocupado.

— Demétrius irá com você. Será seu orientador durante todo esse tempo. Depois veremos como ficarão as coisas. Na época certa, decidiremos o que será melhor para todos. Quanto à história, analisamos e acreditamos que outras pessoas, inclusive quem participou diretamente dos acontecimentos, poderão ser beneficiadas. Você sabe que alguns ainda continuam com pensamentos e atitudes difíceis e estão meio perdidos, precisando de ajuda. Revivendo aqueles acontecimentos, tomando contato novamente com os fatos, poderão perceber o que fizeram, conscientizarem-se de seus equívocos, arrependendo-se e, quem sabe, tentar mudar.

— Seria uma boa forma de ajudá-las, de esclarecê-las ou simplesmente despertá-las para as coisas que são realmente importantes para que possam evoluir. Eu mesmo fiquei muito tempo sem rumo, perdido e foi muito reconfortante saber que temos sempre alguém a nos velar e pronto a nos ajudar, quando queremos ser ajudados. Gostaria de fazer parte disso – Antonie comentou.

— As pessoas, ao lerem e pensarem sobre os ensinamentos contidos nesses livros, acabam se identificando com algumas situações e de alguma forma se modificam ou evitam cair em situações difíceis parecidas. Ninguém melhor que você para fazer isso por elas, por meio dessa história. Será uma experiência muito importante também para o médium que será seu parceiro. Você verá. Ele tem como programação trabalhar mediunicamente. O que me diz?

— Creio que será uma boa experiência, diferente de tudo que já vivenciei. Compartilhar nossas falhas é uma forma de colaborarmos com o aprendizado de outrem, é caridade também. Sei que precisarei de muita dedicação, força de vontade, estudo e paciência. Terei uma grande responsabilidade em minhas mãos. Será muito gratificante poder rever e trabalhar com velhos companheiros e amigos.

Antonie parou de falar, olhou para Solano e Demétrius, e concluiu:

— Eu aceito essa missão. Será uma missão muito importante. Talvez a minha mais importante até agora.

— Você não tem jeito, Antonie. Sempre pensando como um soldado.

— Mas eu sou um soldado. Agora, não mais um soldado do rei da França, mas de Deus.

— Tem razão, você é um soldado, um grande soldado e com certeza conseguirá cumprir esta missão. Por enquanto é isso, Antonie. Depois, acertaremos os detalhes sobre a ida de vocês, onde ficarão e todo o resto.

— Obrigado, senhores, pela confiança. Procurarei fazer o melhor. Até logo.

☙☙

DEPOIS QUE ANTONIE SE RETIROU DA SALA, OS DOIS ENTREOLHARAM-SE E SOlano disse para seu companheiro:

— É, meu amigo, não precisamos explicar nem tentar convencer Antonie sobre as mudanças que tínhamos em mente quanto à sua reencarnação, ou melhor, sobre sua "não reencarnação".

— Quando ele souber que estávamos planejando algo parecido ao seu pedido e só tivemos que fazer alguns reajustes, ele se surpreenderá.

— Até que o pedido dele não era tão impossível de ser aceito, pelo menos agora, com o entendimento e amadurecimento que ele tem sobre a vida, além de estar disposto ao trabalho que virá. Acho que ele fez a escolha certa.

— E quem somos nós para decidir o que é certo ou errado para o outro?

— É mesmo, podemos no máximo orientar e alertar para as possíveis consequências das escolhas. – Concordou Solano, continuando: – Agora ele tem outra compreensão, outra percepção do que realmente acontece. É como uma crisálida que, depois de tanto rastejar e devorar folhas, na condição de lagarta, recolhe-se num casulo para preparar-se para uma nova etapa em sua existência.

— Gosto de suas comparações, Solano.

— Mas é isso mesmo que acontece conosco. Chegam momentos em nossa existência que precisamos nos transformar, nos modificar. Não conseguimos mais lidar com nossas dificuldades e nossos erros. Não suportamos toda essa carga e sentimos a necessidade de nos libertar, nos livrar de tudo isso e seguir novos rumos, para um dia, finalmente, voar!

Demétrius ficou pensando nas palavras do amigo. Já tinha ouvido outras vezes a comparação de nossa evolução com a metamorfose de uma borboleta, e gostava dessa analogia.

— Antonie é um soldado em sua essência, um estrategista, prosseguiu Solano. Isso terá grande serventia em sua missão. Será uma missão, como ele mesmo diz, muito bonita. Antigos amigos reunidos novamente para um trabalho de amor e ajuda ao próximo e a si próprio. E você, Demétrius, poderá compartilhar disso. Você acompanhará Antonie nessa tarefa. Tem muito a ensinar a todos e aprenderá muitas coisas com esses grandes irmãos que se reencontrarão.

— Será muito importante para mim também, com certeza. Novas terras, novas experiências, novos aprendizados, novos amigos. Mesmo com minhas responsabilidades e conhecimento, ainda tenho muito a aprender. Sempre temos.

— É. Somos eternos aprendizes. Antonie está certo ao dizer que compartilhar as falhas com os outros como forma de aprendizado é caridade. Mas não deve ser de maneira piegas, como se dissesse: "olha como sou coitadinho" ou "resolvi ficar bonzinho, agora posso ser feliz?".

— Solano, você não tem jeito. Sempre faz as coisas parecerem engraçadas.

— Mas é verdade. Todos esses livros, essas histórias e testemunhos que surgem, tanto no plano espiritual, como no material, são para que possamos aprender, não só os ensinamentos de Cristo, mas também vendo e analisando os enganos e acertos do outro, sem precisarmos sofrer e passar pelas mesmas dores e aflições. Não é para termos dó, mas para refletirmos sobre nossa vida e o que fazemos nela e com ela. Tudo está ao alcance de todos. Basta querer enxergar, ouvir e, principalmente, pôr em prática em sua própria existência.

— Isso é o mais difícil, Solano, pôr em prática. Ficar se lamentando e sofrendo sem nada fazer para mudar a situação é mais fácil e cômodo no estágio evolutivo que muitos de nós nos encontramos na Terra.

— Mas se não começarmos, se não tentarmos, não conseguiremos avançar, nunca aprenderemos.

Solano parou de falar, olhou para o companheiro e com um sorriso lhe disse:

— Meu amigo Demétrius, o preparo de todos vocês será grande, as dificuldades também. Mas com dedicação, amor, confiança e fé conseguirão. O mais importante é sempre terem o evangelho e os ensinos de Jesus no coração. Na incerteza, na angústia, nas dificuldades, parem e elevem o pensamento a Deus e a Jesus em oração. Encontrarão na prece e no evangelho o consolo e as respostas de que precisam.

— Lembrarei disso, sempre. Espero que os encarnados aceitem essa tarefa também e empenhem-se com amor e alegria. Acho que esse projeto será muito produtivo e proveitoso para todos os envolvidos.

— E será. Alguns já se comprometeram antes de reencarnarem, basta apenas serem lembrados e levarem a tarefa adiante. Outros serão envolvidos na medida da necessidade, do papel que cada um terá no decorrer desse trabalho.

— Solano, você não se preocupa com a possibilidade de Antonie não conseguir realizar essa missão, de desistir, de tomar outro rumo? – questionou Demétrius.

Solano sorriu da maneira que o amigo questionou.

— Não. Ele é um soldado. É responsável e sabe que suas obrigações estão acima de outras coisas. Tenho certeza que não irá pôr em risco essa oportunidade de trabalho e refazimento que está sendo dada a ele, desistindo ou fazendo alguma besteira. E você estará por lá para apoiá-lo e orientá-lo.

— Tem razão. Você não arriscaria deixando-o ir se não o conhecesse. Irei agora, Solano. Conversaremos outras vezes antes de nossa partida. Obrigado por confiar em mim.

A PÓS POUCO MAIS DE UM ANO, LEFÈVRE E DEMÉTRIUS ESTAVAM COM tudo preparado para a nova jornada. Seguiriam viagem em poucos dias e a expectativa de ambos era grande. Os dois teriam um último encontro com Solano antes da partida. No dia e horário marcados, Lefèvre compareceu ao pequeno escritório de seu orientador. Demétrius já se encontrava lá, há algum tempo, conversando com Solano.

— Vai apresentar-se como um mosqueteiro, Antonie? – surpreendeu-se Solano ao vê-lo entrando em sua sala, trajando seu uniforme de gala.

— Por que não? – indagou o velho comandante. – Foi uma vivência muito importante para mim e é por causa dela que estou nesta missão. Nada mais apropriado e adequado. Não concorda?

# EPÍLOGO

— Para ser sincero achava meio estranho ver você nas outras roupas. Assim parece ser você e combina mais com as funções que desempenha no umbral. Acho que está bem adequado – ponderou Solano.

— E, ademais, esses não são meus trajes no dia a dia de trabalho – completou o mosqueteiro.

— Então, estão preparados para a nova "missão"? – perguntou o orientador.

— Creio que sim. Em alguns dias partiremos e já nos aguardam na colônia onde ficaremos a princípio. Está tudo acertado e confirmado – respondeu Demétrius.

— Estou um pouco ansioso. Será tudo novo para mim. Espero que consiga me adaptar àquelas terras e desenvolver meu novo trabalho como planejamos – completou Antonie.

— Tenha calma e confiança, Antonie. Tudo dará certo. Dê tempo ao tempo. Tenho certeza que se surpreenderá com muitas coisas nesse novo país. Verá que lá é local onde a doutrina espírita está em expansão e terá muitas oportunidades de aprendizado e novas experiências. Demétrius também gostará. Terá algumas funções e obrigações diferentes, além de poder ensinar muito do que sabe aos nossos irmãos daquele lado do mundo.

— Acho que nossa preocupação é um tanto natural pelo novo que virá, mas nossa vontade de aprender e trabalhar também são grandes – comentou Demétrius.

— Concordo com você – completou Antonie.

— Verão que tudo correrá bem. Irão a uma terra onde o povo é bem religioso e muito carente de quem os ensine e mostre o caminho a seguir. São abertos às coisas de Deus e à solidariedade. Estão sempre prontos a ajudar e serem ajudados. Muitos povos do mundo estão reunidos lá e terão a oportunidade de conhecerem essas outras culturas também.

— Estou cada vez mais animado para chegar lá. Quero começar logo a ver e aprender essas coisas novas – disse Antonie.

— Em breve, bem breve. Agora faltam poucos dias – respondeu Solano.

— Acho melhor ir. Tenho algumas coisas ainda para fazer antes de partirmos – Lefèvre despediu-se dos dois amigos, retirando-se.

Antonie saiu da sala cheio de esperança e sonhos. Novos horizontes abriam-se à sua frente. Nova chance de aprendizado e ajuda ao próximo surgiam em sua existência.

Ao sair do prédio, o mosqueteiro olhou para o céu da colônia que era sempre claro e azul, mas pareceu que aquele dia estava particularmente mais bonito. Ficou um tempo observando os jardins, as pessoas, tudo à sua volta. Sentiria saudades da colônia e da França, terra onde tivera tantas encarnações com experiências tão diversas e enriquecedoras. Todas elas guardadas em seu coração.

Duas borboletas que bailavam entre as flores perfumadas lhe chamaram a atenção. Antonie, emocionado, lembrou-se das palavras que dissera a Anne séculos atrás: "Borboletas trazem transformações…".

*Borboletas trazem transformações...*

# CASULO de SEGREDOS

© 2019 by Infinda

**DIRETOR GERAL**
Ricardo Pinfildi

**DIRETOR EDITORIAL**
Ary Dourado

**CONSELHO EDITORIAL**
Ary Dourado, Julio Cesar Luiz,
Ricardo Pinfildi, Rubens Silvestre

A AUTORA CEDE A RENDA DESTA OBRA À
**Irmandade Espírita Amigos da Paz**
CNPJ 07 177 043/0001-96
Rua Daniel Defoe, 448  Vila Arriete
04 445-080  São Paulo  SP
11 2737 0448  www.amigosdapaz.org.br

**DIREITOS DE EDIÇÃO**
Editora Infinda (Instituto Candeia)
CNPJ 10 828 825/0001-52   IE 260 180 920 116
Rua Minas Gerais, 1520 (fundos)  Vila Rodrigues
15 801-280  Catanduva  SP
17 3524 9801   www.infinda.com

DADOS INTERNACIONAIS DE CATALOGAÇÃO NA PUBLICAÇÃO (CIP BRASIL)

G182c
GALVÃO, Elisa [*1961].

*Casulo de segredos* / Elisa Galvão [médium]; Adamus [Espírito].
– Catanduva, SP: Infinda, 2019.

432 p. ;  15,7 × 22,5 × 2,1 cm

ISBN   978 85 92968 05 2 [Premium]
ISBN   978 85 92968 06 9 [Especial]

1. Romance espírita.   2. França.   3. Séc. XVIII.
4. Reencarnação.   5. Obra mediúnica.
I. Adamus.   II. Título.

CDD 133.93    CDU 133.7

ÍNDICES PARA CATÁLOGO SISTEMÁTICO
1. Romance espírita : França : Séc. XVIII
Reencarnação : Obra mediúnica
133.93

1ª ED. PREMIUM E ESPECIAL
março de 2019  |  10 mil exemplares

Impresso no Brasil    *Printed in Brazil*    *Presita en Brazilo*

# COLOFÃO

**TÍTULO**
*Casulo de segredos*

**AUTORIA**
Elisa Galvão [médium]
Adamus [Espírito]

**EDIÇÃO**
1ª Premium e Especial

**EDITORA**
Infinda (Catanduva SP)

**ISBN PREMIUM**
978 85 92968 05 2

**ISBN ESPECIAL**
978 85 92968 06 9

**PÁGINAS**
432

**TAMANHO MIOLO**
15,5 × 22,5 cm

**TAMANHO CAPA**
15,7 × 22,5 × 2,1 cm (orelhas de 9 cm)

**CAPA**
Kartuno Design Studio

**REVISÃO**
Ademar Lopes Junior

**PROJETO GRÁFICO**
Ary Dourado

**DIAGRAMAÇÃO**
Ary Dourado

**COMPOSIÇÃO**
Adobe InDesign CC 2018 13.1
(Windows 10)

**TIPOGRAFIA TEXTO PRINCIPAL**
[Retype] Guyot Text 11,5/15

**TIPOGRAFIA TEXTO SECUNDÁRIO**
[LatinoType] Branding Medium 11/15

**TIPOGRAFIA CITAÇÕES**
[Retype] Guyot Text 10,5/15

**TIPOGRAFIA NOTAS LATERAIS**
[LatinoType] Branding Semibold 9/10

**TIPOGRAFIA EPÍGRAFES**
[Retype] Guyot Text Italic 18/24

**TIPOGRAFIA TÍTULOS**
[Storic Type] Limit Corner

**TIPOGRAFIA FÓLIOS**
[Retype] Guyot Text 9,5/15
[Outside the Line]
Fleurons of Paris 13/15

**TIPOGRAFIA DADOS**
[Retype] Guyot Text 10/14

**TIPOGRAFIA COLOFÃO**
[Retype] Guyot Text 9/11

**TIPOGRAFIA ORNAMENTOS**
[Outside the Line] Fleurons of Paris
[FaceType] Ivory
[Storic Type] Limit Corner Extras

**TIPOGRAFIA CAPA**
[Storic Type] Limit Corner
[Retype] Guyot Text
[FaceType] Ivory
[Outside the Line] Fleurons of Paris

**MANCHA**
111,9 × 175 mm, 33 linhas
(sem título corrente e fólio)

### MARGENS
17,2:25:25,8:25 mm
(interna:superior:externa:inferior)

### MAPA
Rigobert Bonne, *Carte generale de France divisee par gouvernements* [1771] *in* Jean Lattre, *Atlas moderne ou collection de cartes sur toutes les parties du globe terrestre* [c. 1775]

### PAPEL MIOLO
ofsete IP Chambril Avena 70 g/m²

### PAPEL CAPA
papelcartão Suzano Supremo Alta Alvura 300 g/m²

### CORES MIOLO
2 × 2
preto e Pantone P 49-8 U
(CMYK 0:99:91:22)

### CORES CAPA
4 × 2
CMYK × preto e Pantone P 49-8 U
(CMYK 0:99:91:22)

### TINTA MIOLO
Seller Ink

### TINTA CAPA
Seller Ink

### PRÉ-IMPRESSÃO
CTP em Platesetter Kodak Trendsetter 800 III

### PROVAS MIOLO
HP DesignJet 1050C Plus

### PROVAS CAPA
HP DesignJet Z2100 Photo

### PRÉ-IMPRESSOR
Lis Gráfica e Editora (Guarulhos SP)

### IMPRESSÃO
processo ofsete

### IMPRESSÃO MIOLO
Heidelberg Speedmaster SM 102 2P

### IMPRESSÃO CAPA
Komori Lithrone S29

### ACABAMENTO MIOLO
cadernos de 32 e 16 pp., costurados e colados

### ACABAMENTO CAPA
brochura com orelhas, laminação BOPP fosco, verniz UV brilho com reserva

### IMPRESSOR
Lis Gráfica e Editora (Guarulhos SP)

### TIRAGEM
10 mil exemplares
(premium e especial)

### PRODUÇÃO
março de 2019

A marca FSC® é a garantia de que a madeira utilizada na fabricação do papel deste livro provém de florestas que foram gerenciadas de maneira ambientalmente correta, socialmente justa e economicamente viável, além de outras fontes de origem controlada.

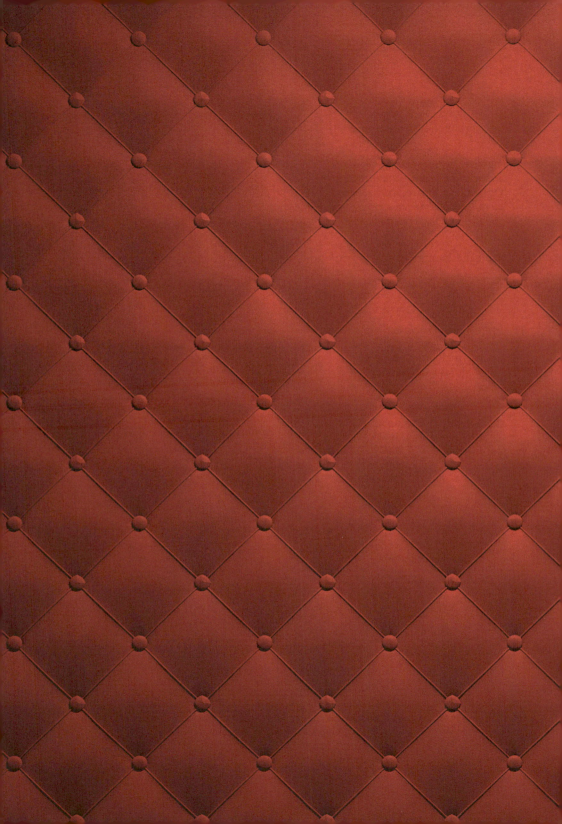